行走雄安
记录雄安
解码雄安

国内第一本
雄安新区田野调查报告

雄安新区
发展研究报告
（第二卷）

主编 范 周

知识产权出版社
全国百佳图书出版单位

图书在版编目（CIP）数据

雄安新区发展研究报告. 第二卷/范周主编. —北京：知识产权出版社，2017.9
ISBN 978-7-5130-5096-8

Ⅰ.①雄…　Ⅱ.①范…　Ⅲ.①区域经济发展—研究报告—保定　Ⅳ.①F127.223

中国版本图书馆 CIP 数据核字（2017）第 211514 号

内容提要

本书收集整理了 20 多篇有针对性、有代表性的雄安新区调研报告。在对雄安新区 28 个村庄田野调研中，考察团队从产业发展、区域经济、公共文化、民生教育、民俗非遗、乡土人情等维度开展了系统的专题研究，尽可能全面真实地展示了即将启动建设的雄安新区现实境况，并就雄安新区未来发展面临的一系列问题进行了深入思考。

责任编辑：李石华　　　　　　　　　　　　　　　责任出版：刘译文

雄安新区发展研究报告（第二卷）
XIONG' AN XINQU FAZHAN YANJIU BAOGAO（DIERJUAN）
范　周　主编

出版发行：知识产权出版社 有限责任公司		网　　址：http://www.ipph.cn	
电　　话：010-82004826		http://www.laichushu.com	
社　　址：北京市海淀区气象路 50 号院		邮　　编：100081	
责编电话：010-82000860 转 8072		责编邮箱：303220466@qq.com	
发行电话：010-82000860 转 8101		发行传真：010-82000893	
印　　刷：虎彩印艺股份有限公司		经　　销：各大网上书店、新华书店及相关专业书店	
开　　本：787mm×1092mm　1/16		印　　张：18	
版　　次：2017 年 9 月第 1 版		印　　次：2017 年 9 月第 1 次印刷	
字　　数：320 千字		定　　价：54.00 元	

ISBN 978-7-5130-5096-8

前　言

燕赵多慷慨之士，京畿亦人杰地灵。这里有"北国江南"的白洋淀，也有"易水秋声"的美景图；既保留了宋辽古战道，也贯穿着现代化的高速公路和铁路……这里便是刚刚设立的河北雄安新区。

2017年4月1日，中共中央、国务院印发通知，决定设立河北雄安新区；4月22日，中国传媒大学积极响应国家战略要求，成立雄安新区发展研究院，成为教育部直属高校中第一家专门服务雄安新区建设的高校智库机构。研究院以服务国家战略为导向，以推动雄安新区建设为中心，旨在构建"政产学研"的崭新、协同、创新平台；5月24日，由中国传媒大学雄安新区发展研究院发起，由经管学部41名教师，121名学生组成组成的"雄安新区百人大调研"师生团队集结出发，分赴新区建设范围内的雄县、安新县、容城县和白洋淀地区开展田野大调查。本书以"雄安新区百人大调研"为基本素材，形成了25篇田野调查报告。作为继深圳经济特区和上海浦东新区之后又一具有全国意义的新区和继规划建设北京城市副中心后又一京津冀协同发展的历史性战略选择的特殊定位，立足于雄安新区在改革开放大布局和京津冀协同发展大战略的历史选择，既聚焦当下，面向雄安新区未来拟将解决的核心问题，又着眼长远，面向雄安新区经济、社会、文化、民生和城市建设等各领域、多方面承载产业转移的发展问题，开展了深入的访谈、系统的调研，做了真实的记录。

从教学价值上看，百人大调研的162名师生，覆盖了应用经济学、传媒经济学、企业管理、工商管理、信息管理与工程、公共管理、艺术管理、文化产业等诸多学科，从博士后、博士、硕士到本科各层次学生全面参加，形成了跨学科、多层次的联合调查研究团队。在为期4天的调研之中，走访了28个村庄、15家企业，完成了200多篇调研手记，拍摄了4000多张照片……这些珍贵的素材、真实的记录和真切的感悟，构成了今天的雄安最质朴的面貌，也诠释了未来的雄安最雄心的梦想。

这些跨学院、跨专业调研团队的师生们，则对专业学习和研究工作有了更深刻的感悟和更清晰的定位，"把论文写在大地上"也将成为他们及其团队的学术理想。

从科研价值上看，《雄安新区发展研究报告（第二卷）》收录的 25 篇田野调查报告，一方面对从更大空间推进非首都功能疏解、谋划首都发展，推动京津冀协同发展，继而建设世界级城市群的国家战略有了更深刻的理解和国际化的认知。另一方面对雄安新区建设绿色生态宜居新城区、创新驱动发展引领区、协调发展示范区、开放发展先行区，建成国际一流、绿色、现代、智慧城市，构建蓝绿交织、清新明亮、水城共融的生态城市的目标有了对标性的真实理解和不同维度的客观认知，尤其是对以规划先行理念开展雄安新区文化建设工作的必要性，有了系统的思考。

对雄安新区未来文化建设积极开展专题性、系统性研究，有了迫切的自主要求。雄安新区的历史文化遗产亟待梳理盘活、公共文化建设亟待优化提升、文化创意产业亟待转型升级、文化体制机制亟待创新突破，这些问题都有待在后续的调研中跟进和突破。

可以说，本书的出版不是雄安新区百人调研工作阶段性的结束，而只是雄安新区发展研究院启动各项工作的标志。2017 年 7 月，10 多名专业教师与几百名博士、硕士研究生继续入村开展长达 2 个月的村史调研和整理工作，也将成为《雄安新区发展研究报告（第三卷）》的主要素材。如何把雄安新区这一"千年大计、国家大事"办好，使之成为贯彻落实新发展理念的创新发展示范区，需要集众智、聚众力。雄安新区建设是一项长远工程，需要多部门、多领域、多角度共同谋划。雄安新区发展研究院将着眼于新区文化领域建设，恪守学术研究的基本底线，用脚踏实地的行走方式和顶天立地的研究方式，为雄安新区未来发展继续贡献智力支持。

2017 年 8 月

目　录

第五章　生活与生产 /167

第六章　文物与文化遗产 /203

后　记 /278

第一章

谋定后动，创新发展

　　"雄安新区"的设立是以习近平同志为核心的党中央作出的一项重大的历史性战略选择。雄安新区的建设，着眼党和国家发展全局，立足大历史观，深入推进京津冀协同发展战略，探索人口经济密集地区优化开发的新模式，谋求区域发展的新路子，打造当代中国经济社会发展新的增长极。

　　本章基于对雄安新区辖域内的雄县、容城县与安新县实地调研，从文化资源、产业与民生三方现实维度，系统梳理了雄安县域文化遗脉、产业结构与民生现状。目前雄安新区面临公共服务落后、经济基础薄弱、利益主体多元等棘手"考题"。这需要在把握新区自身发展基础与发展特点的前提下，将雄安新区的学术研究置于经济社会发展的宏观系统中统筹考量，以期建构雄安研究的理论体系，为当代中国社会发展贡献新的理论增长点。

第一节　文化资源：保护与活化

　　雄安新区的历史使命与高点定位，决定了文化是立区之魂。雄安新区党工委书记、管委会主任陈刚在"雄安新区历史文化与遗产保护座谈会"上指出："无文化传承，无雄安未来。在规划编制中体现文化先行的理念，把文化建设放在重要位置，努力把雄安新区建设成中华优秀传统文化传承示范区，守住安全红线、生态红线，更要守住文化底线。"❶新区文化是城市文化精神以及城市景观的总体形态，保护与活化文化历史资源，让城市建筑环境传承历史记忆，形成连续性的城市记忆与城市文脉。

一、历史古迹：让历史古迹成为新区文化地标

　　雄安新区历史文脉悠长，三县承载着超过千年的历史文化资源。雄县、容城、安新三县最早在汉代就已建县。三县目前拥有全国重点文物保护单位2处，省级文物保护单位8处，市县级文物保护单位40余处，登记在册的不可移动文物点140余处，尚未核定公布为文物保护单位的不可移动文物数量更多。雄县境内，古时雄州的边关要塞，宋军为抵御辽军修筑了堪称"地下长城"的大型地下防御工程，蜿蜒十几公里，气势恢弘，如今依旧可辨。容城县境内，商周时期的晾马台遗址、春秋战国时期的南阳遗址以及唐代的晾马台遗址均保存完好，并出土大量陶器，具有重要的历史和学术价值；安新县内的"两塔一庙"历经沧桑，具有深厚的文化底蕴和光荣革命传统，如今已经成为此地的爱国主义教育基地。这些只是雄安新区丰富深厚历史文化遗产的冰山一角，经过系统梳理我们发现，文物保护区范围内的遗址保存相对完整，这里的文化挖掘和保护工作正在展开，文化遗存的修复与保护工作也已经被列入计划。一处处历史遗迹记录着千百年来这座城市的代表性场所，然而随着时空的变换，在不断的新陈交替与变迁之中，恰恰是这些不同时代、不同维度的遗址形成了城市独特的魅力，并世代延续。

---

　　❶ 中国新闻网.雄安新区建设欲守住文化底线：无文化传承，无雄安未来[EB/OL].(2017-06-27)[2017-06-29].http://www.chinanews.com/gn/2017/06-27/8262749.shtml.

历经千百年时间沉淀的文化古迹不仅见证着这座城市的历史变迁，构成了这个城市的历史文化空间，更塑造了这座城市特有的文化基因，代表着城市独有的文化精神。正因如此，我们才会精心地保护文物建筑、历史城市，建设众多的博物馆来保护这些可移动的和不可移动的文物。雄安新区未来的城市建设，文化自然不能缺失，历史文化更要重点保护，而作为历史文化重要载体的历史古迹则应该成为雄安新区的文化地标。

要让历史遗迹成为雄安新区的文化地标，首先必须对新区历史文化进行系统梳理，并且进行保护与活化，让原住民能够记住新区的历史，让外来移民能够深入了解与感悟新区的历史积淀。其次要借鉴国际经验，让古迹在新区复活。用丰富多彩的结合方式，提高名胜古迹的利用率，从新的角度诠释文化遗产在现代生活中的作用，并同时产生可观的经济效益。但应该严格遵守文物保护规定，不能使古迹受损。再次，统筹古迹内外环境，延续历史氛围。只有完善基础研究，熟悉内外环境，才能有的放矢寻找保护与活化的措施。除此之外，要将先进的科学技术引入文物与遗迹的保护之中，用现代化的措施与手段提高修复、建设与保护的能力。

二、非遗传承：让非遗传统"活"在当下

雄安新区文化积淀深厚，一批各具特色的非物质文化遗产成为新区文化发展的宝贵财富。雄县共有非遗项目21项，其中国家级非遗项目2项，县级以上非遗代表性传承人23人；安新县共有国家级非遗项目2项；容城县共有市级非遗项目2项。

然而随着雄安新区的建设，非物质文化遗产的保护必然会面临生存环境变迁、传承人断代以及外来文化的冲击等现象，这些问题的出现将对目前非遗保护带来一定的阻碍。就目前来说，雄安新区的非物质遗产保护存在着意识与传承主体两方面的问题。

首先，基层文化部门对于非遗的认识及重视程度有限，一些非遗项目或散落民间，或未能发掘。例如"容城八景"是挖掘出来的2处市级非遗项目之一，据《容城县志》记载，原为容城县的八处景观，现在传承下来8个传说，但该项目已没有传承人，只有三贤文化研究会的一些会员可以完整讲述这8个传说。除此之外，尽管还有一些类似于酒曲制造等地方特色传统技艺，但并未收录进非物质文化遗产的名录。

其次，非遗的传承与保护工作主要由中老年人承担。例如容城的另一个市级非遗项目高腔戏，起源于清代乾隆年间，为叉会表演前奏曲目，代表作有《五鬼拿刘氏》等。但由于目前高腔戏的传承人年事已高，出于身体原因基本没有开展传承活动。在雄县，起源于宋元时期的雄安古乐是国家级非物质文化遗产，是研究民族古典音乐的宝贵文化资源。但在目前的表演队伍中，半数以上是年过半百的中老年人，年轻学员数量稀少。在雄安新区，曾经家家户户编苇席的盛况早已不在，编苇这项技艺甚至只有 60 多岁的老人们会做。耄耋之年的老人仍然孜孜不倦地致力于非物质文化遗产的保护工作是再常见不过的现象，但随着传承人的逐渐老去，年轻的传承力量却出现了断代，为非遗工作带来了一定难度。

因此，如何让雄安新区的非遗传统活在当下？首先，还是要尊重客观规律，从上至下，从高层至基层树立起保护非物质文化遗产的意识。着重观察这些非物质文化遗产在当代社会的生存情况、生存环境，既要注重维护非物质文化遗产的具体形态，更要保护其根本的生命力。其次，针对传承人，应该形成政府主导与社会力量共同参与的局面。一方面依靠政府的资金与政府扶持，另一方面要鼓励社会力量与民间资源的参与，尤其是未来一批高等院校进驻雄安新区之后，要加强与高校之间的合作，为民间传统技艺输送一批专业管理人才。再次，激活非物质文化遗产，就要提高其竞争力与知名度。不能够单纯依靠封闭式、抢救式的保护，而是要在某种程度上与市场接轨，以更开放的思想拥抱市场、实现传承。

三、红色文化：铭记红色历史，弘扬革命精神

雄安新区在中国民主革命时期扮演着重要的角色，这片热土曾涌现出许多可歌可泣的人和事，镌刻着鲜明的红色印记，孕育了深厚的革命精神。在发展雄安新区的过程中，一定要将红色文化作为一个着眼点，将此处的红色文化资源与其他的文化资源糅合在一起，创造出雄安新区的文化名片。

总体来说，雄安新区的红色文化资源类型丰富且历史价值高、影响广泛、文化基础厚重。从历史价值层面来说，茂密葱茏的白洋淀里，一道道芦苇形成了天然的"水长城"，为抗击日寇发挥了重要的作用。一支神出鬼没、来无影去无踪的队伍——雁翎队，智取十方院岗楼、夜袭大淀头岗楼、巧用矛盾端岗楼等对日抗战的英雄事迹至今广为流传。在白洋淀人民长期抗战过程中，逐渐形成了敢于斗争、机

智灵活的雁翎精神，体现了中华民族的民族性格和民族气节。岁月磨平了多少当年曾辉煌一时的往事，而雁翎精神却伴随着历史的发展教育了一代又一代人。从影响范围来说，很多文学作品和影视作品例如《小兵张嘎》《荷花淀》等，对历史上发生在白洋淀这片红色土地上的事迹都进行了很好的宣传。白洋淀既是革命圣地又是华北明珠，这些在碧波万顷的芦苇之间生长出来的红色文化与绿色的绝美景致，赋予了白洋淀文化更多的想象空间。

相比于其他文化，红色革命文化有更加特殊的意义，它带有鲜明的民族性、时代性与人民性，体现着中国文化的先进性，具有传承历史和教育人民的作用，对于红色文化的发掘既要实体性遗产的保护利用，更要注重精神内涵的提炼升华，这些红色文化不只是被动地承载传统、反映历史，更要成为培育先进文化的酵母，直接为社会实践活动提供思想源泉、精神养分和创新动力。

基于此，在雄安新区未来塑造红色文化名片时，要做到：第一，红色文化资源要与个体、群体环境形成互动。尤其是白洋淀的革命文化经过战争年代血与火的淬炼，其中包含着众多人、事、物、魂等具体内容，要挖掘红色文化中生活化、草根化的内容，适应群众需要，真正将红色文化渗透到人民群众的生活之中。第二，红色文化资源要与经济功能形成合力，不论是物质形态还是非物质形态的红色文化资源，在具有政治与教育功能的同时，还能具有市场经济功能，要充分利用良好的知名度和品牌效应，科学规划，合理开发，将红色文化与历史文化、民俗文化、生态文化等进行整理，打造品牌，多元融合，形成一张独特的城市名片，铭记历史文化，弘扬历史精神。

四、民俗文化：延续文化生态，为雄安留住乡愁

美国人类学家罗伯特·雷德菲尔德提出了"大传统"和"小传统"的理论模式，所谓"大传统"指的是一般所说的占统治地位的文化，所谓"小传统"则主要指的是民间文化、民俗文化。民俗与民众的生活须臾不可分离，是一种与生俱来的日常生活文化，展现了这个地方的民众生活智慧，传承了独有的文化基因。

但同时，民俗文化又是一个城市、一个地区的根脉文化，为这个地方的精英文化、典籍文化甚至外来文化提供母体，奠定基础。雄安新区的人民长期以来伴水而居，加上相对封闭，生活方式都打上了浓郁的地方特色。

第一，民风民俗淳朴，文化发展方式传统。雄安三县历史悠久，早在新石器时代就有人类生息繁衍，在长期的生产生活中，民间形成了独具特色、丰富多元的民俗文化。容城县的民间花会年年举办；中元节时用荷叶或荷花制成河灯放在水中的习俗流传至今；捕鱼、织网、苇编和那些朗朗上口的鱼谚都体现着雄安新区与众不同的文化气质。

第二，传统观念影响深远，移风易俗初期受到阻碍。这种情况在乡镇和农村地区表现较为明显。以白洋淀为例，白洋淀周边各村村民的生活经营方式较为传统，主要以捕鱼、手工业、服装业为主，至今这个片区还有水葬的风俗习惯。村民们的传统观念不容易改变。

第三，文化名人的精神影响世代传承。无论是来源于生活的传统民俗，还是植根于心灵的文化精神，在雄安新区这片热土，都以其最淳朴的方式影响着祖祖辈辈生活在这里的人们。容城三贤之一杨继盛第十四代传人杨四合老先生曾为了感念祖先的无畏精神，号召组织村民捐款复原重建了杨继盛祠堂。之后逐渐受到政府和外界的关注，吸引全国各地的人到此。每月初一、十五，祠堂必有进香供奉，杨继盛的精神得以流传，渐渐成为了容城这一方土地的文化象征。

一方土地对于我们而言，不仅是可供居住和使用的场所，我国在城镇化发展的过程中取得了世界瞩目的成就，但也带来了许多问题；例如：造城运动带来的农村空心化、传统民俗文化的大量消亡。雄安新区的城市建设，不能只看见未来而抛弃过去，保护传承优秀的民风民俗，即使多年以后，雄安人民依然能感受到"乡愁"的温度。对于民俗文化的保护和传承，要遵循民俗文化发展的内在规律，在保护的基础上，对其进行合理利用，激活其内在活力和生命力，积极有效融入当代元素，使民俗文化在活态传承中得到保护。保护和传承民俗文化，并不是"原汁原味"地将民俗文化作为标本进行保护，而是要保护其文化内涵、文化基因、核心工艺，把它们变为现代生活文化的一部分，变成"活"在我们身边的一种活态文化。

五、文学流派：荷花淀派与白洋淀诗群

雄安新区坐拥着被称为"华北明珠"的白洋淀，它既是华北平原水文湿地的自然遗产，也是人类文明历史上人与自然和谐共处、相融相济的文化遗产。

"荷花淀派"以孙犁为代表，在中国文学史上有举足轻重的地位。荷花淀即白

洋淀，起源于孙犁 1945 年写作的《荷花淀》。在创作上，"荷花淀派"主要描写白洋淀地区农村的日常生活，语言清新、朴素，富有诗情画意，有"诗体小说"之称，主要作家还有刘绍棠、从维熙、韩映山等。如今，孙犁已经成为白洋淀地区的文化名人，孙犁纪念馆也成为白洋淀地区的文化地标，完整收录了孙犁的主要作品、生平思想和创作历程，具有珍贵的文化遗产保护和研究价值。

"白洋淀诗群"为新诗潮的形成起了奠基作用，使安新县成为 20 世纪 80 年代朦胧诗全面复苏的发源地。"白洋淀诗群"形成于"文化大革命"时期，主要创作群体是 1968 年年底大规模"上山下乡"运动期间到白洋淀地区插队的北京知青，包括根子、芒克、多多、依群、方含、宋海泉、林莽等，他们自发地组织民间诗歌文学活动，以其创作高度把文革"地下诗歌"推向高潮，被称为新诗潮在潜流期最具典型意义的诗歌群体，为 20 世纪 80 年代朦胧诗的全面复苏唱响先声。

白洋淀不是独立存在的单一生态体，它令人心醉神驰的自然风光与其浓重深厚的文化色彩，延续着雄安新区悠长的历史文脉，承载着新区的文化价值。这里是人文的热土，是历史的积淀，是创意的起点，如何在新区建设中雕琢这块瑰宝，使其在新时期绽放光芒，是值得深思的问题。

第二节　民生现状：安乐与隐忧

关怀民生现状，关注民心、体察民情、解决民生等现实问题，是建立新区的稳定根基。只有根基扎实稳定，新区建设才能根深蒂固。在建设新区的国家战略大背景下，保障与改善民生是作为一切工作的前提与出发点。必须始终贴近群众最关心、最直接、最现实的利益问题，让人民群众共享新区建设发展的成果，实现包容性增长。关注人的生存和发展，满足人的物质生活需要，维护人民的根本利益，改善人民群众生产生活状况。

雄安新区成立的消息公布以来，当地民众对党中央、国务院的决定正在处于欢欣鼓舞与忧愁隐患并存的心理状态。一方面，对新区未来建设充满殷切期盼，作为雄安人民的自豪感与幸福感洋溢在谈笑之间。另一方面，随着时间的推移，心中逐渐萌生出故土难离、乡情难去的复杂情绪。"安居"和"就业"成为老百姓在这个时期最为关心的问题。过去家家户户生活还算殷实的小县城，未来将要面临怎样的变化，当地民众心中安乐与隐忧的交织是这一时期新区民生现状的真实写照。伴随着新区的成立不仅是产业转型升级的问题，同时还触及当地居民的民生问题，增强新区"民生温度"建设是题中之义。

一、居民就业与收支：产业转型中的民生温度

雄安新区规划范围内的雄县、容城、安新三县覆盖 557 个行政村，总人口数约 110 万。2016 年，三县城镇居民人均可支配收入实现 1.8 万元，其中，雄县作为三县经济实力最强的地区，城镇居民人均可支配收入已经达到 2.8 万元。三县的服装制作、纸塑包装、乳胶制品、压延制革、电器电缆、毛绒玩具制作、箱包制作、制鞋业等多种产业，技术完备，产业链条完整，从业人员众多，普遍属于"富民行业"，老百姓因此生活富足。

其一，家庭手工作坊带动就业，自产自销。近年来，三县通过大力推进产业结构调整，产业转型升级步伐加快，传统产业活力迸发，新兴产业蓬勃发展。以容城县为例，全县加工户达 1170 家，从业人员 1 万余人，箱包产品出口 20 多个国家和地区。容城县基本上每个村都有较大型箱包生产家庭手工作坊，将来源于白沟、义乌、广州等地的原料进行手工加工后，远销巴西、俄罗斯、迪拜等国家。这种家庭手工作坊为村民就业搭建了渠道，已形成了较为完整的产业链条，自产自销。也有一些家庭手工作坊已迁到外地扩大工厂规模，工人达到 400 名左右，目前对厂房的再次扩大仍有需求。

其二，集体资产带动村庄建设，服务村民。雄安三县的部分村庄都拥有集体资产，有一部分属于集体的土地遇到县城开发，改建成了蔬菜市场和批发市场。村民通过拥有自己的摊位，实现了长期收入来源；另有一些主要是土地征收过程中的集体提留款，在基础设施建设过程中，政府对村里的相关土地资源进行征收，予以补偿，补偿的一部分以提留款的形式补充进村集体资产。这些集体资产都作为基础设施建设和村民发展的帮扶款。

其三，先富带动后富，携手致富。以容城县城子村为例，当地村长及村支书在带领村民摆脱贫困的道路上发挥了重要作用。他们通过引进先进种植技术，克服了传统西瓜种植必须倒茬的不足，并探索了多种作物混种、接茬种等搭配种植的新模

式，同时扩展包括茄子、辣椒、西红柿等在内的作物品种，帮助村民贷款、开拓营销市场等举措，帮助村民走上致富之路。

二、公共文化：供需错位，发展受限

雄安新区公共文化服务处于初级阶段，城乡差异明显，百姓期盼更多的文化获得感。受限于县级财力基础，目前三县经济发展状况存在差距，公共文化服务能力也有高低之分，但总体均处于初级阶段，大部分内容仍未达到国家相应的标准要求。县乡村公共文化设施虽有一定基础，但建设层次、规模数量与运营情况差强人意，乡镇以下公共文化建设资源紧缺。基层政府虽然重视对民间文化能人和文化爱好者的培养，但受限于资金和管理能力，目前群众文化活动多处于自发状态，文化凝聚力不足，缺乏具有号召力的文化领军人物。

第一，文化部门机构设置不够完备。由于历史原因，雄安三县文化主管部门设置不完备、人员不齐全等问题普遍存在，程度不一。雄县、安新县设有专门的文广新局，统筹本县内的文化发展；雄县文物保护及遗存整理由地方志办公室负责，安新县的文化资源梳理则更多交由作家协会承担；容城县设有文体教育局，但从目前已开展的工作内容来看，主要集中在教育管理工作。

第二，公共文化基础设施利用率低。从公共文化基础设施质量的指标来看，新区所辖三县城乡公共文化服务工作不容乐观，县城虽已建有可供市民休闲娱乐活动的大型文化场所，但所提供的公共文化服务种类传统单一，文化场馆使用效率也有待提升。县级图书馆询问若干百姓后出现无人知晓的境况；"农家书屋"书目种类齐全，但书屋形同虚设，乏人问津；每月开展的"电影下乡"活动，村民反应冷淡，观影热情不高；剧团转企改制后，下乡公益演出活动也随之停止。三县现有公共文化服务内容几乎乏善可陈。

第三，公共文化服务的"功利性"问题亟待解决。享受公共文化服务是提升个人文化素养、促进人的全面发展、丰富百姓精神食粮的手段。当前三县老百姓的文化素质水平相对较低，物质生活与精神生活的失衡问题日益严重，而农村公共文化服务的功利性和指向性较强，往往把文化作为务农及婚丧嫁娶的附属品，让文化失去了提升村民整体素质的价值，容易造成文化服务的物质化和工具化。

三、文化消费：形式单一，消费低迷

雄安所辖三县文化消费市场具有巨大潜力，但从实际情况看，这种潜力并未得到充分地发挥。相对较低的文化消费会对文化市场的发展形成制约。一方面，雄安三县居民收入水平较低，成为影响文化消费的主要因素；另一方面，文化创新产品的匮乏，导致新兴文化消费品和传统文化消费品的发展很不平衡；此外，文化产品的供给较为滞后，其产品的数量和质量都影响了文化消费的发展。

一方面，老百姓文化消费意愿低迷。雄安三县村民普遍没有形成文化产品付费的习惯，有偿文化消费匮乏，享受公共文化设施和服务并自发组织参与活动是当地人满足精神文化需求的主要方式。目前三县的经济发展水平参差不齐，比较富裕的村庄文化消费场所较多，人均文化消费支出在可支配收入中占据一定的比例。但是在经济欠发达的村庄，文化消费几乎是一张白纸。经济收入的高低直接影响着文化消费的能力，也成为养成文化消费意愿的必要前提。除此之外，广场舞与电视节目可以一定程度上满足一些村民的消费欲望，中老年人对新生事物的接受度普遍较低，年轻人忙于工作无暇顾及，导致出现文化断层，消费意愿低迷。

另一方面，文化消费市场喜忧参半。雄安新区所辖白洋淀地处九河之尾，早在金代就已经成为皇家的游览胜地，一直作为京津冀地区重要的文化旅游消费胜地，吸引了众多的游客前来观光休憩。但是雄安新区以白洋淀为核心的旅游产业未来发展也面临着诸多问题：一是水位不稳定。从20世纪80年代开始，白洋淀容水量以每年60万立方米的速度递减，连续干淀，为了生存，渔民在淀中种了麦子。水是白洋淀旅游发展的前提，水位不稳定是其致命的制约因素；二是白洋淀水质污染未得到根本治理。由于上游来水较少，对水污染物的稀释、净化能力下降，同时伴随着淀周边地区经济的发展，大量未经处理的生活污水、工业废水、生活垃圾直接入河进淀。近年来，安新、雄县政府也对白洋淀的污染治理做了大量工作，但由于污水源头问题没有解决，其水质污染状况仍很严重，淀区的生物多样性遭到了严重破坏；三是旅游项目内容缺乏，文化特色不够凸显。人们到白洋淀旅游，往往都是以"水"为中心。城镇景区都是从码头乘机动游艇到淀里游览，来回不足3个小时，整个旅游线路走马观花，有当地文化特点的景点匮乏。村镇景区旅游项目，多是游船、劈苇叶、下网捕鱼，其内容贫乏、简单，无法长时间的留住游客。整个白洋淀

的旅游项目产业吸引力不够，限制了白洋淀景区旅游经济效益的提高；四是白洋淀旅游管理不到位。白洋淀周边有安新、雄县、任丘、容城、高阳 5 个县市，从这些地方都可以进入白洋淀观光游览。各县市在对各自所属景区的管理上缺乏协调和统一，景区存在着多头管理、体制不顺和政出多门等问题，致使景区的整体管理不到位。

四、民众心理：欣喜与忐忑交织

筹建时期的雄安新区临时党委、筹委会高度重视群众工作，对认真做好 110 万群众的思想工作进行了全面地安排部署，共有 1560 名驻村干部进村入户，557 个村实现了驻村工作组全覆盖。各级干部进村入户、走访企业，宣讲政策、了解诉求，合理引导群众心理预期，激发起群众参与新区建设的热情。

雄安新区建设过程中，坚持以人民为中心，注重保障和改善民生，是整个建设初期解决一切问题的根本前提。驻村干部坚持"管控"和"摸底"工作，对新区内一砖一瓦实行每日检查，全面了解居民情况，变等待"上访"为每家每户主动"入访"，树立了涉及户口、房屋与就业安置、迁坟、承包大户未到期、村公产分配等关系到老百姓切身利益的问题。即便如此，老百姓心中仍然是欣喜与忐忑交织。

第一，民众心理变化周期性波动。雄安新区老百姓在短短两个月时间里，起初是激动和自豪的情绪，后来随着所有工厂、在建房屋全部都停工，一些人面临失业，继而出现浮躁和迷茫的情绪。大部分老百姓认为污染企业肯定要搬迁或关停，关乎切身利益的大事，如何处理？所谓产业即民生，但就雄县而言就有 1500 多家民营企业、12 万产业工人、无数的产业家庭，在新区的建设中如何合理的安置，这是民生的底线。

第二，镇痛转型中的企业家、劳动者。随着新区的设立，雄县产业也面临"脱胎换骨"的改造，一方面，传统制造业正面临着转型升级的巨大机遇；另一方面，一些不适应规划发展的产业和项目或将面临淘汰危机。针对传统行业的"散、小、乱、污"企业，河北省也出台相关政策进行整治和改善。毫无疑问，随着新区建设的推进，雄县传统产业会优胜劣汰，企业将会面临转型升级的机遇和挑战，转型既需要成本，也要关注企业下岗人员再就业问题。

第三，民众获得感亟待提升。产业转型升级，民生为要。雄安新区作为北京疏解非首都功能的重要承载地，绿色、生态、智慧、人文、创新是雄安新区发展的关键词。然而雄县原有企业不符合新区的产业发展定位，传统产业在政策的管控中如何转型升级，企业和劳动者又应该怎么面对转型阵痛期，政府如何化解新区建设的阵痛，守住民生的底线，增强居民的获得感，都是新区建设中的重中之重。

第三节 雄安新区发展对策：顶层设计与基层关怀

一、以人为本，谋定后动

雄安新区要始终将"人"放到新区建设的首位，动态深入地了解民情民生民意，让雄安成为人们生产、生财、生活的理想之地。一个城市的价值就是一个城市市民的价值，只有将人研究透彻，所有的政策、对策和顶层设计才能找到有效的出口。未来的雄安人主要包括原住民、疏解于此的北京人、国际精英人群等多种结构和层次的人群，他们各有不同的生活追求与价值诉求，因此需要提前全盘谋划与考虑。以人为本，谋定而后动。

当前最重要的是解决好原住民的问题，要改变观念，将他们看成是新区的见证者与贡献者，而非包袱。要解决好拆迁补偿、异地安置、就业转岗、持续收入、社会保障等问题，让他们在雄安建设中拥有更多的幸福感、获得感与认同感，能在雄安体面的生活，而不是成为新区建设中的边缘人。

其中重点和关键是要做好拆迁补偿和群众的民生保障问题，结合陕西西咸新区的经验，雄安可以探索建立"五金制度"，❶ 全面保障拆迁群众的未来生活。即在房屋拆迁、土地征收与流转时，群众可以领到补偿"现金"；回迁后可以利用闲置或空出的房屋收取"租金"；政府在安置区为回迁群众预留商业用房，群众以房入股，村经济组织统一经营后，群众可以获得"股金"；通过开展劳务用工对接、加大就业创业培育等，推荐群众到新区企业进行工作，参与新区建设，让群众获得"薪金"；通过合理提高社保和养老标准，让群众获得足够的"保障金"，进而减少群众

---

❶ 国家发展和改革委员会. 国家级新区发展研究报告 2016[M]. 北京：中国计划出版社，2016：224-225.

的后顾之忧，保障新区的长治久安。

二、塑造文化特色，树立传承创新示范区

以历史大视野规划雄安文化发展，塑造文化特色，将雄安建设成为中华民族文化传承与创新发展的示范区。文化是一个城市的灵魂与精神之所系，魅力与竞争力之所依。但凡名城，无不与其独特的文化魅力联系在一起。事实上，一个新区发展水平越高，对文化的追求也越迫切，深圳、浦东皆是如此。因此，作为"千年大计、国家大事"的雄安新区，从一开始建设就应强化文化意识，做好顶层设计，让城市拥有独特的文化气质与魅力。如果千城一面，则失去了文化之魂。

首先，要将文化发展专项规划纳入新区"1+N"的总体规划体系中，强化新区在文物保护、文脉传承、创意经济、文化服务和社区营造等方面的部署，推动"文化+"建筑、设计、旅游、健康等领域的融合发展。其次，要明确文化发展的使命与特色。在实现中华民族伟大复兴中国梦历史背景下建设的雄安新区，其文化必须站在全新的历史高度进行规划，既要延续文脉，以华北文化积淀为背景，以白洋淀地区文化为核心进行传统文化的传承，又要海纳百川，吸收世界各国先进文化之精粹，顺应时代文化发展之潮流，融会贯通，自成格局，打造一种基于创新性传承和创造转化的新型文化，将雄安建设成为中华民族新文化的创新实验区和发展引领区。再次，要加快设立雄安新区文化发展专家咨询小组。雄安新区的建设，是贯彻落实新发展观、推动"五位一体"的建设，不仅需要城市规划、区域经济、产业研究、交通景观等领域的专家参与，同时也需要文化领域的专家进入，因此建议邀请国内外文化领域的顶级专家，组建"雄安新区文化发展专家咨询小组"，为雄安新区文化发展建言献策。

三、汇聚高端要素，实现"双轮驱动"

新区建设以世界眼光，汇聚高端要素，出台特色政策，实现高新产业的蓬勃发展与在地产业转型升级的"双轮驱动"。高新产业是雄安新区发展的新动能，在地产业涉及雄安百万群众的生计，需要统筹安排。

一是要瞄准"发展高端高新产业，积极吸纳和集聚创新要素资源，培育新动能"的战略任务，把握全球高新产业发展的最前沿，结合雄安新区的地域优势、资

源优势与承载能力，大力发展新一代信息技术、高端装备、新材料、生物医药、新能源汽车、新能源、节能环保、数字创意等战略性新兴产业，将新区打造成为具有全球影响力的战略性新兴产业发展策源地和技术创新中心。

二是要立足当前新区产业发展的实际，推动传统服装、纸塑包装、乳胶制品、压延制革、电器电缆等产业的淘汰、迁移或升级。其中要充分重视文化的力量，将文化创意和设计服务融入工业生产，提升工业产品附加值，推动产业环节向"微笑曲线"两端延伸。例如，江苏南通将创意设计与传统蓝印花布相结合，每年推出数万种花型，成为了继纽约第五大道和法兰克福之后的世界第三大家纺交易中心，为南通赢得了"中国蓝印花布之乡"的美名。

三是创新产业发展政策。产业政策是一个国家的中央或地区政府为了其全局和长远利益而主动干预产业活动的各种政策的总和。❶ 在中国特色的市场经济体制下，政策对我国产业的发展发挥了巨大的引导和推动作用，例如深圳特区、浦东新区、滨海新区的快速发展，无不得益于特殊政策的支持。因此，新区政府应积极争取国家支持，制定新区特色的优惠政策，助推产业培育与升级。

四、鼓励双创，打造创客天堂

新区建设要鼓励创新创业，将雄安打造成为最吸引中国乃至全球有梦想的年轻人的一块热土，成为创客的天堂。哪里有创业者，哪里就有活跃的经济。深圳特区的发展，得益于一批充满激情的创业者，其影响一直持续到今天。建议雄安新区制订"创客计划"，制定创新科技成果转化制度、留学制度、企业创投制度等系列制度，积极营造一个适合创新创业的城市生态体系，吸引全球顶级的孵化机构、创投机构、众创空间运营机构落户雄安，全球有梦想有创意的精英集聚雄安。

一是建议积极打造双创载体平台，大力发展各类众创空间，例如，浙江舟山群岛新区为了推动科技创新创业，建立了国家大学科技园、青年创业园、山海云间—智库创客总部、科学城创客码头、普陀湾众创码头等众多载体平台。二是应创新"双创"的培育方式。例如滨海新区以腾讯为龙头推动创业，具体而言，即是依托腾讯资源，线上为创业者提供云存储、广点通开发、应用宝分发、QQ物联智能硬件开放平台等运营服务；线下开放创业基地，定期举办腾讯公开课、开发者沙龙、

❶ 苏东水．产业经济学(第7版)[M].北京:高等教育出版社,2015:330.

创业训练营等活动，通过龙头带动创客集聚。三是要做好创业服务。针对创新创业企业不同阶段的现实需求，提供全程化、全链化的管家式服务。例如，滨海新区建立了"首问负责、专人对接、一管到底、全程代办"的管家式服务机制，为创业者提供设立、金融、运营、市场四类专业化服务，同时开通了"双创通"线上平台，集成企业在线注册、生成服务订单等功能，不断完善创业服务。❶

五、探索发展新模式，落实发展新理念

新区建设要不断探索城市建设与发展新模式，打造全面贯彻落实新发展理念的创新发展示范区、绿色智慧的生态之城。一是要积极探索基于新一代城市雨洪管理概念的海绵城市建设模式，从机构设施、制度建设、技术研讨、工程建设、产业扶持等方面着手，推动海绵城市建设理念在新区的落地实施，打造海绵城市建设的全球典范；二是应创建基于信息时代的智慧城市营建模式。通过千兆光网、下一代物联网和5G网的提前布局，推动智能交通、电网、建筑、医疗、教育等智慧应用，构建智慧生活的全球示范城市；三是要探索土地开发与市政基础设施建设的PPP模式，充分调动社会各方面的力量，减少政府财政负担，提升设施的建设与运营效率。例如湘南新区、贵安新区、西咸新区等新区，都在PPP建设模式上积累了不少经验，新区可以参考借鉴；四是要探索基于交通导向（TOD）的空间布局模式。吸收东京、首尔大都市圈等地新城建设的经验，避免传统"摊大饼"式的城市发展，发挥交通的带动作用，形成多中心、多组团的空间格局，同时要重视优美特色小镇的建设；五是探索基于经济与生态和谐共进的发展模式，以科技创新为核心驱动力，着力发展新一代信息技术、高端装备、节能环保、数字创意等环境污染小、附加价值高的战略新兴产业，通过生态一票否决、负面清单管理等方式，从产业源头上减少生态破坏与污染；六是要探索基于产业链和价值链的区域协同模式，立足"北京非首都核心功能疏解集中承载地"的战略定位，积极承载北京转移过来的经济、科技、教育、医疗等方面的功能，打造区域创新驱动发展的新引擎，促进京津冀地区协同发展；七是探索基于多中心治理理论的公共治理模式，建立"小政府、大市场、大社会"的基本格局，发挥市场在资源配置中的决定性作用和更好地发挥政府作用，激发更多力量参与新区建设。

---

❶ 国家发展和改革委员会.国家级新区发展研究报告2016[M].北京:中国计划出版社,2016:298-299.

六、制定城市根本大法，奠定千年发展基石

要推进制定城市根本大法，为雄安新区奠定千年发展之基石。良法才有善治。新区建设不仅要有坚实、现代的城市基础设施，更需要有可供遵循的城市根本规则。从管束效力来说，制定城市根本大法，无疑是保障新区发展有序性与持续性的重要措施。在国际上，通过立法推动新城建设也是重要经验。例如英国政府颁布了大伦敦建设的《新城法》（1946），日本政府制定了《首都圈整备法》（1956），韩国先后颁布了《首都圈管理法》（1982）、《新行政首都特别法》（2003）、《关于世宗市设置等的特别法》（2010）等。对于雄安而言，也应积极谋划新区法律或条例的制定，从法律上确定新区的基本定位、发展方向和重大任务等，强化新区建设的法律基础，用良法推动善治，用善治实现千年雄都之梦想。

第四节　雄安研究的未来展望：责任与担当

中央建立雄安新区，是历史与现实的必然选择。面对千年大计，立时代之潮头、通古今之变化、发思想之先声。肩负学术责任与理论担当，做好雄安理论研究的全局谋划；紧跟发展大趋势，探索新区发展新模式；汇聚精英力量，为雄安产业转型升级提供理论支撑；将调研持续跟进，以雄安为范本，总结其发展特点与规律，建构雄安新区研究理论体系，为当代中国社会发展贡献新的理论增长点。

一、以大文化视野，总揽新区建设全局

千年大计，国家大事，沃土丰盈，文脉传承。雄安新区的建设若要实现以新的发展理念为引领，文化建设就不能缺位。当然，这里的文化建设绝不是"就雄安谈雄安文化"，而是"大文化"的研究视野——既要积极吸收国际先进文化，拥有包罗万象的国际先进思维，又要以华北文化积淀为背景，以白洋淀地区文化为核心进行传统文化的传承，让雄安新区既是中国的，也是世界的。未来10年，这种大文化概念应该完整、科学、艺术地渗透到雄安新区的设计、规划、实施等方方面面。

大文化视野意味着以本土文化为根基，兼容吸收外来文化，以"和而不同"的

文化多元性创造出健康的城市文化生态。联合国教科文组织在《世界文化多样性宣言》中提出："文化在不同的时代和不同的地方具有各种不同的表现方式。文化多样性对人类来讲就像生物多样性对维持生物平衡那样必不可少，从这个意义上说，文化多样性是人类的共同遗产，应该从当代人和子孙后代的利益考虑予以承认和肯定。"❶文化自身所具有的这种社会性、融合性和开放性等性质，在全球化加速和西方文化主导的当下，更加触发了城市多元文化的发展。都市人类学的观点中认为，城市社会的异质性与乡村社会相比来说复杂程度要高出许多。

雄安新区的城市文化建设，要尊重城市文化演化的自然性和规律性，以中华传统文化为核心，兼容与融合世界多元文化，促进城市文化生态的多元化发展。随着高端服务业、高新产业的进驻，逐渐吸引来自全球的高端人才，集聚于新区工作与生活。对于城市建设以城市景观、办公场所、公共配套设施等基础设施和硬件设施为核心，学术研究应考虑如何将传统文化与美学设计有机融入，探索新区文化融入、创新营造的新模式。

"大文化"并不是世界文化符号的堆砌地，而是秉承寻找城市精神的宗旨，构建"文化之城"。然而，面对外来的"异质文化"方面，一方面如何避免"文化霸权主义"，另一方面又如何避免文化自卑心理，树立文化认同与自信？应该认识到的是，中华优秀传统文化及其当代意义在与聚集到城市中的各种文化的接触、碰撞过程中，能够认同与汲取其他文化精髓，又要保持自身的整体性和独立性。以和平共处、相互尊重的健康心态面对他者的文化选择。雄安新区的城市多元文化生态，不仅将是中国当代文明的象征，同样也将是世界各种文化的交流与融合的典范。这些发展路径都需要学术研究在理论上做深入分析，在思想上给予方向指引。

二、"小政府、大社会"，探索新区发展新模式

雄安是一座崭新的城市，中央将之定位为"小政府、大社会"，这将成为贯彻总书记五大理念的最好试验田，成为推进治理能力现代化的重要实验区。从计划经济转向市场经济的过程中，政府的行政管理职能也从政府一把抓的"大政府、小社会"模式转为"小政府、大社会、大服务"的管理模式。这种模式是以政府、非政府部门的公务机构、中介机构和群众团体为主体的多元管理体系，该模式促使传统

---

❶ 邹广文.坚守文化的多样性[N].光明日报,2014-03-25.

体制下的部分政府职能从政府中分离出去，从而充分发挥各类企事业单位和市场的作用。随着"小政府、大社会"理念的深入发展及其在现实中的深刻实践，减弱政府的职能，使社会逐渐承接并独立管理原属政府职能范围的某些事项，成为未来必然的发展趋势。

然而，面对快速城市化背景下揭幕的我国社会治理体制改革，相伴于社会形态变迁，雄安新区的建设同样面临根本性挑战：在异常复杂的社会样态长期存续的前提下，社会治理何以可能？我国的社会治理体制改革创新必须充分考虑这种城市化背景下社会结构样态的变迁，既要针对特殊样态，探寻社会治理的多元模式，又要把握共性，顶层设计，从总体上推进社会治理体制的改革创新走向深入，促进社会和谐有序的快速发展，实现政府机构、人员缩小，社会权力扩大，社会自治能力提高，从而促进效率提升，推动社会快速前进。这些问题都需要学术研究密切关注公共管理的新理论、新思维、新举措和新走向，吸取国外理论与实践经验，综合新区建设实际，提出新城发展过程中社会治理的新模式、新理念、新路径，钻研中国特色新城社会管理、国家治理的新理论，形成新成果，给实践以理论指导与学理支撑。

三、以高精尖产业驱动，汇聚新区驱动力量

未来 10 年里，雄安新区的经济结构将是中国经济结构的精华版和浓缩版，也代表着中国经济改革和发展的趋势。在经济社会发展新常态的背景之下，我国的经济增长早已向创新驱动发展转变，土地占用多、资源消耗大的粗放型发展模式逐渐被淘汰，与国际前沿相对接的生物产业、智能产业、新能源产业、现代服务业、航空产业、康养产业、数字信息产业等高精尖产业终将成为新区经济的驱动力量，这些领域必将成为未来雄安新区的发展重点，并且始终占据发展前沿。

世界眼光、国际标准、中国特色、高点定位，这决定了新区未来产业发展的基础，因此，学术研究要把握全球产业发展前沿趋势，拥有区域经济发展视角，秉承系统经济哲学思考，从而更好地为新区高精尖产业布局与切入点寻找到学理支撑，寻找到新区产业发展格局的长期与短期发展路径。高精尖产业集聚，一方面需要外来产业类型的引入，另一方面需要实现雄安新区在地产业的转型升级，学术研究同样需要做好传统产业的科学评估，寻找传统产业转型升级之路径，尝试用信息化、

数字化等手段对其进行改造。同时做好规划，在新区内合理布局，以集群化和集约化不断提升发展竞争力。

四、以雄安为范本，为当代中国社会发展贡献新的理论增长点

雄安新区是疏解北京非首都功能的集中承载地，处于深入推进京津冀协同发展国家战略的大背景之下，要建设成为绿色生态宜居新城、创新驱动发展引领区、协调发展示范区、开放发展先行区，与国家"十三五"规划、"五大发展理念"一脉相承。新区的建设过程，同时也是新区辖域内传统乡村社会形态、空间、治理模式、生存方式等方面深刻变迁的过程。

中国传统社会本质上是农业社会，在很长一段时间内，以村落聚居为主的文化格局在中华文化圈中占据着主要地位。村落文化的形成具有特定的社会背景和自然环境，是人们的社会实践经过长期积累、沉淀、变迁和延续的产物，在农村社会发展变迁中具有重要的地位。制定建设有中国特色的社会主义现代化发展战略必须面对中国传统乡村社会的实际；必须发掘传统乡土社会可利用的资源并予以整合；必须考察现代化进程中农民的生活以及与之共生的民俗文化心理，促进全面的、深刻的、具有世界历史意义的整体变革；还要把握中国传统村落的现代走向，发掘传统村落里可利用的文化资源，探索传统家族村落向社会转型的有效途径，从而促进中国社会的现代化转型。

伴随着雄安新区建设的推进，在外在环境和内在行为、价值观念等因素的影响下，村落文化发生也将深刻变迁。传统村落由一个相对封闭的社会空间逐渐向复杂和多元的方向发展，导致传统文化发生延续、延伸的社会现实。村落承载着厚重的中国农耕文明和乡土文化，村落文化的凋零会让人们失去"文化自觉"的基底。在现代化进程中，村落文化变迁的现状如何？村落文化要如何与时俱进，在促进社会发展与进步的同时怎样促进自身的发展？在新区建设过程中，如何保存独特、优秀的村落文化，并使其融入新区文化？这些问题需要进一步深入研究。

在建设雄安新区的进程中，社会形态的变迁、既有产业的转型升级、民众实际生活状况的改变，及其对生活质量的感受与评估，政府在其中所发挥的功能与作用，都是研究机构及其研究人员理应研究的重大课题，也是伴随新区成长过程中的持续性研究课题。通过透视微观家庭纵览宏观社会；通过个体的价值取向、行为变迁与

心理变化以衡量社会变迁的程度；同时通过了解民意促进政府工作决策的民主化、科学化进程。

综上所述，建构雄安新区研究理论体系，要结合雄安实践，总结发展特征，从产业经济、政府效能、公共服务、社会空间、社会形态、社区党建、创意产业、科技创新、产学研合作以及文化研究、纪实文学等方面进行理论体系建构的全局谋划与系统研究。同时还应具备研究体系的本土关怀，在对本土问题的关注中拓宽雄安新区的研究思路。以雄安新区为范本，为当代中国社会发展贡献新的理论增长点；以雄安新区的城乡变迁为缩影，为中国伟大复兴历程中开创又一历史新篇章作序。

第二章

产业与企业

　　根据习近平总书记的讲话精神，雄安新区规划建设提出了颇具雄心的7个"雄安目标"，为县城发展带来了千载难逢的宝贵机遇，同时也带来了历史性的考验。

　　文章通过对雄县、容城县城与安新县进行实地走访考察，基本了解县城产业发展的基本情况，按照"雄安目标"的发展要求，辖城产业应直面挑战机遇，必须进行企业思维、生产和营销方式的创新，传统加快步伐进入转型升级的轨道，为将现有的劳动密集型产业与未来雄安新区的整体产业融合发展做好准备。

第一节 直面挑战机遇，推动转型升级
——雄县产业组调研报告

一、雄县产业现状

雄县产业发展以民营经济为主。民营企业起步于20世纪70年代末80年代初，经过近40多年的积累发展，逐步形成了以塑料包装、压延制革、乳胶制品、电器电缆为支柱，箱包加工、制帽、机械制造等门类比较齐全的工业体系。目前全县共有民营经济组织15723家，从业人员121020人。2016年，年营业收入432亿元，利润43.2亿元。其中规模以上企业118家，从业人员7520人，年营业收入219亿元，占当年总营业收入的50.7%，利润6.8亿元，仅占当年总利润的15.7%，这些数据切实说明雄县的民营经济是切切实实的富民产业，见图2-1和图2-2。

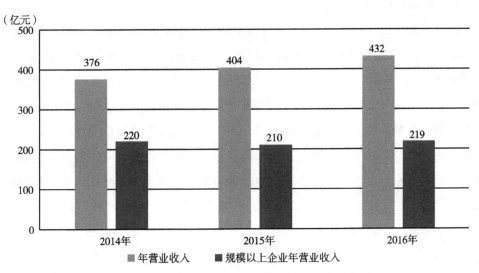

图2-1 2014—2016年雄县民营经济组织营业收入

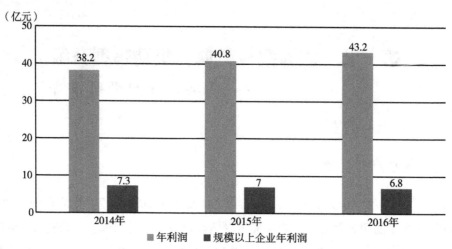

图 2-2　2014—2016 年雄县民营经济组织利润

2016 年，雄县生产总值完成 101.14 亿元，年均增长 7.92%，超过全国平均发展水平；固定资产投资完成 69.86 亿元，年均增长 13.5%；规模以上工业增加值完成 72.74 亿元，年均增长 19.7%，发展快速。

（一）塑料产业

雄县塑料包装产业兴起于 20 世纪 60 年代丝网印刷，70 年代中期出现吹膜企业，80 年代初凹印设备的发展提高了塑料包装行业的整体水平，进入 90 年代后，形成了集吹塑、注塑、流延、制版、印刷、复合、制袋于一体的系列生产流程。塑料管材业于 80 年代中期进入了全面发展阶段，逐步形成了以昝岗镇为中心的拔管专业村。塑料包装企业主要分布于雄州镇三街、县城周边专业村以及龙湾乡。塑料管材企业主要集中在昝岗镇、米北乡、张岗乡等专业村。雄县现有塑料企业据官方统计为 20000 余家，据行业协会数据为 80000 余家，从业人员 80000 余人。塑料行业资产总额 110 亿元，固定资产 55 亿元，产值 367 亿元。主要产品占国内市场 8%，国际市场 4%。产业链概况见图 2-3。

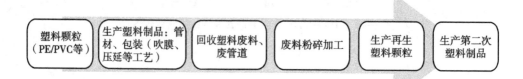

图 2-3　塑料包装产业链概况

（二）压延制革

雄县压延制革产业兴起于20世纪80年代中期，2004年以来以附加产品为主，做深加工，生产设备由20世纪六七十年代国有企业淘汰设备发展到具有世界领先水平的进口设备。出现了东兴人造革、强大塑胶、镇源塑业等一批企业。产品有汽车地胶、运动地板、户外助跑道、灯箱布、高级透明膜、电工胶带等，广泛应用于飞机以及汽车内部装饰、广告装潢、箱包、服装文具等领域，畅销国内外。该行业的发展一直处于快速上升趋势。压延企业主要集中于雄县县城至白沟镇路两边的革塑工业园区。现有压延制革企业670余家（其中现有一定规模的中小企业20余家，产业链条相关配套小微企业650余家），从业人员7000余人，拥有生产线70条。压延行业产值1105亿元，利税60亿元。产品占国内市场份额的30%左右，是北方最大的灯箱布生产基地。其产业链概况见图2-4。

塑料颗粒、塑胶、皮革　→　压延加工工艺　→　吹膜、制袋（大量手工劳动力）

图2-4 压延制革产业链概况

（三）乳胶制品

雄县乳胶产业20世纪80年代兴起于龙湾大步村，最初家庭作坊式手工生产气球，后来出现气球生产线、家用乳胶手套生产线、安全套生产线。其产业链概况见图2-5。雄县现有乳胶企业75家，集中分布于龙湾大步村、昝岗镇。其中气球生产企业70家，安全套生产企业3家，乳胶手套生产企业4家，从业人员3万余人，拥乳胶手套生产线590条，气球生产线660条，手指套生产线80条，医用手套生产线10条。乳胶行业资产总额35亿元，固定资产25亿元。年产值56亿元，利税6亿元。其中气球产品占全国市场份额的80%以上，国际市场60%，而雄县大步村更被称为"中国气球第一村"。

图 2-5　乳胶制品产业链概况

（四）电器电缆

雄县电器电缆产业兴起于 20 世纪 70 年代中期的北沙乡，90 年代后市场竞争加剧，原有的落后生产设备和家庭式作坊生产逐渐不能适应市场需求，雄县电缆行业出现滑坡。后来部分企业开始更新设备，引进人才技术，加强企业管理。一部分企业通过产品质量和管理体系认证，成为电器电缆龙头企业。目前雄县拥有电器电缆企业 350 余家，从业人员 3000 余人，主要设备有成缆机、压胶机、连流护套生产线等。塑料外皮包装需要阻热、阻燃、阻电的特种塑料，雄县有优质聚乙烯塑料产业生产区。行业固定资产 21 亿元，产值 169 亿元，利税 7 亿元。主要产品占国内市场 6%。其产业链概况见图 2-6。

图 2-6　电器电缆产业链概况

总体来看，雄县四大支柱性产业起步之时正赶上了改革开放之后民营经济的兴盛，以"轻小集加"❶ 为代表的乡镇工业异军突起，支撑起了雄县经济的半壁江山。新世纪以来，一方面为我国以房产和汽车为代表的第二次消费升级提供各种生产材料和配件，另一方面为快速发展的物流、电商、娱乐、体育等现代服务业提供产品，所以在很多地区民营经济低迷的当下，雄县的民营经济仍然保持了不错的发展空间和潜力。

---

❶ 轻小集加是指轻工业、小企业、集体经济、加工业。

二、走访企业情况

2017 年 4 月 25 日，调研组一行走访了 10 家雄县代表性企业，企业基本情况如下。

（一）雄县立亚包装有限公司

立亚包装有限公司创建于 20 世纪 80 年代初期，是一家研发、设计、生产、销售各种塑料包装材料的民营企业。立亚公司主要生产三层共挤 PE 薄膜、拉伸缠绕膜、保鲜膜等薄膜制品以及快递袋、购物袋、食品包装袋等各类塑料包袋制品。拥有各类先进生产及检测设备 150 余台，年产各类塑料制品 4 万吨，是北方最大的塑料包装材料供应商，供应京东集团在华北区的快递袋。

企业表示，接订单暂时受到了影响，担心大订单有违约风险。机器价值 100 多万，目前是国内顶尖设备，搬迁后机器面临作废的局面。

（二）雄县保定帝鹏实业有限公司

保定帝鹏实业有限公司主营业务是灯箱布、PVC 压延膜、广告材料的生产和销售，并经营以上商品及所用原材料的国内贸易及进出口业务和本企业所需要的机械设备、零配件、原辅料的进出口业务。在行业中的产值占全国的 40%。公司所在的河北省保定市雄县朱各庄工业园区是由企业自发形成的，占地 1500 亩。从 2002 年开始，设备国产化，大幅提高了利润。近年来行业产值增速放缓，压延膜行业规模小，资本流入少。每当主管部门叫停，厂子一天就要损失 50 万。

（三）黄湾村信恒聚禄包装有限公司

黄湾村信恒聚禄包装有限公司主营业务是生产塑料包装、文具袋、文件夹等用品。公司从 7 年前就开始使用超声波压印，实现无烟生产。原来手工生产，一天只能制作几千个塑料文具袋，现在一分钟就有几千个。员工都来自附近村，成家立业都在这里，收入相对较高，最高月收入可达 4500 元左右。新区建设后工人只能转行去餐饮、安保、家政。小厂固定投入少，搬迁带来的损失较少。老板虽有无奈但也乐观，相信政府能给好的政策。

（四）河北国华乳胶有限公司

公司位于雄县乳胶工业园区，是中国最大的民营乳胶制品生产厂家，拥有 16 条自动化生产线，其中医用手套生产线 9 条，家用工业用生产线 2 条，指套生产线 2 条，气球生产线 3 条。医用手套的投产填补了河北省医疗器械行业的空白。超过 90% 的产品用于出口，并占领了大中城市的乳胶产品市场。全机器生产，厂房内有几个工人负责监督，厂房内气体污染较重，附近水污染严重。

（五）河北彤萱橡胶制品有限公司

由于基础设备差，河北彤萱橡胶制品有限公司正在升级车间，处于停产状态。一天产值 20 万元，产品以气球为主，产品质量虽与美国顶尖水平有差距，但能满足不同层面需求，以出口东南亚、欧美为主。厂房内气体污染较重，车间内充满氨水气味。

（六）北泰斗线缆集团有限公司

北泰斗线缆集团有限公司主要生产聚氯乙烯绝缘电力电缆、环保型无卤低烟电线电缆等。公司是中国电线电缆协会会员单位、中国煤炭城市发展促进会名优会员企业、中国煤炭城市发展联合促进会诚信企业、中国电线电缆企业综合实力 200 强。在全国各省市设有 50 多个销售公司。2012 年销往俄罗斯、东南亚、非洲的产品达 3 亿多元。

许董事长讲述了个人成长史和企业的发展史，言谈间表现出企业家的社会责任感和对企业员工及家庭的关切，出资拍摄纪录片——《大话雄安》。谈及新区，他相信政府规划的蓝图，但对建立新区带来的企业搬迁、工人失业、经济损失等问题深感担忧和焦虑。认为政府对企业的整改不能一刀切、连根拔，要考虑实际情况稳步推进，请专家提出针对性建议，他还表示最关心未来的教育、医疗、养老问题。

（七）雄县德韵石雕有限公司

雄县德韵石雕有限公司加工成品在潘家园销售。张岗村是"中国仿古石雕文化之乡"，政府和企业想在此建设"仿古石雕特色小镇"，打造仿古石雕园区。

（八）创兴仿古石雕公司

创兴仿古石雕公司主营仿古石雕、佛像、仿古石质摆件、石鼓、石兽、石刻等产品专业生产加工，成品运往潘家园销售，已开始网上销售，拓宽销售渠道。

（九）瓷器仿古作坊

每家瓷器加工作坊的流程和技巧都不一样，作坊主表示，只能靠这个手艺生存，担忧搬迁后何去何从，新区附近的房子不能租也不能买。

（十）雄县铭泰雕塑工艺品制造有限公司

雄县铭泰雕塑工艺品制造有限公司是一家主营、仿古佛像、仿古砚台、茶海等产品专业生产加工的公司，拥有完整、科学的质量管理体系。公司把主要的铜雕生产厂搬到了唐县，建议将十里河、永清的古玩交易市场搬到雄县来。面对"两断三清"，企业很无奈，但建议主动听从政府指挥，"晚搬不如早搬"，尽早迁出企业，把损失降至最低。

总体来看，雄县产业确实属于富民产业，走访的 10 家公司基本能够代表雄县产业发展的基本状况：代表性产业的装备较为领先，自动化程度也在不断提高，产业链条相对完整，领军企业也进行了管理变革，部分乡镇自发形成了产业集聚区，产品的国内市场占有率较高，在海外也有一定销路。但部分企业也存在污染严重、产品科技含量附加值较低等现象，规模以上企业占比较小，中小企业和家庭作坊比例大。未来要适应雄安新区的建设目标，需要对 1.5 万多家民营经济组织进行更加全面、更加深刻的分类调研，分层次、分阶段、分类别地解决产业升级换挡的问题。

三、机遇与挑战

（一）面临机遇

根据习近平总书记的讲话精神，雄安新区规划建设有 7 个方面的重点任务：一是建设绿色智慧新城，建成国际一流、绿色、现代、智慧城市；二是打造优美生态环境，构建蓝绿交织、清新明亮、水城共融的生态城市；三是发展高端高新产业，积极吸纳和集聚创新要素资源，培育新动能；四是提供优质公共服务，建设优质公共设施，创建城市管理新样板；五是构建快捷高效交通网，打造绿色交通体系；六是推进体制机制改革，发挥市场在资源配置中的决定性作用和更好发挥政府作用，激发市场活力；七是扩大全方位对外开放，打造扩大开放新高地和对外合作新平台。

这些颇具雄心的"雄安目标"，意味着雄安新区将成为一座有着新发展理念的实践之城、示范之城，也是人们宜居宜业的理想之城、幸福之城，雄安迎来了巨大的历史机遇。行政事业单位、企业总部、教育科研、高新产业等迁往雄安的可能性最大，在雄安发展的过程中公共服务、现代服务业、环保生态、交通业都将可能是直接受益的产业。从产业角度来讲，雄县迎来了千载难逢的历史性机遇。

1. 农业现代化升级转型

按照"蓝绿交织、清新明亮、水城共融的生态城市"的发展要求，雄县传统农业应该向现代农业、特色农业转型。实行区域化布局、专业化生产、规模化建设、系列化加工、社会化服务、企业化管理，形成种养加工、产供销、贸工农、农工商、农科教一体化经营体系，使农业走上自我发展、自我积累、自我约束、自我调节的良性发展轨道的现代化经营方式和产业组织形式。其中具有"地热+互联网+农业"特色的智慧生态循环农业示范园区，集花卉科研、培育、展示、交易、观光等全产业链于一体的鲜花港等项目迎来了发展机遇。

2. 工业转型升级

客观来说，雄县传统加工业自身也一直有产业转型升级的需求，目前又叠加了雄安新区对雄县定位的转变，导致其工业的转型升级迫在眉睫。一方面，雄县传统产业面临升级转型，合理地疏散"散小乱污"企业，加强产业集聚，有助于推动雄县制造业向高端化迈进、向智能化升级、向服务化转型、向绿色化发展；另一方面，作为非首都功能疏解集中承载地，雄县可以瞄准承接京津产业转移，把央企、知名民企、世界500强、国内500强作为主攻方向，把引进高附加值、高税收项目作为主要目标，有机会引进有带动能力的重大产业项目。同时，雄县的高新技术企业将会倍增，科技型中小企业和科技"小巨人"企业数量也会大为增加。此外，雄县也可以与迁入雄县的各大高校、科研院所通力合作，共建技术研发中心、重点实验室、文创园区等，带动产学研一体化，推进传统产业的技术革新以及新产业的升级发展。

3. 现代服务业迎来高速发展契机

目前，雄县的文化旅游、电子商务、现代物流、健康养老等现代服务业刚刚起步，在雄安新区的规划带动和资源聚集下，这些产业将进一步壮大规模、提升档次。大量央企、上市民企、互联网公司将会在雄安布局，共同推进文化旅游、电子商务、现代物流、医养服务等领域的建设发展，这些合作也会大大提高雄县的教育、医疗、物流等服务水平。

雄安新区的规划建设，给雄县发展带来了千载难逢的宝贵机遇。农业走特色化生态化道路、工业换挡升级战略转型、生产性服务业和生活性服务业齐头并进，雄安新区带来的新产业将成为新的经济动能，将大幅度提升雄县经济实力和居民福利水平。

（二）困难与挑战

当前雄县发展阶段与雄安新区的未来规划建设目标之间仍然存在一定差距，这给雄县带来的历史性考验。雄县当前存在的困难挑战主要存在于环境治理、企业规范化生产与管理以及搬迁等方面。

1. 环境治理

高能耗、高污染、低投入是河北目前经济运行的现实。这与"构建蓝绿交织、清新明亮、水城共融的生态城市"的目标还存在较大差距，其中塑料、乳胶行业污染较重，亟须加大投入进行治理提升。

2. 企业生产

雄县主要支柱产业存在产品科技含量较低、附加值不高、财富贡献率低的问题；根据规划，到2020年雄安新城雏形初步显现，2022年新区核心区基本建成，留给企业转型升级的空间小、时间短；产业转型升级资金和技术欠缺，环评和产业遴选等标准尚不明确。

3. 企业管理

企业管理水平差，部分企业手续不完备；大群体小规模，以中小企业为主；企业间协作网络薄弱，资金流入少，抗风险能力低；配套产业建设存在短链，全链条优势亟待提振，影响了雄县产业发展的整体性和协调性。

4. 搬迁难题

对于雄县来说，企业外迁在一定程度上会导致雄县部分地区出现产业空心化，导致大量的人员失业，影响地区的收入水平。例如，雄县的整体人口为39万人，而从事塑料包装行业的工作人员就占了10万人左右。外迁断了企业的产业链，机器设备报废；工人和技术人员不愿意跟厂走，而新的技术人员培养需要较长时间；企业在新地区的不易扎根，其发展需要地域文化支撑，雄县一直以来"放水养鱼、藏富于民"的重商主义导向在中国北方较为罕见，这是雄县民营经济蓬勃发展的文化和社会基础。

5. 民生相关

调研中，我们发现雄县产业与民生问题的高度关联。雄县目前有12万产业工人，占雄县总人口的32%，其中大多数都在中小企业工作。这些中小企业可能很难通过新区的产业和环境遴选标准，那么10多万的雄县产业工人将面临失业、再就业、技能培训的问题，这又牵涉更多雄县家庭的生计。所以产业即民生，这是对雄县政府、企业、工人、居民的严峻考验。

四、对策建议

（一）加强文化的引领和塑造作用

联合国教科文组织总干事伊琳娜·博科娃和联合国开发计划署署长海伦·克拉克联合录制的视频讲话曾提到："文化代表了我们的个性，决定了我们的身份，是促进人与人之间相互尊重和宽容的手段，是创造就业和改善民生的途径，是包容和理解他人的通路，有助于保护我们的遗产，帮助我们了解未来，增强人们的能力……努力促进发展。"

文化能够增强社会凝聚力，推动企业和产业发展，促进配套公共政策的出台，吸引人才和消费者。文化是发展的驱动力和推动力，对于雄县也不例外，文化应该被视作雄县过去、现在与将来可持续发展的核心支柱。因此在雄安新区的规划建设过程中，在产业换挡升级的转型过程中，文化保护、传承和建设应该起到引领全局的核心作用，不容小觑。

（二）按照新区建设要求，切实抓好环境保护

提升环评标准，严格执行"两断三清"，彻底根除"散小乱污"企业，切实抓好环境保护，打造优美生态环境，为构建蓝绿交织、清新明亮、水城共融的生态城市做好产业布局基础。

（三）鼓励现有企业提升生产水平，建立科学管理体系

目前，雄县本地企业也分为两种不同类型：散小乱污企业，规模企业。对于前者而言，无论是否有雄安新区建设的战略机遇，都必须进行彻底整治清理。对于后者而言，经过多年的积累后，部分雄县企业已经形成规模，并吸纳大量当地就业人口，因此，虽然它们属于低端产业，但连根拔起式的彻底搬迁难度较大。对规模企业来说，应通过系列措施，鼓励其提升现有生产水平，以税收减免、政府补贴、基金合作等方式，鼓励其研发新材料，采用新技术，开发新产品，不断提高产业层次，拓展产业领域，着力提升产品技术含量和市场占有率，以产业技术创新引领带动传统产业转型升级。

同时，应加强创新驱动，借助雄安新区建设过程中大量科研机构、高等院校、高新技术企业进驻的契机，以政府主导、企业运营的方式搭建系列科技创新平台，建设雄安新区技术研发创新基地、成果孵化基地，通过创新驱动现有企业升级发展。

目前，由于历史原因，雄县大部分规模以上企业仍采取家族式管理，管理理念、管理方式都较为落后，难以适应雄安新区未来的发展需求。在鼓励企业进行产业升级的同时，也应引入国内高端智库或顶尖管理咨询机构，通过系列培训、手拉手等方式，帮助现有企业提升管理水平，建立现代科学管理体系。

（四）合理规划传统产业提升集聚区

鼓励中小企业"抱团取暖"，合理规划"传统产业提升集聚区"，设定门槛，使小微企业组团入园，实现集聚效应。政府鼓励优势主导企业依靠工艺优势、设备优势、资金优势、和管理优势实现企业兼并重组。

推进协同发展的创新体系，要实现雄县创新体系与京津冀现有产业基础的协同发展，还要兼顾与河北省内其他地区技术创新需求的协同发展。推进中小企业与大企业实现产业对接和配套协助，提升专业化分工协助和产业集群发展水平，推进重点企业兼并联合，组建大型企业集团，引导企业集约化集团化发展。

借助国内特色小镇建设的契机，规划仿古石雕特色小镇、特色工业小镇。调研探访的张岗乡是"中国仿古雕文化之乡"，可以以此地为基础建设仿古石雕特色小镇，将目前的仿古石雕、仿古瓷器、仿古铜雕、砚台等生产技艺相似的小企业和家庭作坊集中迁入，统一规划管理。

（五）大力发展文化旅游产业

在雄安新区建设过程中，文化旅游业是雄县未来发展的重点，也是有效提升现有产业结构的重要抓手。雄县拥有丰富、悠久的历史文化资源，白洋淀、宋辽古战道、仿古石雕等在国内具有较高知名度。将来，雄县应在文化资源、文化遗产保护的同时，面向雄安新区未来建设出台文化旅游产业相关规划，推动现有文化旅游产业升级换代。引入文化旅游产业领域的国内外高端智库，积极推动 VR、AR 等现代科技在文化旅游项目中的应用，强化宋辽古战道、白洋淀等文化旅游资源的现代转化，增强体验效果。

同时，在传统产业集聚区规划建设过程中，应有意识地加大文化元素的植入，在集聚区内建设工业博物馆、DIY 体验等文化体验项目，以工业旅游方式提升现有产业整体水平，实现产业升级换代。

（六）加强针对性宣传教育

统一思想是行动一致坚定的前提。雄安新区的建设关乎京津冀战略的深入推进，将开创城市优化开发新模式，形成创新驱动发展新引擎，是千年大计、国家大事，也将成为利国利民的城市样板，必将提高雄县人的生活质量和幸福指数。在新区建设过程中，城区定位的转变、产业换挡升级可能暂时会给雄县部分企业、工人和居民带来变动，需要分别对政府公务人员、企业家、产业工人、城乡居民进行多层次、有针对性的宣传、培训、教育。

在新区建设过程中，可以针对政府公务人员进行舆情分析应对、公共关系、行政管理等专项培训，进一步提高执政水平，将可能引起的矛盾化解于无形，及早发现，及早上报，及时控制，及时化解。

在产业转型升级的过程中，应该引导企业经营者转换经营思想，把企业的发展方向从"做大"转向"做优""做专""做特""做强"，即生产优势产品，掌握独具特色的技术和方法，形成"人无我有、人有我优、人优我廉、人廉我特"的局面，使企业和发展方向适应雄安新区的发展目标。

改善企业素质，增强企业的生命力，激活企业改革创新精神。经济发展具有周期性，雄县企业曾在改革开放初期抓住了历史机遇，迎来了高速发展，如今也要在产业转型期改革创新，实现二次创业。充分发挥雄县工人的主人翁作用，树立大局观和社会责任感，使产业工人各尽所能，奉献企业，建设新区。

第二节　传统加工制造业的谢幕与重生
——容城服装产业历史沿革与转型之路调研报告

2017年4月1日，中共中央、国务院决定在雄安设立国家级新区，这是以习近平同志为核心的党中央作出的一项重大的历史性战略选择。雄安三县之一的容城迅速走进大众的视野，服装产业作为容城的支柱性产业受到了我们的重点关注。2017年5月25日，我们来到了容城县，对容城服装产业的发展历史、当前概况以及著名企业进行了为期3天的实地调查，本调查以此次实地观察、访谈为基础，综合收集的报刊、网络资料完成。

一、历经三代人，容城服装产业融入民心

（一）大河镇，容城服装产业的发展源头与时代缩影

据当地政府部门的介绍，容城服装产业的起源在大河镇，2017年5月26日，我们一行来到大河镇，与镇书记、镇长以及当地著名企业负责人进行了座谈交流，意图深入了解大河镇的服装产业发展历史。

大河镇重点企业丽友集团董事长张友方、华菱制衣有限公司董事长何会民两位当地知名人士见证了大河镇、容城县服装产业从无到有，从繁盛到低落的整个过程。座谈会上两位乡镇企业家满怀对服装加工业的感情为调研组讲述了容城县服装产业发展历程，让我们更深体会到三代大河镇人对服装产业的付出。

结合两位企业家的讲述，我们掀开了大河镇服装产业的历史书简。早在1969年，大河镇大河村公社就开始组织群众生产服装。在改革开放春风的感召下，1979年，张友方靠着六七台缝纫机做裤子起家，创建了集体工厂——京容服装厂，这被认为是容城服装产业起步的标志。眼看着京容服装厂的发展势头喜人，村民都靠制衣挣了钱，大河镇的服装厂随之如雨后春笋般建立起来。起步初期，大河镇的服装主要走内销。当时，北京市场对于衬衣的需求量很大，大河镇乡镇企业就大量加工制造衬衣，北京西单商场、王府井商场里的衬衣90%都是大河镇出品。最夸张的时期，一件女士绣花白衬衣的版式可以畅销十几年，全村都在生产一样的衣服。内销鼎盛时期，大河镇工厂里本地人手不足，大量外省人来打工，湖北、湖南的居多，很多人学到了制衣手艺又回到自己家乡办起了工厂。大河镇生产的衬衣、裤子价格低、质量好，在批发商里建立了良好口碑，一传十、十传百，成都、沈阳、郑州几大城市的批发市场都到大河镇来进货，一时间大河镇风光无二。

提起这些，大河镇的企业家十分自豪，用张会长的话说："大河镇的服装产业影响了全国"。一直到20世纪80年代末，各个企业在薄利多销的发展之路走得很顺畅，不愁销量的他们还处在一种样式卖多年的状态，没有意识到样式单一所带来的问题。随着人们生活水平的提高，对服装的要求越来越高，不再满足于单一版式的服装，希望穿得更美更好的要求超出了大河镇服装厂的生产能力。同时，来大河镇打工的外地人学习了不少经验后离开，大河镇依靠内销的路也走到了十字路口。

20 世纪 90 年代，大河镇服装企业转而把眼光转向了国际市场，开始做起了国际贸易，在全部服装产品中，内、外销比例大致为 2∶1，出口亚洲、非洲、南北美洲、大洋洲、欧洲的 50 多个国家和地区，并成功打入韩国、日本、德国、美国、意大利、澳大利亚等发达国家市场。一直到今天，大河镇的服装企业依然以外贸加工为主。

（二）新时期容城服装产业的发展

目前，容城县共有服装企业 920 家，服装加工户 2000 余家，已经形成龙头企业带动、骨干企业支撑、服装加工户遍地开花的产业格局。全县年产各类服装 4.5 亿件（套），2016 年完成产值 256 亿元，产品涵盖衬衫、西服、休闲、棉服、内衣、裤装等六大系列上千个品种。服装企业引进了先进的专业生产设备，制作工艺达到国内一流水平。全县共拥有设备 7 万余台（套），95%以上生产设备采购于日本重机、兄弟、德国杜克普、意大利迈 P 及国内先进设备生产企业，其中国外进口设备 5 万余台（套），占设备总量的 70%以上。在服装业的带动下，纺织、印染、拉链、制线、纽扣、包装、装潢等服装配套行业得到迅猛发展，服装产业化程度进一步增强，产业链条进一步延伸。2016 年，配套产业完成产值 65 亿元。目前，全县初步形成了"一城、两园、三区"的发展布局，服装配套产业专业村建设成效明显，产业聚集程度进一步提高。规划占地 10.4 平方公里服装工业园一期工程已有 21 家企业入驻，大河服装工业园已有企业 60 家。通过实施"建名企、出名品、创名牌、塑名城"四名战略，全县涌现出一批省著名商标和省名牌产品，目前，服装产业拥有国家精品 1 个、国家免检产品 1 个、省级名牌 18 个、河北省著名商标 25 个，位居全省前列。容城服装产业被河北省政府命名为"十大特色产业"，容城被中国纺织工业协会和中国服装协会命名为"中国男装名城"和全国纺织产业集群试点，成为闻名全国的北方服装名城和服装出口基地，与浙江义乌、诸暨并称全国三大衬衫生产基地，行业内素有"南石狮、北容城"之誉。

进入 21 世纪以来，服装产业集群发展也已步入创新聚集阶段。容城服装产业经过 30 多年的累积，在逐步发展的过程中已形成产业链的完整配套、横向宽广、纵向深厚的集群业态基础。随着科技领域的不断创新，容城人在紧抓新技术、上档次、提升品牌文化价值等方面加快了步伐，进入升级转型的轨道。

容城县近年来出台了一系列优惠政策，助力服装企业发展。对创建中国驰名商标（中国名牌）的企业给予100万元资金奖励，对创建省级名牌、省级著名商标的企业，给予10万元资金奖励。设立"容城县服装产业发展专项资金"，年度内安排1000万元，并以10%的幅度逐年递增，强化财政资金的引导、扶持作用，专项资金50%用于支持企业实施技术改造和招商引资，30%用于支持企业开拓国际国内市场，20%用于支持企业进行品牌建设。为使一批成长性好、发展潜力大的服装企业成为带动经济发展的龙头和骨干，对在"新三板"成功挂牌上市的企业，政府奖励100万元；对在上海、深圳证券交易所以及境外证券交易机构成功上市的企业，政府给予一次性300万元的资金奖励。在用地指标、资金上向标杆企业倾斜，从政策、服务上加大扶持力度，使标杆企业在构建现代产业体系中发挥更大作用，推动经济转型、产业升级。县政府对纳税超500万元（含500万元）的标杆企业给予表彰奖励。纳税超2000万元的为发展县域经济金牌企业，县财政奖励200万元；纳税超1000万元的为发展县域经济银牌企业，县财政奖励100万元；纳税超500万元的为发展县域经济铜牌企业，县财政奖励50万元。

二、调研实例

为了更好地了解当地的服装企业的现状，调研组去了两家著名企业实地考察——河北津海实业集团有限公司和河北保定澳森制衣有限公司。

（一）津海实业集团

2017年5月25日下午，我们先来到了河北津海实业集团有限公司，企业负责人先带领我们观看了一段介绍他们企业的VCR，大致了解了一下企业的概况，津海实业集团于1982年成立，经营范围包括纺织服装、服饰、纺织品的开发、设计、加工、制造、销售等，自营和代理除国家组织统一联合经营的出口商品和国家实行核定公司经营的进口商品以外的其他各类货物的进出口业务。负责人很自豪地告诉我们，津海实业集团是全国最大的西服生产企业之一，曾获得中国职业装十大领军企业、中国服装行业100强企业第56名、河北产业集群龙头企业、河北省著名商标企业等荣誉。接下来，负责人向我们介绍了他们旗下的3个自主品牌——泉镜花、澜豹和奥源，两个合作品牌——英国金狐狸和雪中飞，产品以外销为主，占据销售收入的60%，远销英国、法国、澳大利亚等西方国家，企业年销售额近3亿元，是河北省纳税银牌企业。

随后，我们跟着负责人进入了厂房，在参观企业生产车间的过程中我们了解到整个服装制造的流程，包括剪裁—显片—净片等，总共有 300 多道工序。流水线上训练有素的工人们手脚麻利，送来—完成—送走，一步一步井然有序，工人们专心完成自己的工作，没有交流，除了机器工作的轰鸣，再也听不到其他声音。但我们发现，工作厂房并不十分干净整洁，用剩的材料随意丢弃在地面上，或是堆在某一处，一进入厂房，同行的师生多数感觉嗓子有些不适，服装厂原料本身就是一些化学纤维等，厂房内部空气自然漂浮着易被吸入呼吸道的小颗粒。工厂内卫生及安全方面业着实存在着隐患，比如厂房内服装生产过程中带来的空气中的漂浮物、堆积在一起的易燃物、闷热不透气的环境等，当我们问及这些问题时，负责人告诉我们厂房从未出现过此类问题，他们也一直重视这些问题并做了很多预防措施，比如不定期开展的逃生演习、广播宣传、定时清洁等，但我们看到的却是诺大的厂房只有两个灭火器、乱七八糟的地面、未佩戴防护措施的工人。在参观的路上，我们抓紧时间向负责人进行简单的对话采访，对于企业服装的自主设计我们产生了一些疑问，我们一直认为自主设计会是一个服装企业的核心竞争力，然而却没有在企业看到大规模的设计部门。负责人坦言，由于男装西服款式多年来变化不大，设计需求不旺，企业的设计部门比较简陋。

最后，我们问到雄安新区的设立对企业的影响，负责人认为这是机遇与挑战并存，他们意识到思维、生产和营销方式必须进行创新，要加大人才引进，但他们仍将企业的未来发展寄希望于政府打造容城服装特色小镇。

（二）澳森制衣有限公司

津海实业集团参观结束后，我们又马不停蹄地奔赴了下一站——河北保定澳森制衣有限公司。保定澳森制衣有限公司成立于 2001 年，公司经营范围包括纺织服装、服饰、纺织品、皮革制品、服装面料的加工等，澳森制衣是典型的来料加工型企业，企业本身虽然拥有自己的品牌帝伦霍特（主销捷克），但并不具备真正的设计能力，作为外贸型企业，澳森与国际数十个品牌，比如探路者、Discovery、利郎合作进行贴牌生产、来料加工。

澳森制衣的利润来源单一，仅来自于加工费，且平均每件衣服加工所得利润仅50 元左右，利润空间不足，又没有附加值，这就极大地限制了企业的成长。澳森没有自己的设计师，也就没有自己的原创设计，但管理者清楚地认识到了这一点，他们致力于打造自己的原创品牌美颂，虽然现在还未在市场上销售，但他们也算是走上了企业转型之路，他们对未来的规划还是很清晰的，打造原创品牌，走智能化生产、个性化定制之路。

（三）大河镇服装加工作坊

第二天，我们又去考察了另一种家庭小作坊式的服装生产小企业。我们乘车来到了一个不大的院落，这个院落里有一座二层楼的建筑，一楼中间住人，东侧和西侧主要负责裁剪等工作，二楼打通作厂房。据了解，大河镇这样的家庭作坊有上百家。企业负责人杜超很热情地接待了我们，这个家族企业发展到杜超手上已经是第三代了，我们亲昵地称他为"服三代"，他带着我们跟着制作程序一路参观下去。

上二楼参观厂房时，我们发现他们的流水线作业与津海、澳森这种大企业差别不大，令我们比较感兴趣的是，我们注意到了生产线上一位头发花白的老奶奶，她已经70多岁了，在这里工作了20多年，老板也不忍心辞退她，于是她还坚守在这个地方，从这一点，我们看到了这个小企业的人文关怀。我们采访了杜超对雄安新区的设立对他们这种家庭作坊式企业的影响的看法，他的表情有点为难，雄安新区的成立很有可能会对这个企业产生一定影响，于内心深处，他自是不希望家族的企业传到他手中断了的，但他也明白，雄安新区的成立也是一个机遇，如何抓住这个机遇让企业转型，焕发新的活力是他的首要任务。为此，以下将对容城服装产业发展现状进行总结，结合服装产业发展历史，提出服装产业转型的相关建议。

三、容城服装产业发展现状总结

经过三天时间，调研队伍深入到以津海服饰、澳森制衣等为代表的服装企业内部，对容城县支柱型产业——服装产业的产业现状、转型升级、企业文化民生诉求等展开了全方位的考察。以下将从产业内部发展现状与产业外部环境对几天的见闻感受进行梳理。

（一）容城服装产业内部现状

首先，服装产业起源已久，具有雄厚的产业基础。依托于长久的历史条件，容城已形成了完备的人力资源基础与生产供应水平。服装产业从业人员7万余人，岗位分布在生产加工、市场销售、企业管理等环节。目前，全县共有服装企业920家，其中衬衫生产企业306家，西服生产企业192家，裤装生产企业36家，棉服、休闲、夹克生产企业 386 家，其中销售收入亿元以上企业 12 家，服装加工户 2000 余家。2016 年，服装产业年产值达 256 亿元，成为名副其实的支柱型产业。容城服装产业已在国内服装业中颇具地位，素有"中国男装名城""南石狮、北容城"之誉。

但当地服装产业虽然"摊子"够大，却管理不够规范。问题之一是缺乏从全区角度的产业系统谋划。容城服装产业在发展过程中缺乏系统的产业布局，致使产业发展无论是产业形态或是产业分布都表现出散乱无序的状态，呈现出显著的乡土特征。这直接导致整个服装产业内部缺少必要的合作意识，难以形成推动产业有效升级和相互促进的机制，加之人才、技术等关键要素引进的局限性，服装产业内部的知识趋同和互补性逐渐消失。具体表现为大型生产企业各自为盟、家庭小作坊花开遍地。因此，要推动服装产业转型升级，就必须着眼未来谋划产业系统布局，打造产业整体合力，不断增值产业链和产业价值链。

其次，服装产业以贴牌、代加工生产为主，产品附加值极低。通过对津海服饰等多家企业的调研发现，当地服装企业大多以沿袭制造为主，几乎不存在真正意义上的自主设计，这就决定了当地服装产品的附加值极低，从而极大地压缩了产品利润。这样以"走量不走质"为主要特点的服装制造行业，面对着人口红利向东南亚的转移，其生存本身就面临挑战。特别是在雄安新区的建设背景下，低端的产业定位更是与新区发展格局格格不入。因此，服装产业转型升级势不可当。该如何转型呢？要么，以设计、创新为出发点，打造真正意义的自主品牌，提高产品附加值，以高定位占据市场。要么，优化生产管理流程，创建一流的生产加工企业。

再次，人才难留。"为了留住人才，我们往往需要付出三倍的薪水""现在的年轻人宁愿工资少点，也愿意去大城市里待着。"多家服装企业领导纷纷表示，难以吸引优质人才是企业发展遇到的重要瓶颈。然而，无论是打造自主品牌的服装企业，还是一流生产加工企业都必须依托于人才。现阶段，容城服装业从业人员规模庞大，但质量不高。据了解，一线员工受教育程度普遍在初、高中水平。设计人员更是形同虚设，多是负责打版、成衣等工作，基本不具备设计水平。容城作为一个县级城市，在人才引进方面存在有诸多限制。但伴随着雄安新区建设的逐步推进，相信人才缺失的问题也会得到解决。

最后，企业家素质与责任也是决定产业转型成败的关键因素。我们发现，当地成长起来的服装企业大多起源于家庭作坊式的生产小团体，这样的企业具有一种天然的粗放、野生的发展特点,企业的高层管理者普遍是具有宗亲关系的家族成员,管理队伍整体素质不高。不仅体现在业务管理方面,面对政策导向的产业转型背景,企业家能否承担起应有的责任,很大程度上决定了企业转型的成败。在生产经营过程中,企业家的战略眼光、全局思维、与时俱进的管理理念等贯穿于企业运行的方方面面,容城服装企业家素质是否足以承担起服装产业转型的重任还需进一步考察。另外,在企业社会责任方面,一个成功的企业必然是一个效用最大化的生态系统。生态系统涉及企业的所有利益相关体,而在调研过程中,我们发现工厂的安全卫生质量、员工的生产操作环境都还远远达不到一个利益相关体应有的待遇。

(二)容城服装产业外部环境

据 2016 年中国服装市场专题研究分析与发展趋势预测报告显示,中国整体服装行业成长性与盈利性均处在上升时期,服装出口负值减窄,跨境电商蓬勃发展。首先,国内的品牌服装消费成长空间巨大,快速的城市化进程以及中西部的高速发展将成为服装消费增长的重要推动力,未来国内的服装消费将迎来黄金增长期。国家统计局数据显示,2016 年限额以上单位的服装类商品零售额累计 9732 亿元,同比增长 9.6%,比 2015 年增速增长 0.3 个百分点。其次,服装出口量减少。据海关统计,2016 年我国累计完成服装及衣着附件出口 762.08 亿美元,同比下降 3.68%,增幅较 2015 年同期减少 7.3 个百分点。另外,在进出口贸易低迷的现状下,跨境电商展现出后发制人的态势。中国电子商务研究中心的数据显示,2016 年上半年中国跨境电商交易规模为 2.3 万亿元,同比增长 38.5%,渗透率 18.6%。由此可见,就中国整个服装行业而言,发展前景可观,进出口贸易萎缩的同时,"互联网+服装"经济势不可当。

其次,就政策环境而言,容城作为雄安新区规划范围内区域,其发展必定要贯彻新区发展的总体方针。习近平明确指示:"要重点打造北京非首都功能疏解集中承载地,在河北适合地段规划建设一座以新发展理念引领的现代新型城区。"强调要在党中央领导下,"坚持世界眼光、国际标准、中国特色、高点定位,坚持生态优先、绿色发展。""建设绿色生态宜居新城区、创新驱动发展引领区、协调发展示范区、开放发展先行区,努力打造贯彻落实新发展理念的创新发展示范区,并明确提出规划建设雄安新区要突出建设绿色智慧新城、打造优美生态环境、发展高端高新产业、提供优质公共服务、构建快捷高效交通网、推进体制机制改革、扩大全方位对外开放"7个方面的重点任务。由此可见，"高端定位""绿色发展""创新驱动"是新区建设的核心理念，也是容城服装产业转型升级的方向。

四、服装产业转型升级路径探析

面对服装产业内外部环境的挑战，容城服装产业的领导、员工也都忧心忡忡。为此，大河镇书记代表各服装企业表达了对新区建设和服装产业转型的几点诉求：第一，希望可以做到生产搬迁两不误；第二，希望可以借助新区建设的条件，充分发挥当地服装产业的本地资源优势；第三，希望可以依托特色服装小镇继续发展服装产业；第四，借助雄安新区品牌，创造名品服装；第五，希望能够建设专门的产业园区，整合经营，充分发挥集聚优势；第六，如当地服装产业不符合新区建设需要，希望能够尽早搬迁建厂。那么服装产业转型到底该如何做呢？一般来讲，产业升级有两种路径选择，一是实现产业层次的不断提升，即由传统产业向新兴的高新技术产业演进；二是实现价值链升级，即由低附加值产品到高附加值产品的基于专业化分工协作的升级模式。以下结合容城服装产业发展的现实情况，对产业转型升级提出几点建议。

第一，开展全方位产学研联盟，打造自主品牌。据了解，容城服装产业也在积极地与学校开展合作，包括北京服装学院联合举办的服装文化节以及美颂品牌服装等。但总体来讲，合作范围与深度都远远不够。产学研联盟是指围绕产业、高校、科研三者的联动合作模式。首先，服装产业转型需要充分利用高校、科研机构的人才集聚优势，响应新区"高端定位"的建设要求，积极培育经营管理人才与创新设计人才，优化经营管理过程，创造真正意义上的自主品牌。借助新区发展红利，构建当地服装产业核心竞争力。实现由代加工到自主加工的转型，从低附加值到高附加值产品的升级，从单纯的生产加工型企业到以自主设计为核心的品牌服装企业的跨越。其次，充分利用高校、科研机构的知识资源，一方面，通过知识共享不断优化生产流程，科学指导企业管理实践。另一方面，利用高校与科研机构的技术资源能力促进生产设备技术更新，推动产业科技创新。

第二，整合互联网资源，开拓电子商务渠道。随着互联网的普及与新一代消费模式的养成，网络购物已经成为当代人消费的重要方式。服装产业作为一种典型的传统产业，如何加入互联网发展的浪潮中，创建自己的电子商务服务平台，是服装产业转型升级的关键。一般来讲，开展电子商务渠道的模式是多种多样的，传统企业在开拓电子商务渠道时，要分析企业自身的条件，比如企业规模、企业类型等，选择合适的模式。对于服装产业制造商来说，初期可以通过与阿里巴巴、卓越等电子商务平台合作开展业务，到达一定规模后，可以开展自营业务，避免被第三方平台控制渠道，强化行业的话语权。

第三，建设容城服装产业园区，系统布局，促进企业间协同发展。建设服装产业园区，利用产业集聚打造整体合力，对当前服装产业升级意义重大。要改善服装产业发展分散且落后的现状，就要实现整合经营，做好系统的事前布局，推动服装生态良好发展。通过加强中小企业间知识共享与优势互补，促进企业集群发展，利用产业聚集效应，创造良好的创新发展环境。最终形成从产品设计开发，面料辅助采购到加工交易、仓储物流的一体化平台，引领中小服装企业产业聚集发展，实现服装产业链的上下游延伸。因此，从产业园区的规划开始，就必须以服装产业平台构建为核心导向，而不是以单纯的用地性质和规模设定为主要目标。在明确产业园区核心的前提下，做好全局谋划，规范进园门槛。园区内部加强沟通合作，促进企业之间信息交流，争取企业间合作共赢。吸纳服装产业链上下游业务，降低经营风险，增强服装产业主导权，以构筑通畅、稳定和完整的产业链模式，促进服装产业转型升级。

第三节　整合与提升：立足任务，谋求发展
——安新县经济社会发展调研报告

雄安新区规划范围涉及河北省雄县、容城、安新三县及周边部分区域，地处北京、天津、保定腹地。新区规划建设以特定区域为起步区先行开发，起步区面积约100平方公里，中期发展区面积约200平方公里，远期控制区面积约2000平方公里。设立雄安新区，是以习近平同志为核心的党中央深入推进京津冀协同发展作出的一项重大决策部署，对于集中疏解北京非首都功能，探索人口经济密集地区优化开发新模式，调整优化京津冀城市布局和空间结构，培育创新驱动发展新引擎，具有重大现实意义和深远历史意义。

一、调研背景

为了响应国家战略，深化校地合作，推动"双一流"建设，中国传媒大学顺势而为，于4月22日成立了"中国传媒大学雄安新区发展研究院"，雄安新区发展研究院是以服务国家战略为导向，以推动雄安新区建设为中心、基于互联网精神而设立的新型智库机构。研究院成立以后，积极整合国内外相关领域的顶尖专家资源以及广泛的社会智慧，致力于为雄安的发展提供智力支持、学术参考。

2017年5月5日至5月7日，中国传媒大学雄安新区发展研究院第一批调研组一行13人，一路南下，来到雄安新区规划范围内雄县、容城、安新三县进行考察调研，调研组通过此次调研，对雄安新区的基本情况有了更加直观的了解，同时，也为5月底经管学部雄安新区百人大调研做了大量前期的准备工作。

2017年5月24日至5月27日，经管学部组织41名教师、121名学生进行了雄安新区大调研，这是中国传媒大学雄安新区发展研究院自成立以来组织的第一次大型专题调研活动。参与调研的师生来自应用经济学、传媒经济学、企业管理、工商管理、信息管理与工程、公共管理、艺术管理、文化产业等学科。

二、调研情况概述

2017年5月26日，雄安新区百人调研团安新分队一路南下，驱车近3小时来到了安新县。安新县位于河北省中部，县境东与雄县、任丘相连；南与高阳接壤；西与清苑、徐水交界；北与容城毗邻，总面积738.6平方公里。早在新石器时代，安新县就有人类生息繁衍。战国时，境内建有葛城（今安州镇政府所在地）、三台城、浑埝城（今安新镇政府所在地），地处燕南赵北。民国三年（1914年）取安州、新安二地名各首字称安新县，抗战初期曾划为安新和新安二县，后又曾划为安新、白洋二县。抗日战争胜利后又合为安新县。

安新调研组由雄安新区发展研究院15名骨干教师和45名本、硕、博学生组成。调研组到达后马不停蹄地与安新县文广系统主要领导及当地文化名人代表举行座谈会，安新县文广新局局长王迦梁主持会议。座谈会上，王迦梁局长介绍了安新县的历史沿革、公共文化服务设施、文化遗产等情况，我们对于安新的基本情况有了大致的了解。出席座谈会的安新县前作协主席李卫东以"五大文化"总结安新及白洋淀的历史文化风貌，即以白舟河为主要遗存的宋辽文化、以康乾数次巡幸白洋淀而形成带有帝王色彩的行宫文化、以百种传统捕鱼技法为主的渔猎文化、以骁勇的雁翎队为主导的抗战文化和以展现地域特色融汇多元文化的美食文化。出席座谈会的是当地有名的青年作家，他向我们介绍了安新文学方面的情况，安新作为"荷花淀派"的发源地，在中国当代文学史上扮演了重要的角色，品味荷花淀派的文学作品，文风清新优美，仿佛置身于广袤而葱郁的芦苇荡。一方水土养一方人，在白洋淀水土的滋养下，白洋淀文学薪火传承，生生不息，如今安新县的文化社团组织已有9个，作家也有70多人。

座谈会后，调研团队稍作休整就立刻前往白洋淀进行实地调研，希望在白洋淀中探寻当年作家们的所感所想，穿梭在白洋淀曲曲折折的水路上，可以感受到"华北明珠"的旖旎风光。在白洋淀景区里，雁翎队纪念馆和孙犁纪念馆是文化记忆的承载。雁翎队纪念馆展示了260多幅珍贵的历史图片和100多件实物，是抗日英雄们浴血抗战、奋勇杀敌的见证。一枚雁翎，一群白洋淀的"嘎子"们，编织了一段"水上神兵"的辉煌抗战历史。密密匝匝的芦苇荡仿佛在诉说着当年抗日战争时期雁翎队与日寇浴血奋战的故事。雁翎队在极为艰苦的条件下，与日军激烈交战，利用白洋淀的自然优势，奋勇杀敌，配合了华北地区的抗日战场。一件件实物、一幅幅图片，仿佛把我们带回到了80年前那片战场，让我们更加珍惜今天来之不易的和平与安宁。

晚上，调研团队来到了安新县的文化广场，广场上热闹非凡，作为县内唯一的大型群众活动广场，这里汇集了广场舞、毽子、武术、轮滑等群众文体活动，广场上也有许多卖玩具、经营蹦床的小商贩。对于县城的百姓们来说，工作了一天，来广场上跳跳舞、散散步，是最惬意不过的事情了，安新县城群众文化活动是华北地区千百个县城的缩影。安新的百姓们对目前的文化活动基本上满意，但期待着新区建成后能有更为完善的群众文体活动设施。

5月27日清晨，调研组的部分成员前往了安新县早市，夏天清晨六点，天早已大亮，调研组到达市场时，市场上已经十分热闹，调研组成员们与市场上的商贩、来市场上买东西的百姓们聊起来，针对民生、就业、住房安置以及新区建设的期待等话题同他们进行了交谈，当地百姓对未来充满了迷茫与忧虑，但绝大多数百姓对于新区建设表示拥护和支持，认为这将给他们的生活带来质的改变。

随后，调研团兵分三路，第一组前往白洋淀景区，针对白洋淀景区生态保护以及渔民的生活状况进行深入调研；第二组组前往安新县城，对县城公共文化服务和古城遗址等进行调研；第三组则前往雄安新区建设的起步区——安新县内的大王镇和三台镇针对安新县村民的生活状况、教育养老及相关产业的发展进行调研。

安新县城第三组驱车前往了第一站——大王镇北六村。北六村位于安新县城近郊，是雄安新区起步区所在。一到达北六村，我们在村委会与端口镇党委副书记许聚峰、北六村村党支部书记陈克宾、副书记李克俭等干部进行了座谈，干部们介绍了北六村的基本情况，全村 1363 户，服装产业是该村的支柱产业，该村的服装产业历史可以追溯到 20 世纪 80 年代，经过近 40 年的发展，该村已经成为集设计、生产、销售为一体的服装基地。在村干部的引导下，我们去了北六村两个规模较大的服装加工企业进行调研。在这两家企业里，我们就企业的管理模式、生产、销售渠道、工人工作时间、待遇、学历以及雄安新区成立后的期待等问题对企业主和工人们进行了访谈。下午，调研组转战起步区的另一个重要地标——三台镇山西村，一到达山西村，映入眼帘的满是花花绿绿的招牌广告，但广告主角都一样，都是鞋子。在与村干部的座谈当中，村干部告诉我们，山西村的核心产业是制鞋产业，与北六村一样，山西村的制鞋产业也成为产销链完整的支柱性产业，我们分别走访了几家规模较大的制鞋企业，同企业主进行了深入的访谈。通过调研及访谈，我们对安新县的种种发展现状及问题进行了进一步思考，以期为雄安新区的未来发展提出建议。

三、调研现状及问题

（一）产业发展形式

在安新县调研过程中，调研组实地考察了安新县的三大主导产业，制鞋业、服装业和旅游业，并从这三大产业的发展现状和问题中总结出安新县产业发展的困境。综合大王镇北六村的服装产业和三台镇山西村的制鞋产业情况来看，这些依托于家庭式手工作坊起家的工厂和公司基本属于劳动力密集型产业，产品技术含量不高且易于复制，工厂盈利主要依靠大规模的量产和低廉的成本。村里和周边乡镇的大部分人都在从事和服装、制鞋相关的工作，且形成了一条完整的产业链，这些企业依靠多年的贸易渠道和人际关系也已经形成了较为成熟的生产-销售模式。在产业的支撑下，北六村和山西村村民的平均收入水平要普遍高于县里其他的村民。

但这些服装和制鞋企业生产的产品中，自主设计的比例并不高，即使以自有品牌进行设计和生产，款式也基本较为单一和重复，或是直接模仿其他品牌的产品进行细微的改动，就作为自主设计的款式进行生产和售卖。而零售的渠道也多是超市或乡镇的店铺，很难进入商场或更为高端的零售店。因此，这些企业的品牌知名度并不高，也无法通过这些自主设计的款式去申请专利。根据保定安路捷鞋制造有限公司老板张会想所说，目前不论是公司自主生产的鞋还是帮知名企业代加工的鞋，获取的利润并不高，主要还是依靠源源不断的订单走量盈利。

安新县紧邻白洋淀水域，依靠白洋淀的旅游产业获得了较高的经济收入，也带动了当地特产的售卖。但调研组在实地考察过程中发现，白洋淀景区的整体开发方式较为粗放，水路区域供游客乘船游览，文化苑、大观园等主要以纪念馆+景观的形式开发，且纪念馆中的布置和展示方式还较为落后和单一。安新著名音乐家陈时刚老师认为，白洋淀的旅游开放层次不够高主要是因为当地对旅游产业的认知程度不够，很多人仍认为工业才是带动经济发展、改善人民生活的动力，旅游只是一个附属产业，所以在现在的开发状态下，白洋淀只是个"鸡窝里的金凤凰"。

（二）文化资源开发

安新县的文化资源较为丰富，不仅有新石器时代的梁庄遗址和留村遗址，还有清朝的安新八景以及各种极具地域特色的民俗文化，如老调、弦子鼓等。在调研过程中我们发现，安新县最突出的文化资源就是白洋淀的抗战文化和以孙犁荷花淀派为代表的文学流派。近年来，当地的文学作品、音乐作品、绘画作品等也多是以此为创作基础，安新已然形成了以白洋淀为核心的文艺创作群体。但在白洋淀景区中，除了在展示板上直观呈现的历史故事和人物事迹，以及一些雕像和实物，游客并不能从中看到过去的抗战文化、文学流派和现代生活中人们的精神、文化联结。

此外，除了围绕白洋淀形成的文化资源，安新县的宋辽文化、行宫文化、渔猎文化和饮食文化等其他文化资源也并未得到很好的保护和开发。安新县的整体宣传都聚焦于白洋淀，以白洋淀来代表安新的整体形象，使得很多有历史价值、人文价值和社会价值的文化资源都被"雁翎队""嘎子印象""孙犁"等文化标签所覆盖。

（三）公共文化管理

安新县除了丰富的文化资源，也有大批的文化能人，目前县里已有9个文化社团，70多位作家以及若干在音乐、绘画方面颇有建树的艺术家。县里也组织了一些民办团体来支持这些文化能人的创作活动，但仍有很多人都是较为分散地进行创作，缺乏合力将这些人聚集起来，最后的创作成果也因为缺乏资金和专业展示平台而难以打响知名度。陈时刚老师告诉我们，他自己创作的歌曲虽然得到了市里和县里的认可和鼓励，但其实并没有多少资金的支持，很多时候都是自己出钱采风、创作，这在一定程度上会增加自己的创作压力，缺乏创作的积极性。

此外，县里的公共文化设施使用情况也并不乐观，虽然安新县的图书馆、青少年活动中心就在安新县最大的广场边上，每天晚上在广场上跳广场舞、锻炼的人并不在少数，但调研组在和居民的访谈中发现，很多人都不知道县里的图书馆和青少年活动中心在哪。而且这些场馆的开放时间和学生空闲的时间并不对称，往往在学生放学时图书馆就已经闭馆了。所以，虽然安新县的公共文化基础设施建设并非空白，但其实际的使用效率却很低，和大众实际的文化需求相悖。

（四）居民教育水平

在对安新县产业发展状况的调研过程中，调研组也了解到了当地居民的教育现状。无论是大王镇的北六村还是三台镇的山西村，当地居民基本都只是初中毕业，毕业之后就开始从事与服装或制鞋相关的工作。很多当地人认为初中的教育水平就足以进入工厂或做生意，即使念到了高中也并不会有更好的出路，因此与其用几年的时间去上高中、大学，不如早早进入社会开始赚钱养家。张会想也告诉我们："村里本地人对于考大学的意识比较低，很多人担心孩子读完大学视野开阔了不愿意回来，都希望孩子读完初、高中就回来参与甚至接管家里的生意。事实上，村里已经多年没有大学生了。"

所以，不论是家长还是正在接受教育的学生，对于接受高等教育后给人带来的意义认同度都比较低，产业的发达确实促进了当地经济的发展，也让很多人因此而富裕起来，但观念的落后和局限却始终难以摆脱。

当然随着产业规模的扩大，到国外做生意的机会越来越多，一些人的视野也因此比当地人开阔了许多，对于下一代的教育也有了新的想法。北六村制衣厂的老板陈晖告诉我们："我没有太多文化，跟着父辈做服装生意，到了我的孩子这辈，并不想他们再从事这个行业。还是应该好好学习，上个好大学，将来根据自己的兴趣选择喜欢的工作。"

除了本地居民，安新县还有大批的外来务工人员，他们被这里不需要太多知识和技能的工作机会吸引,在服装厂和制鞋厂中每天做着重复而单调的工作,挣着刚好有些富余的工资,生活过得也比较平静。但雄安新区设立后,这些产业都面临着搬迁的困境,高新技术产业的引入使得这些没有太多技能和专业知识的工人一旦失业,就很难找到其他的工作。

(五)城镇乡村建设

安新县虽然是雄安新区面积最大的县,但城镇化水平并不高,目前仍有9镇3乡,207个行政村。在庞大的农村数量基础上,安新县未来的发展必须与社会主义新农村建设紧密结合。2008年10月,党的十七届三中全会的《中共中央关于推进农村改革发展若干重大问题的决定》就提出,要把建设社会主义新农村作为战略任务,把走中国特色农业现代化道路作为基本方向,把加快形成城乡经济社会一体化新格局作为根本要求。

调研组在走访北六村的过程中发现,除了因服装发家而建造的高大华丽的住宅,村里其他环境和设施都比较落后,坑坑洼洼的土路、贴满小广告的外墙、随处丢弃的垃圾……连北六村小学的教室环境、学校设施等也并不是太完备。所以雄安新区设立后,农村人口该怎样摆脱原有生活的状态,快速融入城市也是较为重要的问题。

此外,目前安新县的规划和建设相对比较零散,也并未将文化元素融入城镇发展,除了白洋淀景区的宣传标语,很多公共空间中都缺乏具有当地特色或是传承传统的文化元素。

(六)社会舆论引导

雄安新区设立的消息发布后,安新县人民的心情都有一定的波动,从最初的喜悦,到"大风过后"的平静,再到对政策久久未能落实的焦虑。在走访过程中,调研组了解到,目前安新县当地居民的焦虑状态主要来源于4点:一是担心产业停滞,很多工厂都因为今年可能会搬迁而停止接订单,也对出去租厂房车间产生的高昂成本感到忧虑。二是对就业的担忧,工厂一旦停滞,工人就会面临失业的问题,但很多工人由于受教育水平和技术水平的限制,很难从事其他的工作。同样的,雄安新区设立后很多高新技术企业、高等院校等将会逐步引入,届时当地居民如何与引进的人才和谐共处,在新区中找到自己的岗位,也是他们目前最为担忧的问题之一。三是对户籍和住房的担忧,安新的房地产处于停滞的状态,一些拆迁后拿到房子的居民却因为建设停工而无法入住,只能在外长期租房,生活成本因此而增加。且未来雄安新区建设后，当地居民的户口问题如何落实，现在也尚无定论。四是乡情难却产生的焦虑，祖祖辈辈生活在这里原住民，对自己生活的区域产生了很深的感情，如果规划要求居民外迁，必然会造成当地居民心理的失落。

因此在此情况下，如何疏解人们的焦虑感，缓解社会的舆论压力，正确引导当地舆论走向，是目前亟须考虑的问题。

四、发展建议

（一）产业发展：先谋后动，全方位布局

随着雄安新区建设的逐步落实，安新县现有的劳动力密集型产业的转型升级如何与未来雄安新区的整体产业做好融合发展、转型升级，与新区整体定位相协调是是产业谋划的重点。

第一，先谋后动，要做好产业发展整体规划布局。安新县现有的主导产业与所辖范围内的人民就业、谋生等息息相关，产业联动区域人民的生活、就业，正所谓"牵一发而动全身"，雄安新区的产业布局调整，要基于对产业调整与人民生活影响的分析，将其带来的波动和影响降到最低。因此，要对安新县现有的主导产业发展及其所涉及的人口、就业做出客观、翔实的评估和分析，将其作为未来雄安新区建设中产业基础构建的重要考虑因素。

第二，做好传统产业的合理转型升级。雄安新区未来的产业谋篇布局，要处理好传统产业的转型升级，就必须引导目前的主导产业如服装业等由低端的加工制造的产业链下游向上游过渡，进行生产模式、销售模式的革新，通过设立产业园区等方式将现有的产业进行产业链的整合及功能集聚。要跳出资源谈发展，突破模式谋出路，做好现有产业与未来引入的高端产业的融合，其自然生态也具备发展文化旅游实现绿色增值的潜力。

第三，旅游产业开发要适境、适度，建设生态文化建设示范区。"华北明珠"白洋淀作为雄安新区的水源重地，其生态水源涵养功能不言而喻。雄安新区设立后，以白洋淀为核心的旅游产业面临着新一轮的发展变革。因此，雄安新区，尤其是安新县占白洋淀水域面积85%的区域在旅游产业的开发过程中要注意适境、适度，一方面要提升旅游开发水平，转变理念、创新手段，凝练旅游主线将现有的旅游资源整合串联，另一方面要注意环保开发、适度发展，尤其是白洋淀的水域环境建设。

（二）文化资源：延续文脉，建立档案

文化资源是历史遗存的文化明珠。针对目前安新县分散生存、单独、民间保护的状态，要遵循习近平主席提出的"世界眼光，国际标准，中国特色，高点定位"的理念，用长远的发展眼光对现有的文化资源进行系统性的挖掘、整合、推介，加快文化资源梳理和文物保护效率和速度。

第一，强化文化资源保护意识。要系统做好对文化资源、文物遗迹保护重要性的宣传工作，强化保护意识。例如调研组在安新县大王镇北六村村委会大院中看到一块被暂时安置的石碑，为明代万历年间文物，保存良好，碑上文字清晰可见，但尚未被列入文物。因此，要强化从领导干部到村民的文化资源保护共建参与意识，提高社会公众对文化资源保护重要性的认知。

第二，做好对文化资源的摸底梳理，建立档案。要广泛开展对新区范围内的文化资源的系统梳理与抢修，运用数字化手段，加强文化与科技融合，运用新技术手段，对雄安新区文物遗存遗址进行全面的勘察和测绘工作，建立口述历史档案。此外，还要重视史志编纂，全面系统、科学、严谨地记载白洋淀地区的自然地理、河湖水系、土地物产、自然资源，政治经济、文化、宗教、民俗风情、社会以及人物、文献等内容，建立雄安新区文物保护和考古资料档案数据库和资料信息平台，实现资源信息共享。

第三，做好对文化资源的分类存续，清晰思路。在对现有文化资源进行摸底清查的基础上，对文化资源进行分类、留存史料。一方面，要按照文化资源种类对其进行详细划分，如历史文化资源、民俗文化资源、红色文化资源、文艺资源等；另一方面，要对现有文化资源的保护现状进行评估记录，为濒危历史文化遗产如圈头村音乐会、安新芦苇画、安新面塑、安新县舞狮等做好抢救性保护。

（三）公共文化：政府社团联动，软件硬件齐抓

"提供优质公共服务，建设优质公共设施，创建城市管理新样板"作为雄安新区建设7大重点任务之一，公共文化服务建设应以崭新的姿态布局雄安，让老百姓拥有更多的文化获得感。

首先，对新区公共文化硬件设施及时更新完善，提升公共文化设施的服务能力和水平。对新区内居民的公共文化需求做出系统的调查，针对不同年龄、不同职业、不同层次的居民提供差异化的公共文化服务。做好图书馆、博物馆、文化馆的宣传

普及工作，根据大众的文化需求制定有针对性的服务方案，确定公共文化场馆的合理开放时间，着力改善新区博物馆、图书馆、美术馆的建设层次不高、规模数量较少与运营情况不佳的状况。

其次，充分发挥政府与自发组织形成的文化社团的联动作用。公共文化服务试点工作应在规划设计阶段同期开展，尤其数字公共文化服务在均等化、社会化方面寻求突破性进展。政府作为引导主体，应加大扶持力度，发挥主要作用，同时吸引社会力量参与公共文化服务建设，组织文化志愿者队伍，形成覆盖多级的文化志愿服务网络。

（四）群众教育：紧抓学历教育，提升综合素养

发展高端高新产业，引进优质创新资源在新区落地，争取重大科技项目在新区部署，吸引一流科研人才在新区汇聚，将是雄安不断增强创新能力、持续强化创新供给的必由之路。而人才作为未来雄安新区产业发展的重要因素，其教育水平决定着雄安未来的发展能力和人民综合素养的高低，是雄安新区综合发展水平的重要衡量指标。

第一，提高雄安新区学历教育水平。一方面要强化雄安地区人民对教育的重视程度，尤其是对青少年群体的教育。另一方面要加强教育设施的完善更新，建立完善的初级教育体制机制，改善中级及高级教育条件。

第二，通过生活讲堂、德育讲堂等形式提升居民的综合素养和人文修养。立足首都高校外迁的契机，整合多种优质教育资源，开展雄安新区居民文化大讲堂，通过与高校合作、外请多领域专家学者与新区进行授课交流，形成全民学习、中心学习的文化氛围，在潜移默化中提升雄安新区人民的综合素养。

（五）城乡建设：因地制宜，多元发展

新型城镇化作为新时期发展的时代命题，在雄安新区的建设发展过程中同样是不容忽视的重要一环。对于或将处于未来雄安新区核心区的区域而言，如何在新区建设过程中处理好新型城镇化的各项命题更是至关重要。就此次调研的安新县而言，9镇3乡，207个行政村，发展水平参差不齐，基础条件差别较大。在雄安新区建设过程中要因地制宜，结合不同区域的功能划分、不同区域的基础条件制定具有针对性的发展规划。可利用区域特有的产业资源、文化资源建设特色小镇，将文化元素融入新型城镇化建设和雄安新区发展的各个方面。

（六）舆论引导：倾听民声，实时沟通

新型城镇化的核心是人的城镇化。雄安新区的建设亦是如此，在整个建设过程中要密切关注人的思想变化、民俗变迁等各方面随着时间推移所产生的变化，让当地居民在雄安新区的建设过程中仍保持归属感。雄安新区的整体建设要求"离土不离乡"，其基础产业有许多产业（企业）具备通过文化植入实现转型升级的条件，通过发展文化产业创造就业，实现就地安置，通过文化创意和相关产业融合发展实现传统产业转型升级，既符合国家对雄安新区提出的七大任务，也是文化产业的应有之意。首先，在雄安新区建设的初期，要做好人们的心理疏导工作，想人民群众之所想、急人民群众之所急，对现阶段人民群众所关心的问题进行实时沟通，对人民群众所关心的就业、户籍、住房等问题做好系统梳理、上传下达。其次，要做好社会舆论引导工作，在新区建设规划还未正式对外公布前，建立社会舆论监督机制，避免虚假信息扰乱民心，缓解人们的焦虑情绪，缓解社会舆论压力。

第四节　产业困惑与企业担当
——容城服装企业现状观察与发展思考

费孝通先生曾说过的"到实地去"是我们认为最正确的求学之道。为了真正了解雄安新区现有企业生产管理的情况，2017 年 5 月 25—26 日，中国传媒大学雄安新区研究院服装产业调研组深入容城服装企业进行调研，对容城县支柱型产业——服装企业的产业现状、转型升级、企业文化、民生诉求等展开了全方位的考察。

一、30 余年的坚守与蜕变

作为调研队容城分队服装产业调研组的组员，我们跟随调研队伍深入到以津海服饰和澳森制衣为代表的服装企业内部，也走访了两家传统的家庭式服装作坊。

（一）容城服装企业基本情况梳理

津海服饰是以西装服饰为主要产品的服装企业，旗下拥有泉镜花、澜豹、奥源3 个自主品牌，产品以外销为主，占据销售收入的 60%，远销英国、法国、澳大利

亚等西方国家。津海集团的服装生产有 3 种基本的主要模式，分别是自主设计生产、贴牌加工和合作加工。①自主设计生产。津海集团有主要针对大众市场的自主品牌泉镜花和主要面向高端定制市场的自主品牌澜豹。但是高端定制业务处于萌芽的发展过程中，私人订制的周期大概在半个月左右，其主要是实体店量体裁衣的形式，网络销售渠道还在开发阶段。②贴牌加工。是 3 种加工方式中占比最大的，其份额可高达整体的 60%。贴牌加工也是容城服装企业工厂最为常见的一种加工方式，类似于富士康的贴牌加工业务。③合作加工。这种加工方式与贴牌加工相比，多了设计自主权和销售自主权。

总体来说，津海集团企业年销售额近 3 亿元，是河北省纳税银牌企业。在参观企业生产车间的过程中了解到整个服装制造的流程，包括剪裁—显片—净片等 300 多道工序，也许正是因为有这么多繁杂的工序，才能解决当地 700 多人的就业问题。

与津海相邻的澳森制衣则是典型的来料加工型企业，企业虽然拥有自己的品牌帝伦霍特（主销捷克），但并不具备真正的设计能力，主要承接国外包括探路者、Discovery、利郎等知名品牌的代加工业务，这也就极大地限制了企业利润只能源于加工费，每件平均加工利润在 50 元左右，利润空间不足。在从事代加工业务的同时，澳森制衣与北京服装学院合作，优势互补，成立了联合品牌美颂，由北京服装学院设计、澳森制衣生产形成产学研联盟，这可能会在一定程度上解决企业内部自主创新能力不足的问题，项目目前还处在初期阶段，未来发展的具体情况还有待进一步观察。

家庭作坊式服装厂的现任厂长杜超是第三代继承人，据他说，从爷爷那辈就开始做服装，一直到现在，自己也尝试过其他行业，出于对服装的一种情怀，不愿在他这辈断掉，还是决定放弃外边的工作，接手自己家的服装厂。这样的情况在这里并不少见，大河镇这种家庭作坊式的服装厂大大小小几百家，主要从事代加工，其生产设备陈旧老化，并且工人的年龄普遍较高。如何引导这样众多的作坊转型也是新区建设过程中的一个巨大的任务。

（二）工人现状采访

采访一：车间维修工人，孙克明师傅，51 周岁，本地人，曾经当过兵。在津海已经工作 14 年，工资大概是 4000 元，据孙师傅说，14 年间，车间设备升级过 3 次左右，但是机器发生故障率并不高，大概每天 10 台，一般不影响生产。当问到雄安新区建设时，孙师傅是这样说的，刚开始很激动，认为以后肯定会有翻天覆地的变化，但随后是对拆迁的忐忑（对独院的情愫吧），现在已经趋于平静，因为身边并没有什么新的变化，除了小城陌生面孔的增加。当问到对于清华、北大等高校外迁的消息的反应时，孙师傅说，肯定会让下一代受益。对于孩子以后就业选择，孙师傅说，对孩子职业不干涉，哪里发展好，孩子去哪里他都支持。

采访二：采访了一位正在工作的工人，对方今年27岁，在津海工作了4年。他说，自己已经成家，月收入大约在3000元，而且每人只做一道工序，不更换。他每天重复这一个动作，年复一年，如果未来容城服装企业转型，他希望可以在30岁的时候做些更有意义的事情。

采访三：一位年纪稍大点的女工，她的孩子今年14岁，在附近的中学里读初中。被问及未来在新区改革的积极推动下是否有想要换工作的想法，对方表示即使想换但自己也没有什么技术，恐怕也换不了更好的工作。可见，服装企业转型升级对原来工人进行再培训迫在眉睫，是提升产业转型升级的一大重要方面。

采访四：家庭作坊的一位73岁的老人，她从事服装业20多年，主要负责服装的裁剪，她带着浓浓的口音，边忙着手上的活，边笑着告诉我们说，她这一行干习惯了，没打算闲着。新区那是好事，没想那么多，就是该做啥做啥。那一刻，很触动。因为家在农村，我想我比较明白他们的感受，他们虽然文化不高，但大多淳朴，对于未来将要发生的事并未做过多的预期，做好眼前是他们普遍的态度。

根据工人采访可以看出，目前服装企业人才技术含量不高，服装企业转型升级，面临失业问题严重。雄安新区的设立是一个新的机遇，利用新区的品牌和建设优势广纳贤士，优秀尖端的人才会不断涌入其中，为其带来更多先进的技术和富足的原创设计力，以此为契机进行新一轮产业提质升级，为当地服装企业变革迎来新局面。面对传统服装企业的明天，如何让它生存得更好，职工再就业问题是要考虑的首要问题。

二、服装企业的管理问题分析

容城服装企业可以追溯到20世纪70年代，距今已有近40年的历史。在此次服装企业的调研中，通过公司员工的介绍与对一线工人的访谈，我们对容城服装企业的人力资源管理制度和生产管理情况有了深刻的了解和认识，从人力资源管理角度与生产管理的角度对容城服装企业的管理问题进行了深入分析。

（一）从人力资源管理角度看容城服装企业

1. 招聘难，是物质需求与精神需求的发展冲突

容城各个服装公司的员工大多为本地人（集中在容城县以及周边乡镇），外来务工人员较少。这种情况并非是容城服装企业有意为之，而是形势所迫。随着国内用工成本的不断攀升以及国内经济的全面发展，以前的外出务工潮变得越发少见，这就导致服装厂难以招聘到外地员工，公司发展也受到员工规模的限制。容城当地年轻人也更愿意选择去大城市发展，如今新一代年轻人外出务工不再只是为了赚钱，更多的是为了改变生活方式和寻求更好的发展机会。当地服装生产工作显然难以满足其需求，愿意留在家乡从事服装生产这种劳动密集型工作的人越来越少。

究其原因，就是年青一代更加注重精神需求，仅仅满足吃穿住行的物质需求为精神需求让步。在服装企业，一线员工相当于大机器的一个零部件，每天都在重复着同样的工作，并且这个工作已经细化到一件衣服的一个步骤。员工长期从事这样的工作所积累的压力是非常巨大的，因为这样的工作不仅单调，而且也很难让人投入其中。相对于新一代员工，其父辈们对工作的满意度主要看薪酬水平，对简单重复的工作所带来的压力与能够带来的经济收入相比较，经济收入是占主导地位的。即使比现在的新生代所面临的生活压力更大，但维持生计这个目标的实现会大大减少认知失调所带来的压力。但如今新一代的员工不再把挣钱作为外出务工的唯一目的，更多地是为了一种更有质量的生活，当其面临着人相当于生产机器的这样枯燥的工作时，其低廉的工资就无法弥补由工作所带来的认知失调。

2. 培训受限于技术，难以提高员工个人发展

作为制造企业，容城的一些大型服装企业，例如津海集团，对于一线员工的培训较为重视。据一位受访员工所说，公司会对新入职的员工提供3个月的技术培训，以保证员工上岗之后能够安全、高效地操作，之后也会定期提供培训。这些培训是由集团专业的样板师傅进行主讲，主要以改良和修正生产时产生的实际问题为培训内容。此外，安全培训也是公司非常重视的环节，公司会定期举行火灾演习。定期培训是保持员工学习状态很重要的方法。但由于服装制造行业门槛较低，生产线水平难以提升，操作技术上进步的空间不大，因此培训就受到行业和技术的限制，难以通过培训实现员工的个人职业发展。

3. 薪酬福利处于较低水平

在薪酬福利管理方面，服装企业有着劳动密集型企业的显著特点，即劳动量大，但工资微薄。对一线生产员工实行计件工资制，按照分工的难易程度不同设定每道工序的定价。工序越复杂、技术难度越大的工种，完成每件服装获得的工资也就越高。大多数员工的月工资在3000~4000元的范围内，工人的保底工资能够达到5万元/年，特殊工种（如技术难度较高的"上袖"工人）年薪可高达7万元。

此外，某些大型服装公司会有自己的奖金制度，是根据出活率（单位时间内完成服装的数量）、成品数、完成质量等指标综合考虑，但奖金的力度非常小，难以起到激励作用。并且由于工作本身任务量非常大，也很少有人能够超额完成工作以获得奖金。如何提高员工的薪酬福利，是劳动密集型企业共同面临的问题，一方面受制于巨大的工作任务量，另一方面又受制于服装制造企业的微薄利润。

4. 劳动关系管理缺乏规范

在劳动关系模块，容城服装企业存在一个较为明显的问题，即员工工作时间与休假制度。通过员工访谈我们了解到，厂里的员工每天上班时间为10小时，早九点到晚七点，无加班费，月休两天。但年假时间较法定的7天相比较长，有十几天，但具体天数由高层管理者决定。根据《国务院关于职工工作时间的规定》（国务院174号）规定，职工每日工作8小时，每周工作40小时；用人单位应当每周集中两天为周休息日；有特殊情况的，经劳动行政部门批准可以实行其他休息办法。容城服装企业现行工作制度于休假制度是否符合规定是一个需要考证的问题。

此外，员工的工作环境较差。企业未对工人的健康安全提供保障，长期在封闭厂房工作严重影响员工的呼吸健康，只有极少数人佩戴了口罩（防护性差的一次性医用口罩），企业并未做出相应措施；夏天来到，封闭的厂房格外的热，但只有一架小风扇为大家解暑，和车间厂长聊天过程中，发现员工的饮用水还得离开工厂去较远的地方接水。午餐自理，有些员工利用中间一个小时回家吃饭再折返，有些员工自带盒饭或在附近餐馆吃饭。

（二）从生产管理角度看津海集团

在生产管理上，容城大部分服装企业都比较传统，谈不上是生产管理，这方面做得比较好的是津海集团，它从美国引进了全套"ERP生产管理系统"，确保每道工艺、每块原辅料、每份人力的完美利用，并且在容城县拥有现代化的生产车间。

津海实业还拥有众多国际国内先进的服饰生产设备及智能化软件，如德国杜克普圆头锁眼机、日本重机套结机等，同时拥有当今世界最先进的 CAD 设计系统，建立起规范化的工艺流程、智能化生产运作体系，确保每一件服饰品质完美一致。但津海实业的产业结构依然处于初加工生产环节，附加值低，随着国内劳动成本的增加，竞争力逐渐丧失。

总体而言，容城服装企业管理制度上存在诸多问题，有外界因素，也有企业自身问题，且随着企业转型升级大趋势的压力愈发明朗，未来如何妥善处理好企业管理问题，实现服装制造企业的转型升级，容城服装企业还要积极探索，不断努力。

三、容城服装企业品牌管理分析

此次走访容城服装企业，小作坊谈不上品牌，纯粹的代加工企业，只有县城的部分大公司有自己的独立品牌，下面以津海实业有限公司和澳森制衣有限公司为例来说明，通过与这两个公司的相关负责人交流，对企业的品牌管理有一定的认识。

（一）品牌管理基本情况

津海实业的服装生产分为代工生产和自主设计品牌生产，其中代工生产有两种方式：贴牌生产（OEM）和委托设计制造（ODM）。

（1）贴牌生产。目前大多采用由采购方提供品牌和授权，由制造方生产贴有该品牌产品的方式。津海实业作为原始设备制造商，得到授权生产的品牌有英国 TESCO、英国金狐狸都市、中国雪中飞、德国 C&A、德国乐高、法国家乐福、美国沃尔玛。这部分生产任务占比最大，占到整体的 60%。

（2）委托设计制造。允许制造方生产贴有该品牌的产品，相关负责人介绍道，津海实业在与国外品牌合作的过程中，有设计权，经国外品牌商审核通过后便可以贴牌投入生产，由此，津海实业本身就对产品具有一定的自主销售权。

（3）自主品牌生产。津海实业拥有自己的自主设计品牌在全国同行业排名位列第 64 名，同时，"泉镜花"牌西装套装被评为河北省名牌产品。目前，"泉镜花"是我国知名西装品牌。在高端定制业务方面，定制周期大概在半个月，其主要是实体店量体裁衣的形式。目前此业务还处于萌芽阶段，私人订制的网络销售渠道还在开发。

澳森制衣是典型的贴牌加工厂商，其代加工的国外品牌主要有户外运动装探路者、利郎、Discovery 等。澳森也拥有自己的品牌"帝伦霍特"，但该品牌完全委托其他厂商贴牌加工，**澳森主要是聘请北京服装学院设计师或者网上签约设计师为**"帝伦霍特"品牌设计，产品主要外销捷克，并在国外市场占有一席之地。此外，澳森与北京服装学院合作联盟，创立北京服装学院教研实习基地，并创办自主品牌"美颂"。此外，容城县还有一些家庭小作坊也主要是沿袭式的加工生产，完全没有品牌建设的趋势。

（二）品牌管理问题

由上可知，容城服装企业还处在初级加工生产环节，以赚取加工费为主要盈利点。据相关人员透露，一件服装的出厂成本在 400 元左右，出口售价可达到 300～400 美元，而加工厂商只能拿到 50 元的加工费，利润水平很低，没有产品附加值，只能靠量实现利润。

显然，容城服装企业的品牌意识弱，自主设计能力不足。主要存在以下问题。

1. 服装企业还停留在低附加值的低端制造环节

当地服装企业大多以代加工生产为主，几乎不存在真正意义上的自主设计，附加值极低，极大压缩了产品利润。在雄安新区建设启动之后，将会为这里带来资金、人才、技术等资源，产业结构势必从低端劳动密集型向知识密集型转变，金融、电子科技、医疗等高端企业将占领大半个雄安新区的领土，而例如津海和澳森服装企业的工厂会被迁出，为新兴企业所取代。所以在此趋势下，容城服装企业要想在雄安新区占有一席之地，必须实现产业结构的转型升级。抛开雄安新区建立的因素，随着人口红利向东南亚的转移，这种低技术含量的加工环节会逐渐向劳动力更廉价的东南亚转移，而"靠量获利"的当地服装企业本身就面临着严峻的转型问题。

2. 教育水平较低，人才不足

容城县本身只是河北省的一个小县城，经济发展较为落后。因其地理位置靠近首都北京，大部分大学生当然更愿意在北京谋求发展，留在容城的居民绝大部分是普通农民、工人等，教育水平低，缺乏服装类专业知识和创新设计能力。创新设计人才的严重不足导致产业结构长期停留在低端生产环节。容城县服装企业主要是由倒卖服装出口而兴起的，大部分企业家都是农民出身，缺乏企业管理和品牌建设理论和经验，基本属于实践派，思想还停留在实干上，从而导致容城县企业管理和品牌建设的落后。

3.品牌建设意识弱，创新设计力度不强

虽然津海和澳森拥有自己的自主品牌，但其在整个生产任务中所占的比重较低。且澳森的品牌主要以委托加工为主，自主设计生产能力严重不足，更不用说其他服装企业和家庭小作坊。津海和澳森在创新人才培养上的投入力度微弱，设计师大多采取网上签约设计师或与北京服装学院的设计师合作，自主设计师规模小，且不成组织，没有成熟的设计工作室，也没有专业设计人才的积累。可见，服装企业没有想要建立品牌企业的强烈意识。

津海的"泉镜花"算是自主品牌建设较好的一个，成为了我国知名西装品牌。但在互联网时代，津海实业没有充分结合互联网扩大"泉镜花"的品牌建设。在互联网上搜索"泉镜花"，基本上找不到相关的品牌介绍，信息还停留在2006年。对新一代年轻群体来说，"泉镜花"基本陌生。现如今，电子商务已渗透到人们的日常生活，抢占了大部分实体商店的消费群体，在很多服装品牌积极布局电商平台时，津海还未布局电商，缺乏市场趋势判断，跟不上时代潮流。

四、容城服装企业：机遇与挑战并存

（一）国家鼎力支持，高科技来助力

（1）国家对雄安新区大力支持。国家在2017年4月1日提出雄安新区将是继深圳经济特区和上海浦东新区之后又一具有全国意义的新区，是千年大计、国家大事，这是国家作出的战略性选择，即利用最先进的理念和国际一流的水准打造世界新城；同时国家在战略上也一再强调，建设雄安新区时一定是有一个缜密的计划，一口气建设到底，否则将不会动一砖一瓦。因此，将雄安新区建设成为世界一流新城意味着容城服装企业将会在政府的全方位的支持下、全民瞩目中迎来一次华丽转身。

（2）高科技融通各行各业。我国互联网技术已经处于世界领先地位，自2015年李克强总理明确提出"互联网+"的概念并制订"互联网+"行动计划后，各行各业都在互联网的推动下积极进行产业重构，目前我国已经进入到"互联网+"发展高峰期，下一步人工智能将链接生活，对于大型制造企业来说，极有可能改变原有劳动力密集下的机械式工作状态，迎来制造业全面升级。

（二）企业工作效率高，客户资源广

（1）企业内部具有先进的生产线。容城县服装企业拥有众多国际国内先进的服

饰生产设备及智能化软件，基本上建立起规范化的工艺流程和智能化生产运作体系，确保每一件服饰完美一致并且能够短时间内保证大批量生产，取得规模经济。企业在先进的生产线下还培育出一批具有先进的生产线管理能力的厂长和灵活操作生产线的工人，这对于企业来说是一项在未来可以利用的无形资产。

（2）企业积累大量客户资源。容城县服装企业的国内服装生意在 20 世纪 90 年代逐渐萎缩，于是容城服装企业开始大规模的投入到外销中去，借助外贸公司进入中东、东欧等国家，生产的服装赢得当地人的欢迎，因此无论是津海服饰、奥森制衣还是家庭小作坊，通过代工生产，都在海内外积累了大量的客户，对于这些海外品牌公司来说，转移供应商的成本很高，因此这也保证了即使外部环境发生一定的变化，容城县企业仍旧能够保持经营的稳定性。

（3）企业拥有大量娴熟、吃苦耐劳的员工。容城县大约有四分之一的人从事服装加工业，他们有些人由于家族历代从事服装业，耳濡目染下这些员工根本不需要培训就能够快速上手，除此之外，大多数员工基本上也只需要两个多月培训就可以适应服装生产工作，虽然每个员工一天的工作时长约为 10 小时，但员工在长期高压下已经适应这种工作环境，对于容城县来说能够拥有一群吃苦耐劳、积极上进的居民，振兴容城县指日可待。

（三）企业盘子大，小作坊整合难

（1）服装企业转移成本高。由于容城县服装企业众多，在对企业结构和规模进行调整时，首先要将企业大型机器设备、原材料、存货等转移，转移过程中势必要耗费的大量的时间和劳动力成本；除此之外，企业在搬迁后需要花费一定的时间进行调整才能投入生产运作中来，这段调整期处理不当也会对企业造成一定的经济损失。

（2）服装加工企业对环境污染严重。服装生产加工过程中产生的印染废水、纺织噪声、裁剪边角废弃物和服装废弃后，形成的大量垃圾尤其是化纤类服装对环境会造成污染。据统计，2015 年容城县共有服装企业 920 家，服装加工户 2000 余家，每天产生的污染物长期以来已经污染到白洋淀的水域，政府在对容城县服装企业进行转型升级时需要对环境进行综合治理，从根本上解决服装企业这一污染源的问题。

（3）大量服装小作坊整合难。容城县除了大型企业外还有大大小小的家庭作坊上千家，这些小作坊已经具有稳定的供货源和销售渠道，并且整个村子里的人都在这些小作坊里从事服装生产已经成为生活常态，具有稳定的收入来源，为适应雄安新区规划，政府需要对这些小作坊进行全面的分析、整合，还需要克服各个村落作坊的差异，解决人员安置等问题，这对于政府来说有一定的压力。

（四）企业管理意识淡薄，员工活力不足

（1）从事服装企业的员工年龄偏大。随着全国各地从事服装加工生产的企业增多，以及以前的工人学得工艺后纷纷离开企业自主经营，导致企业员工流失严重，即使高薪招聘员工，外地从业者也不愿意留在容城县，长期以来容城县从事服装生产的外地员工数量越来越少，本土员工工资越来越高，企业为缓解人员减少对业务造成的影响，所招的员工年龄普遍偏大。

（2）企业缺乏品牌意识。企业长期以来从事代工生产，没有高端的设计人才，过于安于现状，导致企业整体缺乏品牌意识，但在21世纪打造自有品牌已经成为获取附加利润的有力手段，不仅能够提高原有产品的附加值，而且有利于企业开发新颖的价值增值模式。

（3）员工创新能力低。由于当地从事服装业的员工年龄偏大、教育水平低，加上长期以来与外界接触少，过度依赖僵化的运作模式，没有先进、新颖理念的植入，导致员工很难有创新的能力，尤其是企业在进行新一轮的设备升级时，更需要投入大量的时间和精力对员工进行培训才能使他们快速适应新的生产模式。

（4）企业家没有先进的管理理念。大多数企业没有先进的管理理念，一味地追求以量取胜，在挤压员工休息时间的同时也没有对员工进行有效的人文关怀，导致企业员工幸福度不高；其次，企业缺乏有效的安保措施，对于服装企业来说潜藏着巨大的经营风险；再者，企业缺乏长远的战略规划，在外部环境发生变化时，一味地依赖代工生产模式很难实现可持续发展。

五、容城服装企业展望

（一）现有技术改造与升级，增强企业驱动力

容城县服装企业虽然有一些先进的生产线，但目前需要借助新兴技术才能在一定程度上缓解企业利润空间不断缩小的事实。一是对老旧、落后的设备更新换代，提升企业服装生产的自动化程度；二是利用大数据和人工智能对服装打版、投资生产、经销渠道等环节精准分析和定位，减少不必要的人力成本投入，深化与各利益

主体的业务合作，提高企业在产业链条中的地位。

（二）引进高端设计师，源头上释放活力

针对容城县服装企业自主品牌意识淡薄、设计人才稀缺，企业应借助此次机会吸引海内外高端设计人才，加强与北服等高校合作，融汇来自五湖四海的创新设计和智慧元素，对现有代工生产服饰进行微创新，取得一定的代工生产话语权；并且开发时尚新潮元素，形成自有品牌，打造类似 ZARA、H&M 等的快销式生产模式，最终实现与国际接轨。

（三）依托白洋淀服装文化节，寻求周边突破

举办容城县服装文化节不仅可以提高容城县的知名度和美誉度，帮助企业结识更多高端的设计师，提高自主研发和设计能力，而且通过服装文化节可以使企业逐步打开国内市场，迎来新的发展机遇，同时在服装文化节的筹备过程中也会带动周边经济的发展，促进配套设施的建设。

（四）转移劳动密集型产业，实现轻装上阵

政府在下一步城市规划中极有可能利用迁自各地的高精尖人才，对容城县服装企业进行全面升级，最终以产学研相结合的服装产业园区形式呈现出来，因此为达到这一理想状态，服装企业需要将低附加值、污染严重的生产环节迁至贫困县区，这样不仅能够拉动贫困县区的经济增长，而且也为雄安新区发展成为世界一流新城奠定基础。

（五）采用先进管理理念，迎来跨越式发展

企业在未来发展过程中要解决当地劳动人员流失严重、工作环境差、薪酬福利低、缺乏核心竞争力等管理问题，需要引进国内外高端管理人才，一是塑造具有凝聚力的企业文化，彰显企业活力；二是设置合理的薪酬福利制度，调动所有员工的积极性；三是改进工作环境，对设备和工作流程进行再优化。相信在未来几年内，容城县在政府政策鼓励、企业引导和外界环境共同带动下将迎来跨越式的发展。

第三章

人文与文化

　　雄安新区作为首都功能拓展区，提出以创新驱动为发展基点，建设绿色智慧城市、打造优美生态环境、发展高端高新产业、提供优质公共服务、构建高效交通网络。

　　在雄安新区的建设过程中，文化资源的梳理与发展对于传承历史文脉、发扬传统文化具有重大意义。本章通过对辖域内的生态文化资源、城乡生活风貌、文化遗产、公共文化服务等方面的深入调研，结合雄安新区战略地位、构建思想与规划的总目标，对雄安未来公共文化服务体系提出了设想。

第一节 靠水吃水，渔苇传家
——白洋淀渔村生产、生活和生态调查报告

白洋淀是华北平原上最大的湖泊，现有大小淀泊143个，其中以白洋淀最大，总称白洋淀。白洋淀水产资源丰富，淡水鱼有50多种。白洋淀淀内壕沟纵横，河淀相通，田园交错，水村掩映。[1] 从古至今，白洋淀人靠水吃水，以打渔为生，孕育了古老而深厚的渔苇文化。但随着工业化和城市化的推进，古老的白洋淀也面临着现代文明的冲击，水量缩减、水域污染、生态多样性减弱日趋严重，渔民也逐渐脱离了赖以为生的渔业，同时，传统的渔猎文化、码头文化也面临着断层的危险。

2017年5月24日，中国传媒大学雄安新区发展研究院组织了百人调研团开赴雄安新区。5月26日，调研队在安新县大淀头村、桥西村对白洋淀区域的生态文化资源、城乡生活风貌、文化遗产、公共文化服务等方面展开了深入调研。调研组对白洋淀渔村水域文化进行了深入的调查。此次田野调查除了对白洋淀景区的考察和与白洋淀地区文化名人的座谈之外，还集中对白洋淀大淀头村的赵小代、桥西村的陈小小、陈小白，圈头西街的张西华和光淀村的张老雨5位村民进行了深度访谈，对白洋淀的捕鱼、采苇、鱼鹰驯养、日常生活都做了广泛的了解和记录，对白洋淀村落的渔业发展和生活方式也进行了深入思考，也对白洋淀渔苇文化与村民生活的未来进行了展望。

一、捕鱼：就地取材、历久弥新

白洋淀渔业历史悠久，依据考古发掘资料，其渔猎生活始于新石器时代。进入阶级社会后，渔业应该是淀区居民的主要生产生活方式。20世纪30年代以来，白洋淀渔业已基本形成了培种苗、放养、管理、捕捞、运输、销售一条龙的生产模式，并远销国内外，成为地方经济的龙头产业之一。在白洋淀渔业的发展中，勤劳智慧的白洋淀渔民们就地取材，自创了许多传统实用的传统渔具、渔法，许多至今仍是

---

❶ 庄长伟.近33年白洋淀景观动态变化[J].生态学报,2011(5).

独具特色的观赏渔法。这些传统的渔具渔法非常适合保持白洋淀区域鱼类水产的自然生态平衡，并历久弥新，成为白洋淀水域文明的见证。

（一）淀中渔家

"咱们白洋淀别的不多，就是鱼多！"

当我们在渔船上问起渔民赵小代这水里的鱼多不多的时候，60多岁的赵小代脸上露出了自豪的笑容，用中气十足的语气对我们说了这句话。赵大爷虽然已年过花甲，但是身板硬朗、满面红光、声如洪钟，脸上一直洋溢着淳朴的笑容。

据白洋淀渔业管理人员介绍，白洋淀水产资源丰富，是有名的淡水鱼场，盛产鲑鱼、鲤鱼、青鱼、虾、河蟹等40多种鱼虾，水生植物遍布，野鸭大雁栖息，渔民既可以捕捞鱼虾，采挖莲藕，也可猎取各类水禽，一年四季，一片繁忙，故被人称为"日进斗金，四季皆秋"的聚宝盆。白洋淀有野生两栖爬行动物3种，哺乳类14种，鱼类54种。[1] 白洋淀还是中国重要的淡水水产品基地之一，鱼、虾、蟹、鸭蛋类销往长江以南的各省市。

我们在大淀头村的水域航行时，水域时而广阔，时而蜿蜒，既有深绿色的深水区，也有芦苇间隙中的浅水区。"淀里深的地方有三四米，最深的地方有六七米，那边浅的滩也就半米深。"赵大爷指着渔船周围的水面跟我们说。"白鲢爱在深的地方，鲫子在水草多的地方，麦穗在那个浅的地方。"赵大爷打渔几十年，早已熟知了各种鱼的习性。

20世纪80年代，白洋淀因为入淀水量减少、河道堵塞、干旱、下渗严重等原因，遭遇了几次干淀。白洋淀的鱼类等水产也遭到了灭顶之灾。"那时候没水了，鱼也没了，我们就到外地打渔。"白洋淀的水资源短缺、渔业资源缩减曾经逼迫许多渔民前往外地打渔。"受欺负，那是肯定得受欺负。"前往外地打渔的渔民背井离乡、风餐露宿，还要受到当地渔民的排挤。"主要是'受刻'，到哪儿都被人家欺负。到了别地那人家不让你下网。"

当我们问到现在白洋淀的情况时，赵大爷说："现在还可以，好多了。"2006年，白洋淀开始"引黄济淀"，时间持续5个月左右，增加水量1万立方米，水位达到了7.31米。2008年，为保障北京奥运会正常用水，白洋淀再次"引黄济淀"，

---

[1] 武士蓉.白洋淀湿地水质与水生物相关性研究[J].环境科学学报,2013(2).

这次引水达到 1 亿 5 千万立方米。据统计数据显示，2016 年白洋淀的水位平均为 8.11 米，高于往年水位。

有水就有鱼。"撒鱼苗。去年就撒了五六回鱼苗呢。像那个白鲢、龙虾、螃蟹、甲鱼。"像放撒鱼苗等增殖放流方式是国内外通行的资源养护措施，对于恢复水生生物资源、维护生物多样性、改善水域生态环境以及促进渔业增效和渔民增收具有重要作用。从 2010 年开始，河北省、保定市、安新县等各级渔业管理部门每年都会在白洋淀水域进行大规模增殖放流措施，涵养和恢复白洋淀的渔业资源。❶

"县里撒的，就为了让我们捕鱼。"赵大爷说这话时，脸上露出了满意的笑容。

（二）渔村往事

一湾清淀，两片绿荷，三船倒影，数排屋舍……走进端村镇大淀头村的村口，两岸白墙灰瓦的人家倒映水中，宛如走入江南。

"统一规划，统一盖的。在村口那边建的小区。"赵大爷这样给我们介绍村里的布局。大淀头村位于白洋淀畔，西距安新县城 9 华里，是一个纯水区村。据村干部介绍，一直以来，大淀头村"靠水吃水""因水而兴"，有着 700 多年的捕捞史。在这个普通的村庄里，捕鱼、种植芦苇是每家每户的必修课。

"碰不见。他们到这时候就不出来了。"当我们问起能否在淀上碰见他的女婿时，赵大爷笑着解释。渔村百姓的作息不同于城市人，早晚两时是渔民的工作时间。"他们早上出来，晚上出来。咱们这是中午出来。他们是晚上出来把网下上，早上起早把鱼起走，把鱼一卖。这会儿正在家捋网，晒网。"

大淀头村作为传统的渔乡村落，捕鱼业一直是渔村的主要经济来源之一，但这种"靠水吃水"的模式由于白洋淀水域的减少，也逐渐成为大淀头村经济发展的掣肘。自 2012 年起，大淀头村民的经济收入呈稳步上升趋势，其中，非主导行业收入有明显提高。不少村民弃捕经商、夫妻进城打工成为收入增长的主因。"都不打渔了，打渔不挣钱。"当我们问到赵大爷儿子的职业时，他这样跟我说。看来，随着时代的变迁，"渔村"也要变成一个纪念性的名称了。

（三）精湛的捕鱼技艺

"我们一般捕鱼都是用粘网，年代更久远一些的还有扣罩子、撒网等，这些捕

---

❶ 曹智.农业部与我省携手 在白洋淀增殖放流水生生物[N].河北日报,2016-07-06.

鱼方法都是以前经常用的，现在这几年又兴起了一种新的捕鱼方法，叫作地笼。"圈头乡桥西村的渔民陈小小今年 55 岁，是只有一条胳膊的残疾人。

多少年来，白洋淀人民在长期的生产活动中发明了很多古老的捕鱼方式，同时也发明了许多体现劳动人民聪明才智的生产工具。有的工具带有浓厚的地方特色，看似简单，但用起来还真有点出神入化的味道。

地笼是沉入水底的，开关像龙，故取名为地笼。白洋淀人会做地笼，更会下地笼，知道哪鱼多，什么样的鱼爱钻地笼，鱼一般进入到地笼里就很难出来了。粘网是用特别细的丝线织成的网，下面有底脚，一字长龙的撒到淀水里，鱼游过来碰到粘网，或钻入网眼中就被网裹住，鱼越动裹得越紧，只有等着收鱼网时进入渔人的船舱了。光是粘鱼网就有近 10 种，有屎包鱼网、刀鱼网、黄瓜鱼网、大鱼网等。大淀头村的赵大爷给我们演示了粘网捕鱼，不到一会就有十几条鱼"自投罗网"。

白洋淀有一种古老的捕鱼方式叫"响板惊鱼"。这是一种利用声音进行捕捞的方法。完成"响板惊鱼"需要提前撒上鱼网，第二天天亮前，趁鱼儿们还在睡梦中时，驾一小木船船中放置一块铁板，用木棒敲击铁板，发出"咣……咣……"声，鱼儿被巨大响声惊醒，四散奔逃，陷入早已布下的网中。我们在赵大爷的船上行进时，便见到别村的渔民在用这种方式捕鱼。

在白洋淀的浅水地带或沟壕港汊的入口处，我们看到曲曲弯弯的苇箔围成的小圈子，这叫"箔旋"，是渔民另一种独特的捕鱼方式。鱼篮在白洋淀传统打鱼方式中同属陷阱类鱼具，利用鱼类趋光、觅食、游弋、追逐、好奇等天性，设计一个像篮子的渔具，内置诱饵，锥形口令其能进而不能出。扳罾捕鱼是陷阱类捕鱼方式之一。网具敷设在水中，待鱼类游到网具上方，及时提升网具，再用抄风捞取渔获物。

"我们都没有人用大网，也不准电鱼，就逮那么几十斤鱼，够吃够用就行。"赵大爷如是说。的确，就如同白洋淀著名作家田荣承老先生所说，是鱼教会了白洋淀人捕鱼的技法，而不是人。在快节奏的工业社会里，白洋淀渔民还在沿用这些古老的方式捕鱼，像是一处被遗忘的世外桃源。

二、采苇：寸苇寸金，为席织耳

白洋淀芦苇历史悠久，早在北宋《太平寰宇记》中已有记载：淀中有蒲柳多葭苇，芦苇也称"芦"或"苇"，淀中人俗称苇子。芦苇是白洋淀人民赖以生存的主

要经济作物，以皮白质佳素负盛名，芦苇用途很广，经济价值颇高，有"铁杆庄
稼，寸苇寸金"之说，苇子可造纸、织席、打箔、编篓、打帘和制作苇制工艺品。
《安州志》记有"除织席一条生路，别无活计"。苇席既是白洋淀人民的主要生产工
具，也是白洋淀人民的主要生活来源。

（一）铁杆庄稼，寸苇寸金

"春去苇叶青，秋来芦花白。"白洋淀是我国芦苇的重要产地，年产芦苇 7500
万公斤，占全国的 40%左右。白洋淀芦苇以皮白质优而享誉全国，闻名世界，这里
年生产苇席 600 万片，苇箔 50 万片，畅销日本及东南亚国家。芦苇可谓浑身是宝。
芦花的花穗可作扫帚，花絮可填枕头，五月的苇叶可用来包粽子，鲜嫩的根可熬糖、
酿酒，老芦根可入药。成熟后的芦苇，还可以织席打箔、铺房扎围、编篓围栏、编
织手工艺品等。芦苇自身含有大量的纤维，还是造纸的上好原料。❶ 1981 年在白洋
淀附近发掘的容城上坡遗址（距白洋淀约 15 公里）发现有苇席痕迹，说明远在
3000 多年前这里就产苇席。苇编的技艺传到现在也算是祖师爷留下来的手艺了。当
我们找到陈爷爷时，他正在一个一个窝棚旁的树下给芦苇去皮，他穿着破旧的工作
服，身旁堆满了清理好的芦苇杆。在树的旁边，是大约两米高，四五米长宽的一垛
芦苇，用毡布盖着。

如果说水是白洋淀的生命，鱼是白洋淀的血肉，那芦苇就是白洋淀的骨骼。20
世纪 80 年代以前，白洋淀芦苇在军需、民用、基建、商业、运输等方面用途极广，
还是造纸的好材料，曾是淀区百姓赖以生存的主要经济作物。据专家介绍，白洋淀
的芦苇是从北宋时起一代代培育出来的，有着很强的代际依赖性。白洋淀芦苇与湿
地的其他生态资源一起形成了复杂的生态系统，在调节气候、净化污水、促淤防蚀、
抑制藻类、防洪固堤、维持生物多样性等方面有重要作用，有"第二森林"之
美称。❷

（二）苇是摇钱树，淀为聚宝盆

"这东西秋露得给收了。等到 11 月，芦苇遇见了霜就会变黄了，就该割了。"
陈大爷指着满垛的芦苇对我们说。白洋淀到现在仍然是人工收割芦苇。每年到了立

---

❶ 李建国,李贵宝.白洋淀芦苇资源及其生态功能与利用[J].南水北调与水利科技,2004(11).

❷ 李建国,李贵宝.白洋淀芦苇资源及其生态功能与利用[J].南水北调与水利科技,2004(11).

冬前后，芦苇变得金黄，开始落叶，就是芦苇收割的时候，这时候村民就会撑着小船，拿着镰刀，带足一天的干粮和水，开始忙碌了，芦苇用镰刀打下来，捆成一个一个的"苇个子"，扛到小船上码好（放整齐），然后载回家。放了一冬一春之后，到了初夏开始"收拾"它们。"把两头闸齐了，再刷了捆起来，还得把它刷了。把芦苇杆子上的脏刷干净，这上面的黑东西全要刷干净。"陈大爷这样跟我们解释他现在正在做的事情。

"打出口包。就是做出口的，这些东西出口，要卖到外国。"当我们问到这些芦苇的去向时，陈大爷说道。"苇是摇钱树，淀为聚宝盆"，这是白洋淀的一句俗语。白洋淀苇编是一种中国传统手工艺品。苇席的花样在白洋淀人的技艺传承中不断丰富，如平纹、彩纹、回纹、桌面纹、人字纹和大花蓆等，还有捕鱼用的篮、小吊篮、大慢篮、螃蟹篮、王八篮，捕虾用的大高篓、小憋篓等。白洋淀苇编织品做工精细，样式美观，色调柔和，在日本及法国、美国、意大利等国家很受欢迎。白洋淀优质的苇编出口，可以换取大量的外汇，这在几十年前计划经济时代的中国，是一个重要的外汇来源。"用机器创成丝儿，把这些全劈开，一根劈好多根，劈开之后闸成一米多长，然后打成帘子，打帘子也出口，中国也有不少用的。"

（三）落寞的芦苇产业

"这一根卖 5 分钱。这一大垛如果全卖出去能卖 5000 多块钱。"陈大爷给我们算了一笔"芦苇账"。当我们说这还不错的时候，陈大爷哂笑着，说道"也就凑合着，老头们干不了别的了，弄个零花的就得了。"随着人民生活方式的变化和家用品的更新换代，芦苇的用向也逐渐减少，芦苇产业变得逐渐边缘化。

随着科技的进步，经济的发展，苇席的日子越来越不好过。现在农村的住房多由砖瓦房转变成水泥房，造成原来建房用的苇箔市场丢失。另外，以前农村的土炕基本都用苇席。后来都改成床了，苇席也无用武之地了。粮仓也一样，过去都用苇席屯粮食，现在都改用铁制粮仓。除了市场萎缩，随着人工成本上升，费力织出的苇席卖不上价钱也让淀区人民开始放弃这一传统产业。到了 20 世纪 90 年代末期，"村姑满街转，不织席一片"的顺口溜成了淀区人民对待苇席最真实的写照。

当我们问到陈大爷现在村里还有多少家在做苇席时，他回答道："原先好多家，现在这个东西不值钱了，没多少弄了。"现如今，芦苇的经济价值很低，亩均收入只有 50 元。前几年，一些农民纷纷毁苇种菜、种粮、种树，甚至挖走芦根当药材卖。原来芦苇产品畅销时，村民每年都从淀里挖出淤泥培到苇田里，还定期打药、除草，精心管护。现在芦苇产业没了市场，人们不再用心对苇田进行管护，导致芦苇的生长一年不如一年。不知道到了冬天，我们再到白洋淀芦苇地，会是怎样的一幅萧瑟衰败的景象。

"年轻人谁还弄这个啊，干点别的挣钱都比这个强。"陈大爷说的话确实实在，也确实真实。

三、鱼鹰捕鱼：濒临消失的技艺

莠草青青野水明，小船满载鸬鹚行。鸬鹚敛翼欲下水，只待渔翁口里声。
船头一声鱼魄散，哑哑齐下波光乱。中有雄者逢大鱼，吞却一半余一半。

明末诗人吴嘉纪的这首《捉鱼行》，把鱼鹰捕鱼的过程描写得活灵活现。明代如此，现在依然如此。古诗词中提到的鸬鹚就是大家俗称的鱼鹰，据历史记载，渔民养鱼鹰捕鱼已经有 2000 多年的历史。

（一）鱼鹰捕鱼：千年秘术

通体黝黑或洁白，体型硕大，长而带有尖勾的喙，深蓝诡斜的眼珠，脑后长着几簇硬羽。这种奇异的家禽，我们几人从来都没见过。养鹰人张西华和张老雨非常熟练地把鱼鹰抓过来给我们拍照，我们看着鱼鹰的尖锐的喙和爪子，仍然有些无所适从。张西华和张老雨都是 60 出头，祖祖辈辈生活在白洋淀圈头乡。张西华身材壮硕，张老雨身形瘦峭，但是摆弄起鱼鹰来却同样敏捷利落。为了接受我们的专访，他俩从白洋淀景区走了一个多小时的水路来到桥西村。

"100 来年了，我太爷爷、爷爷、我爹还有我都是用鱼鹰捕鱼，养家糊口。"张西华蹲在船上说。"圈头乡的鱼鹰从古到今都特别有名，在我小时候，每家都有十多头鱼鹰，一出去就是几十张竹排和上百头鱼鹰。"张西华讲。白洋淀大观园景区被承包后，经营者找到张西华和张老雨去表演鱼鹰捕鱼以吸引更多的游客。原本景区每个月给他们 3000 元，后来，随着游客的增多，逐渐取消了基本工资，改为自收自支，养鹰人借助大观园的水域表演鱼鹰捕鱼，大观园景区依靠这门祖师爷传下来的绝技吸引游客。如此算下来，旺季一天能够收入到五六百元甚至上千元，淡季时几十元到两三百元不等。

鱼鹰学名叫鸬鹚，也称老乌、水老乌、鱼老乌等，广布于我国的水域。在我国畜养鸬鹚供作渔猎，已有 3000 年的历史，江南很多地区居民驯养鸬鹚甚普遍，主要用于扑捉水域中的活鱼。北方的水系里，目前也就是白洋淀的鱼鹰较为出名。

张西华告诉我们，他的船是放鹰专用的小船。当他在淀里发现鱼时，一声哨响，鱼鹰便纷纷跃入水中捕鱼。由于带着脖套，鱼鹰捕到鱼却无法吞咽下去，它们只好叼着鱼返回船边，他把鱼夺下后，鱼鹰又再次下潜去捕鱼。在遇到大鱼时，几只鱼鹰会合力捕捉。它们有的啄鱼眼，有的咬鱼尾、有的叼鱼鳍，大鱼完全无路可逃。待捕鱼结束后，主人摘下鱼鹰的脖套，把准备好的小鱼赏给它们吃。张老雨告诉我们，如果养得好，一只鱼鹰能捕近 10 年的鱼。"它们更像是我们的伙伴，冬天冷了要给它们铺草，一晚上要起来喂好几次。要把鱼鹰养好，得费不少功夫。"他们讲，从鱼鹰崽养到能捕鱼，需要一年多的时间，而一只鱼鹰一天要喂半公斤左右的鱼，"要是鱼捕少了，我们就要自己去买鱼喂它们。宁可自己饿着，也不能少了它们吃的。现在是夏天，我们一天下来捕不到多少鱼，再加上用老法儿养鱼鹰其实很辛苦，愿意养鱼鹰的人也越来越少了。"

（二）最后的放鹰人

张老雨跟我们讲，现在整个白洋淀的鱼鹰已经不到 50 只了，李广村的马老九有 16 只，他自己有 19 只，张西华有 10 只。目前，他们正在配合有关部门将这项传统的养鹰、驯鹰、放鹰秘术申报非物质文化遗产。

张西华回忆，他是 11 岁开始跟他的爷爷学习驯鹰这门独特秘术的，他使用的小船内行叫鹰排子，是请人定制的，在水里划起来比一般小渔船的速度快很多，价格也比一般的小渔船贵很多。他的 10 只鱼鹰有的是自己驯化的，有的是从外地买入的，现在每只鱼鹰都值 2000 多元。

我们看到船头的舱布下有些响动。"那是小鱼鹰，才 3 个月大。"张西华笑着说。小鱼鹰个头不小，但毛绒绒的，不像是成年鱼鹰有黑亮的羽毛。张西华告诉我们，母鱼鹰下了蛋不会自己孵，得找只老母鸡帮着孵出来。小鱼鹰长到 6 个月时就可以下水捕鱼了，不过得训练半年后，才能成为一名合格的捕鱼能手。

张西华和张老雨在白洋淀捕鱼已经超过了 50 年。他说现在的鱼类越来越少了，主要是因为有人暗地里偷偷地电鱼和使用"绝户网"捕鱼，那种方法对鱼虾的伤害是灭绝性的；还有环境污染问题，有的村镇把生活的垃圾和污水直接排入白洋淀中，鱼鹰捕获到的经常是一些漂浮在水中的废旧塑料产品和生活垃圾，现在经常捕不到鱼，只能是在旅游旺季去景区给游客表演挣几个辛苦钱。他们表示年岁大了，常常感到力不从心，想把驯鹰这门独特秘术传给后人，可是儿女们都不愿意从事这个行当，他正在培养小孙子的兴趣，争取把小孙子培养成接班人。"养鱼鹰又累又不挣钱，但是这是门手艺啊，我们几个不往后传，这就没人会养了。"张西华苦笑着说。

小鱼鹰长大之后，还有人会养它们吗？

四、白洋淀未来的思考

（一）从靠老天爷到白洋淀治理

"原来白洋淀水多，芦苇高，鱼又多，还有大鱼。"

"现在不如以前了，水少，鱼也少了，芦苇变成芦草了。"

要说到白洋淀的生态变化，从小就生活在此的渔民应该最有发言权。白洋淀作为华北地区最大的湿地，生态就是这里一切的基础。白洋淀的生态恶化，其实既有天灾，又有人祸。

据有关资料显示，1960 年以来白洋淀湿地水位降低，水量减少，面积萎缩，干淀频繁，生物多样性减少；气候变化在白洋淀湿地退化中起决定作用，其中降水对湿地的影响最大。气候变化主要通过改变湿地的水文特征，减少湿地水源补给，增加水分消耗，使湿地退化萎缩。除了气候条件之外，工业污染、生活污染、非法围垦、毁苇造田等也有一定的影响。❶

雄安新区为什么会在雄安三县，有一个非常大的原因就是白洋淀。规划建设雄安新区要突出 7 个方面的重点任务的其中之一，就是将雄安新区打造成优美生态环境，构建蓝绿交织、清新明亮、水城共融的生态城市。显然，生态建设、水城共融这样的建设目标被放在了非常高的位置，白洋淀的重要性不言而喻。

从中国乃至世界的城市建设和治理来看，环保一直是一个挥之不去且不可避免的难题。雄安新区的建设除了承接首都的部分功能之外，更应该是现代化城市建设的典范，优美的生态环境必然是应有之义。国家发展改革委主任何立峰曾表示，综合来看，白洋淀区域生态环境优良、资源环境承载力较强，拥有华北平原最大的淡水湖白洋淀等；水资源比较丰富，可满足区域生态用水需求。

---

❶　刘春兰.气候变化对白洋淀湿地的影响[J].长江流域资源与环境,2011(1).

白洋淀是雄安新区的"眼睛"，是华北地区的"绿肾"。白洋淀的生态涵养，现在来看不仅关系该地居民的生产生活，更是新区城市建设的环境基础。

（二）技艺传授，文化传承

"什么挣钱就做什么呗。"

当我们问到大淀头村赵老汉对于未来的打算时，赵老汉憨厚地说了这句话，让我印象极为深刻。

当我们以一种外来者和考察者的身份来到这里时，怀着的是一种乌托邦式的猎奇心。这里像是世外桃源，但是这里的老百姓不是"不知有汉，无论魏晋。"老百姓要挣钱要生活，赵老汉的那句话其实最能反映老百姓的心态。

现实情况是传统渔业早已没落，旅游业和地方粗放型制造业在迅速崛起，两者之间存在很多矛盾与纠葛。自2000年白洋淀旅游码头建立以来，旅游业发展迅速。仅在大淀头村的码头路边，就有不下几十户农家院，其中不少还在扩建中。如果再往周边拓展，还有一些违规建设的别墅、度假村项目，这些都曾是芦苇地。旅游业也在改变传统渔业生态。曾经的渔民逐渐成了另外一些渔民口中的"老板"，或者像赵老汉一样是去景区当了船工。旺季，白天划船的收入要远高于捕鱼的收入，还不用起早贪黑；淡季，干脆"三天打鱼，两天晒网"，再者开个三蹦子拉游客，做个小生意。村里一家农家院的老板说，今年夏天他们会把院子底下河岸的小芦苇棚子搭好，直接在那儿让游客就地取材，抓鱼做饭，用土灶，烧柴锅，那才有农家风味。只要生意好，游客喜欢，老板似乎并不介意用土灶带来的空气污染。淀边上"水上餐厅"的老板说，他经营的这片水地是集体所有，是从村民们手中承租下来的。水上餐厅很有些特色，还保留着革命战争年代的一些遗迹。

赵小代的儿子赵领兵在县城当厨师，陈小白的儿子在兰州做小生意，张西华的儿子张红利在做水产生意，陈小小的儿子们在做厨师、做鞋。他们都告诉我们，捕鱼不挣钱，儿子们要是捕鱼，连媳妇都娶不上。现在的村里的渔业，也许真成了渔民口中的"赚个零花""自己吃吃"，也许有一天，白洋淀的渔业会真的成为非物质文化遗产，渔网和鱼鹰也会进到博物馆。

（三）靠水吃水，守望家园

"我们老祖是在明朝永乐年间迁过来的，原来住在山西洪洞县。自从迁过来后，已经祖祖辈辈生活了25世了。现在政府说这里要拆迁，让我们搬走，真是故土难离啊，你说这鱼儿离了水还能活吗？"桥西村的陈小小对我们说这句话时，脸上充满了焦急与气愤。

由保定市发改委于 2016 年 4 月份印发的《白洋淀区域发展规划纲要》（2015—2020 年）（以下简称《纲要》征求意见稿）指出，要把以白洋淀为核心的周边地区建设成国家级生态经济区。《纲要》中的"实施水区村民搬迁"尤为引人注意。

根据该《纲要》，在未来的雄安新区规划建设中，白洋淀水岸一公里内将大量减少自然村和定居点，原村落将逐步实施搬迁。《纲要》表明，将坚持政策移民、产业移民、项目移民相结合，增加就业岗位，有序推进水区村居民向中心城镇和小城镇迁移，减少淀区人口，保留淀区适当比例的原住居民，到 2020 年完成 80% 的水区村民的搬迁。

我们在圈头乡的村庄都能看到盖到一半的村民自建房，但目前全都处于停工状态。工地上堆有部分砖头、钢筋等建材，但已经看不到工人，没有施工迹象。"现在政府也不让盖房子了，水泥也进不来了，大家也都不找麻烦再去盖房子了。"村民这样跟我们说。

"在白洋淀生活了一辈子，若是要搬迁，只希望不要搬得离家乡太远。"一位大淀头村村民说。这些渔村怎么搬，搬到哪儿，现在都还没有什么消息。但是可以确定的是，白洋淀边几百年来都住在这里的村民要离开家乡了，白洋淀渔村也将要尘封在历史之中。

白洋淀的水和鱼，造就了白洋淀的人，也造就了白洋淀的文化。现在，生态环境的变化、经济形态的转型、人与土地的分离最终会带来白洋淀渔业文化的变迁。

著名的文化人类学家马林诺斯基认为，文化变迁是一个社会的生存秩序。在政治体制、内政制度、疆域形势、知识信仰体系、教育、法律、物质器具及其使用、消费物资等方面或快或慢的变化。这种变迁既有文化内部的促发力，又有文化外部适应的演进，即人类对他生活于其中的环境的调适。❶ 渔业文化也是如此，会随社会发展而发生形态与结构的变化，经过长期的沉积、调适与传播，载体与功能的转移及价值观念的更易。

"咱们打渔的跟种地的不一样，没个准，很辛苦。"渔业在本质上属于捕猎，这跟农耕在根本上是不同的，存在着更大的不稳定性和危险性。同时，这也为渔业文

---

❶ 马林诺夫斯基.文化论（第 5 版）[M].北京：华夏出版社，2002：23.

化带来了刚强进取、勇于开拓的精神。现在代际的交替割裂了文化的传承，时代的发展也引发了白洋淀渔业文化的变迁。如何继承和活化渔业文化，而不是让其躺在故纸堆和博物馆中，是我们应该思考的问题。

结语

两天的白洋淀之行，一天高密度的田野调查，带给了我们很多信息，也引发了我们许多思考。20 几天前，雄安新区设立的消息引发了全国的热议，位于雄安三县交界处的"华北明珠"白洋淀自然成为焦点。原本广袤无垠的水面有如被投以巨石，一开始激得人们心里白浪滔滔。而随着波涛散去，水面逐渐恢复平静，剩下涟漪在当地村民生活中层层泛开，留下了百般滋味。雄安新区的设立，是千年大计，是国家大事。而对于白洋淀的老百姓来说，衣食住行，居住的故土，为生的生计，家人与后代才是他们最关心的事情。

处于雄安新区建设前，"山雨欲来风满楼"的老百姓，面临着拆迁、赔偿、移民、市民化的问题，原本处于平静生活中的他们，现在充满了迷惘和焦虑。我们在走访过程中了解到，对于雄安新区，大多数老百姓还是表示拥护党中央的决议的。雄安新区的建设，也需要他们的付出、妥协甚至离开。雄安新区能为他们带来什么？如何为他们带来真正的实惠与利益？民生大过天，我们真的希望白洋淀的老百姓在今后能够过得越来越好。

第二节　弘扬三贤精神，传承历史文脉
——容城县文化资源调查报告

雄安新区是继规划建设北京城市副中心后又一次京津冀协同发展的历史性战略选择，是"千年大计""国家大事"，其定位首先是疏解北京非首都功能的集中承载地。容城县作为雄安新区核心起步区的重要组成，其文化资源的梳理与发展，对于雄安新区建设过程中传承历史文脉，发扬传统文化具有重大意义。

一、容城县文化资源现状

容城是一个自然文化资源资源和历史文化资源并重的地域，文化资源历史悠久，数量丰富，类型齐全，特色鲜明。其中，文化遗址有 10 余处、非物质文化遗产 2 项、景观文化 3 项、"容城三贤""二壮士"等文化名人以及独具当地特色的乡土文化。

（一）文化遗址

1. 南阳遗址

南阳遗址位于河北省容城县城东 14 公里的南阳村村南 200 米处，当地村民叫"城坡"，为周代时期遗存，总面积 42 万平方米。遗址四周均有古河道，即"南河""后河""东河""西河子"，占地面积 7 万多平方米。出土"西宫"铜壶 1 件、铜鼎 2 件、"右征"铜壶盖 1 件，"易市"陶钵、陶罐各 1 件以及陶鬲、陶鼎、陶豆、陶罐、陶尊等文物 40 多件。尤其是 1984 年出土的春秋时期钱币"尖首刀"，为该遗址的断代提供了充分依据。这些器物都具有燕文化风格，其地理位置似与史书中所记载的燕国都城"临易"相近，具有较为重要的历史和学术价值。2006 年 6 月被列为全国重点文物保护单位。

2. 晾马台遗址

晾马台遗址是商周时代遗址，位于容城县城东 17 公里的晾马台乡晾马台村。遗址为一长方形高台，东西长 150 米，南北宽 100 米，面积为 15000 平方米。高出地平面 2 至 4 米。遗址上原有乡政府、学校校舍等建筑，现为明月禅寺。南、北、西三侧均为耕地，遗址保存状况基本完好。由于此遗址尚未经考古发掘，因此还无法确定文化层堆积的详细情况。晾马台遗址于 1982 年被列为河北省文物保护单位。

3. 上坡遗址

上坡遗址位于容城县城南上坡村南的台地上，为新石器时代至商代遗址。遗址为长方形，南北长 100 米，东西宽 20 米，面积约 2000 平方米。1981 年 4 月至 1982 年 5 月，省、地、县文物工作者对上坡遗址进行了发掘，发掘面积 988 平方米，文化层堆积一般在 1~3 米，共分四层，从上至下依次为磁山文化、仰韶文化、龙山文化、商文化。出土文物有陶器、石器和骨器 500 多件。上坡遗址的发掘，把磁山文化的分布范围由豫北冀南扩大到保定以北地区，具有极为重要的历史和考古价值。该遗址也是保定地区首次发现的磁山文化层。1982 年 7 月被列为河北省文物保护单位。

4. 东牛遗址

东牛遗址位于容城县城关镇东牛村。遗址面积 3 万平方米，东西宽 100 米，南北长 300 米。从出土的彩陶钵和红陶罐陶片分析，应为新石器晚期（仰韶文化、龙山文化）遗址。1997 年 9 月，省文物研究所对此遗址进行了部分发掘，发掘面积 225 平方米。出土了大量的彩陶钵片、红陶罐陶片，资料全部由省文物研究所保存。现在遗址的南面、东南建起了民房。1987 年 8 月被列为县级文物保护单位。

5. 白龙遗址

白龙遗址位于容城县城关镇白龙村西 500 米处，东西宽 200 米，南北长 200 米，占地面积 4 万平方米。遗址地势比较高，四周均为耕地。1985 年 11 月 6 日文物普查时发现该遗址。1986 年 11 月 5 日，北京大学历史系、省文物研究所等试掘发现一处窖穴（灰坑），编号为土路东 H1，椭圆形，南北宽 3.6 米，东西长 2.8 米，深 0.55 米，圆底，灰坑北侧被一条沟破坏。灰坑内有灶，灶底处有 3 块不成表的红烧土。灰坑东南有一深 0.12 米、直径 0.2 米的柱洞，柱洞东侧露出一件早商残尖足陶鬲。以上情况表明，白龙遗址是一处早商时期居住址。1987 年 8 月被列为县级文物保护单位。

6. 午方遗址

午方遗址位于容城县城南 1.5 公里的午方村西。遗址占地面积约 10 万平方米，比周围耕地高出 3 米。1982 年和 1997 年省文物研究所两次试掘，发现此遗址文化层厚 0.5~2 米，可分为 3 个文化层，即仰韶文化层、龙山文化层和商周文化层。仰韶文化层出土器物有彩陶钵、彩陶碗、彩陶罐陶环、陶纺轮、网坠、陶罐、陶支座、陶釜、陶甑、陶盘、石斧、石凿、石磨盘、石磨棒、石锛、石杯、刮削器、双翼石镞、石刀、骨刀、骨剑、骨鏃、鹿角铲、骨镞、骨凿、鱼骨饰件等。1987 年 8 月被列为县级文物保护单位。

7. 北庄遗址

北庄遗址位于容城县容城镇东牛北庄村东。遗址面积 6 万平方米，四周均为耕地。1984 年春季文物普查时发现，后经省文物部门多次勘察，对此遗址有了初步的认识。1986 年秋季修容城至小里公路时，经过跳进区发现灰坑很多，而且在遗址内发现很多遗物，有骨针、带坑窝石器和陶器等。据采集到的标本分析，北庄遗址为新石器时代遗址，陶支架、陶盂、三足钵、磨棒均有磁山文化内涵，"红顶"器物是仰韶文化时期遗物，袋足鬲等为商、周时代的遗存。由此可见，此处遗址延续时间很长，经历了 4000 多年。遗址面积较大，文化层很深。1987 年 8 月被列为县级文物保护单位。

8. 黑龙口燕长城

黑龙口燕长城位于容城县城西南 13 公里的小里镇黑龙口村东 200 处。此段长城当地人称"界堤"。据考察，系战国时燕国南长城的一段，残长 200 余米，高 0.5 ~ 2 米。夯土筑成，每层厚约 17 厘米，顶宽 4 米，底宽 6 米。1984 年 7 月，容城县文保所在文物普查时发现此段长城。据《中国历史地图集》第一册和北张村一古碑记载，这段"界堤"是战国时期燕、赵两国的分界线，也是燕国长城的一段。燕国南长城的黑龙口、赵北口、张青口等处，均为当时关隘。《历年通鉴辑览·卷九》载：燕昭王元年（前 311）秦使张仪说楚、韩、齐、燕连衡以事秦。张游说燕昭王："赵以效河间，大王不事秦，秦下甲云中、九原驱赵攻燕，易水长城非王之有矣"。据此可知，在燕昭王时已有易水长城之称，建筑年代要早于公元前 311 年。1987 年 8 月被列为县级文物保护单位。

9. 陈阳庄城堡

陈阳庄城堡位于容城县八于乡西陈杨庄街中。城墙层高 2~3 米，顶宽 3 米，底宽 5 米，东西长 180 米，南北宽 74 米，系夯土筑成，每层厚约 14 厘米，北距南拒马河 500 米。据《容城县志》载：西陈杨庄有一"堡子"，是宋代边境南境城堡，宋八王赵德芳墓在村南，此堡是驻守八王坟军队的所在地。宋时，宋辽以白沟河为界，辽不断向南骚扰，故筑城堡，以御北辽。此堡原名陈家堡，后简称"堡子"。与东南 2 公里的大张堡、南张堡等遥相呼应，四周均为居民房屋。1987 年 8 月，该处被列为县级文物保护单位。

10. 北后台烈士陵园

北后台烈士陵园位于容城县北 7.5 公里的贾光乡北后台村西南 300 米处，长方形，南北长 82 米，东西宽 39 米，面积为 2174 平方米，四周为耕地。该陵园始建于 1946 年，是为纪念在 1940 年冬抗日战争中英勇牺牲的八路军三十二团 97 名烈士而建。1947 年遭匪帮破坏后建一简陋牌楼。1974 年重修，现保存完好。1980 年 8 月，该处被列为县级文物保护单位。

11. 城内烈士塔

城内烈士塔位于容城县城内，始建于 1946 年，1966 年重修。塔高 10 米，分为两层：下层高 5 米，宽 2 米；上层高 5 米，宽 1.5 米。塔基高 80 厘米。现保存完好，为每年清明节纪念革命先烈的地方。1982 年 7 月被列为县级文物保护单位。

12. 杨继盛故里祠

杨继盛故里祠位于八于乡北河照村内。初建于明隆庆年间，距今已有 400 余年历史。原故里祠由南向北依次是山门、游廊、过厅、主殿、后殿及主殿东侧"思补堂"，占地共计 1450 平方米。故址毁于 1966 年。1997 年杨氏后人级有识之士共同集资，与原址恢复重建主殿部分。祠堂内有嘉庆五年优免碑、嘉庆二十五年奕世载真碑和同治四年奕世流芳碑。2016 年 12 月被列为县级文化保护单位。

13. 革命烈士纪念馆

革命烈士纪念馆位于容城县城关镇上坡村村西，修建于 1986 年，是为纪念抗日战争时期狼牙山五壮士中容城籍烈士胡德林、胡福才和高家壕战斗中牺牲的八路军将士及自 1926 年容城县建立中国共产党组织以来，在历次战斗中牺牲的革命烈士们而建。纪念馆南侧为梯形，北侧为三角形，南北最长 66 米，东西最宽 52 米，面积 2560 平方米。内有展厅两座，碑亭三座，北后台烈士陵园全貌向南 2 米至围墙，向北房四间。东侧墙外是县城中心大街，南侧为胡同。西侧、北侧为居民区，保存完好。1987 年 7 月，该纪念馆被列为县级文物保护单位。2016 年改建为容城县历史文化馆暨社会主义核心价值观涵育基地。

（二）非遗项目

1. 高腔戏

高腔戏起源于清乾隆年间，现流传于北城村级拒马河沿岸部分村庄。唱腔朴实平缓，易于上口，为叉会表演前奏曲目。代表作有《五鬼拿刘氏》等。2007 年 11 月列入保定市第一批非物质文化遗产名录。

2. 容城八景

据《容城县志》记载，容城八景为"古城春意""易水秋声""玉井甘泉""白沟晓渡""贤冢洄澜""忠祠松雪""古篆摇风""白塔鸦鸣"。2015 年 10 月，列入保定市非物质文化遗产名录。

（三）景观文化

1. 明月禅寺

明月禅寺位于晾马台村晾马台遗址上。高出四周地面 4~6 米，面积约 4 公顷。存有千年古柏、万年石、斜井等古迹。现明月禅寺为 20 世纪 90 年代重建，大雄宝殿时为华北地区佛殿建筑面积之首。

2. 孙奇逢纪念馆

孙奇逢纪念馆位于孙奇逢故里北城村，占地六亩，由主体建筑"孝友堂"和"征君公园"两部分组成。"孝友堂"前塑孙奇逢手持书卷石像，堂内正中悬挂孙奇逢画像，十八块展板记述了孙奇逢侍孝、拒仕、著述的传奇一生。"征君公园"在"孝友堂"后，为休闲娱乐场所。

（四）历史名人

1. 容城三贤

容城"三贤"系指元初著名诗人、理学家刘因；明朝忠良杨继盛；清初大儒孙奇逢。"三贤"虽然生活于元、明、清三个历史时期，彼此相距近者29年，远者200余年，但他们在思想、学术、处事之道等方面却是一脉相承，是前贤启后昆，后昆继前贤的私淑关系。其特点表现为：虽为读书人，性嗜理学，却关心国家兴衰，疾恶如仇，反对异族侵凌，有着维护国家利益、民族尊严的强烈情感。在事关生死的时刻，他们都表现得矢忠正气，节气凛然。他们都能诗擅文，常将深沉的感情抒发胸臆，慷慨悲歌。这些共同节操风骨，有着明显的燕赵志士仁人的遗风流韵。

2. 二壮士

"二壮士"指的是胡德林和胡福才两人。1941年9月25日，在易县狼牙山战斗中英勇跳崖牺牲，与马宝玉、葛振林、宋学义并称为"狼牙山五壮士"。聂荣臻同志为狼牙山五壮士纪念塔题词："视死如归，本革命军人应有精神；宁死不屈，乃燕赵英雄光荣传统。"2009年9月，五壮士入选"100位为新中国成立作出突出贡献的英雄模范人物"。

（五）乡土文化

容城县乡土文化主要是各地的民间花会。狮子会，以小里镇师庄村技艺为佳，2000获北京市"龙潭杯"第十四届花会大赛银奖，2008年参加中央电视台歌舞晚会。高跷会，元活动于权限各乡镇。吵子会，活动于容城镇谷庄村、小里镇西牛营等村，流传曲有《争春》《五雷阵》《赶子》《万仙灯》等20多首。南乐会，活动于南张镇北张村，起源于清光绪十三年（1879年），流传曲目有《大尺不断》《小尺不断》《青天歌》《红似血》等30余首。五虎会，为传统武术类花会，活动于南张镇北张村、野桥村及八于乡李庄、大八于等村。叉会，属武术兼杂技类花会，主要在南张镇北张村、容城镇北城村活动。

二、容城文化资源存在的问题

（一）对容城地方文化的特色优势挖掘不足

容城地方特色文化资源在各方面都很独特很优秀，可以依据其突出的地方特色，深厚的文化内涵，开发出丰富多彩的文化产品。但现在初步开发利用并成功推向市场的只有"三贤"文化产业、上坡遗址、孙奇逢纪念馆等产品，品种不多，形式单调。文化产业在发展中尚未充分发挥地方特色文化资源优势及其蕴藏的巨大经济价值及社会效益，在保护、开发、宣传、利用的力度上均显不足，对特色文化资源优势的挖掘尚处在起步阶段，对其整合开发利用很不到位。比如容城"三贤文化"，经过多年的精心培育，虽然在华北地区有了一定的知名度，但是"三贤文化"及其产业发展现状与"容城三贤"故乡的地位很不相称，潜力没有挖透，优势没有用足。"三贤文化"的做大、做强缺少精心设计和深度开发，缺少文化产品、文化精品。以杨继盛故里祠为核心的"三贤"故里，遇到了来容城以观光为主、逗留时间短、消费不足等情况，对经济的拉动作用并不明显。

（二）缺乏文化品牌意识，宣传力度不够

由于容城在文化特色资源上挖掘力度不足，大大降低了文化产业自身的影响力，削弱了文化产品的市场竞争力，也制约了大众高层次文化消费的热情。目前，容城对容城"三贤""二壮士"等地方名人的产业开发力度较大，但开发利用的过程中没有注重文化资源的利用，缺乏文化附加值的注入，仅仅处在产业开发的最浅层次。品牌是文化产业竞争中的一种无形力量，更是促使文化产业走上可持续发展道路的一种宝贵的竞争力量。总的来说，容城的文化形象不够鲜明，景区景点的知名度也不够高。刘因、杨继盛、孙奇逢、胡德林、胡福才等人知名度甚高，可是知道他们的故乡是容城的人却不是很多。宣传的经费严重不足，而且宣传的手段和方式也有待改善。

（三）开发地方文化资源的整体环境有待优化

受传统观念的影响，容城的文化产业和文化市场意识不浓。比如，对地方非物质文化遗产的普及工作，虽然进行的力度很大，但市民们的普遍反映是，这只是政府的公益行为，大多数人并没有对文化传承有危机意识。容城的非物质文化遗产项

目主要是高腔戏和容城八景，但是在这两项非物质文化遗产项目上面都没有进行深入的开发。高腔戏早在2007年时就已经列入到保定市非物质文化遗产保护名录，但是之后仅仅是在春节等重大节庆活动时进行表演，并没有任何开发的举措。由于长期以来商业开发和文化资源保护的矛盾，只要一提到商业开发，就认为是对文化资源的破坏行为，是对资源保护的威胁。其实，文化资源产作为重要的区域资源，将开发与保护相结合是社会发展的必然。在切实保护的前提下，将文化资源作为商业开发的重要资源，不仅能增强地区发展的竞争力，丰富了区域发展的内涵，也增强了人们对文化资源保护的意识。

（四）对地方文化资源的开发和保护，缺少专业的工作人员

从国内整体来看，人才缺乏正成为这一领域最大的瓶颈。文化程度低、综合素质不高是容城文化资源保护面临的重要问题之一。人才队伍的素质是文化资源保护的一个关键因素，真正懂保护的人少，专业人才十分缺少，文化资源研究人员、项目策划人员、市场营销人员就更少了。地方文化资源的开发是一项专业性很强的工作，目前容城极其缺乏文化人才，尤其是缺乏高层次的专业文化人才。对地方文化资源的开发和利用需要大量的既懂技术又善于管理，既掌握传统工艺技术又能不断创新的复合型人才。容城目前此方面人才非常短缺，很多地方文化资源开发整理的工作无法有序进行。

三、容城文化资源发展的对策研究

（一）保护优先，合理开发

文化资源的开发可以使文化资源和环境得到改善，带动容城相关产业的发展，而且产业开发所得收益可以为文化资源的保护提供资金来源。但是产业开发同样会带来诸如环境污染、外来文化的冲击等问题，对文化资源也会造成不同程度的影响和破坏。文化资源是文化产业赖以生存和发展的前提条件，因此，文化资源的开发利用必须做到开发与保护并举，讲求经济效益，追求社会公平，关注生态平衡，实现三者的有机结合。容城文化资源的保护是文化资源开发的前提和基础，保护是为了更好地开发，而开发则是保护的重要体现。对文化资源的开发，资源保护始终要放在首位。加强资源保护的同时，对资源进行科学、合理、适度的开发，以实现文化资源的持续利用。

容城文化资源要按价值的高低进行区别保护与开发，对于易损易坏的重点文物要注重保护。容城现存大量文化遗址，如果没有在保护的基础上开发，可能会导致有价值的文化遗产破坏。对有特色的文化资源、人文活动类以及民俗文化要着重开发。对典型的有特色的古建筑、古民居等物质文化，要采取多种手段、多种方法加以保护，反对一拆到底。保护和开发不仅局限于有形资源，也包括无形的非物质文化遗产。如高腔戏、容城八景这些是容城社会发展历史各个阶段的活的标本和缩影，是历史文化资源中有生命力的组成部分。

在开发过程中，尽量要采取保护遗存的物质遗产和非物质遗产，保持其原汁原味，保持地域历史文化的完整性和文化生态平衡。城市的开发不应建立在牺牲文化资源的基础上，在这一点上，要学习外地先进经验，通过科学合理的开发和宣传，容城历史文化资源与民族文化资源不仅闻名全国，而且闻名世界。更多依靠民间力量加大对保护非物质文化遗产的宣传力度，唤醒全社会对保护工作的自觉意识，是确保非物质文化资源免遭破坏，同时促进保护、发掘、抢救和合理利用非物质文化遗产的重要途径。通过生动真实的介绍、讲解和宣传，最大限度地激发游人对保护工作的责任意识。

（二）整合资源，科学规划

历史文化遗存、文化资源是容城与广大研究者、产业经营、管理者、产业者交流的中介，历史文化资源可以让前来参观的人拥有丰富、深刻内涵的精神之旅、文化之旅的探索之行。因此，历史文化资源的开发不能简单地照搬一般产业项目开发的思路、经验与做法，而需要对历史文化资源本身的特殊性、运作方式、内在规律等进行认真的探索、分析和研究，真正突出和体现容城文化资源的深刻历史文化内涵。所以，并非拥有历史文化资源就一定会有大批产业者，就必定会形成历史文化产业的兴盛。

容城可持续发展，必须有明确的发展规划作支撑。按照可持续发展的原则，最大限度地实现潜在环境和经济利益，同时使可能发生的环境破坏或文化破坏降低到最小程度。要尽快制定文化资源开发和保护的规划，避免各自为政、盲目恶性竞争。通过深入研究、精心调控，合理分区，综合开发，使历史文化遗址和当地植被得到有效的保护和利用。在产业设施的建设中，要合理布局，统筹安排，防止产业污染和建设性破坏。完善丰富历史文化产业内容，严格按照总体规划的要求进行开发建

设，防止低水平项目和重复建设的现象。

（三）加强协作，引进人才

目前，容城文化资源的开发和保护缺少专业的工作人员，人才的匮乏可能会导致文化资源开发和发展缺失科学性和持久性。可以通过加强各领域的协作，或者可以从北京等各大高校引进相关领域的人才。当前容城文化资源的保护和开发迫切需要复合型人才，这类型人才不仅需要掌握当地文化历史，还需要有扎实的专业知识。从项目研究，到项目策划，再到市场营销都需要加强人才合作，各领域人才既要分工明确又相互配合。

进一步加强容城文化产业从业人员的教育和专业培训工作，大力开展岗位培训。要重视人才，培训人才，引进人才，创新文化资源人才工作机制，提高容城从业人员的整体素质，加大对当地行政管理人员的培训，形成了"学以致用、人尽其才"的激励机制，培育和吸聚一大批德才兼备，精通文化资源业务的专业人才，为容城实现转型升级提供充足的人力保障，促进容城区域经济、区域形象、区域竞争力的全面提升。引进高素质文化资源专业人才，为容城文化资源的持续快速发展提供智力支持。

（四）深挖特色，打造品牌

深挖容城文化特色，首先要解决的是目前产品过于单一的问题，就"三贤"文化而言，仅仅只是将故事停留在讲述的层面还远远不够，全国范围的影响力不够大。因此，可以加强衍生产品开发力度，结合当地非物质文化遗产高腔戏将文化名人的故事演绎在舞台；也可以与高校建立联系，对名人形象进行设计，开发与当地名人有关的纪念品。如在杨氏祠堂的开发中，应加重杨氏思想的宣传，也可以通过电影、书籍、光盘、磁带、电视剧、戏曲等多种形式展示杨氏所著书籍、生平简历、生活学习的趣味事等。容城数十处的文化遗址出土的文物可以建立专门的博物馆，与高科技 VR 等结合，在互联网引起文物爱好者的关注，同时也可以让更多的人了解容城的文化脉络。容城的文化不会因为新区的建设而蒙上阴霾，而是借新区的东风扩大容城的影响力，延长游客整体在容城的停留时间，消费增多，从而进一步提升经济水平的发展。

品牌是产业竞争中的一种无形力量，更是促使产业走上可持续发展道路的一种宝贵的文化资源。突出品牌营销策略，着眼国内市场，突出开发省内市场和周边省份市场。容城历史文化产业资源类型齐、品质高、数量多，可以设法用"线"把这些散落各地的"珍珠"串起来，并将若干条彼此联系但又各有不同和侧重的历史文化产业资源组合成内容丰富的精品路线，形成一个循环体，将它们有机地整合在一起，以之为核心、主干，再进一步将容城境内各地独有的自然、人文景观和民俗、风情等融入其中，使之包含、浓缩最大量的历史、文化、民族信息，打造独具特色、知名度高的品牌。名人文化是容城历史文化产业的一个亮点，是容城的名片和品牌。以"容城三贤""二壮士"等文化名人为主题，结合10余处文化遗址、非物质文化遗产、景观文化、自然生态、文化民俗进行整体推介，在宣传手段和方式上要明确把形象营造、专题推广作为市场开发的主要动力。

（五）创新机制，规范管理

构建多元化文化资源管理体系管理时需要有综合类部门开展管理，建立综合性较强的行政管理部门，采取针对性更强的措施。各部门都要做到各司其职，各有自己的侧重点，在把握大方向的过程中，努力抓住实施第一线，在相辅相成中解决文化资源的发展问题。创新机制，制定文化资源保障体系，能够保障文化资源的合理开发，规避文化资源破坏等后果。

加强规范化管理，特别是要加强产业法制建设，要按照国家新区建设的总体部署，进一步健全文化资源的法规，建立健全市场综合治理机制，推动容城文化资源机制轨道化运行，规范各经营单位和个人的经营和服务行为。强化有关部门的联合执法，提高依法行政水平。进一步推进文化资源标准化工作，提高专业化指导水平。进一步加强行业协会建设。充分发挥行业协会的桥梁纽带和中介作用，促进行业自律，引导行业发展，不断为容城文化资源注入生机和活力。

第三节　新媒体公共文化服务挑战及对策
——雄安新区安新县新媒体公共文化服务发展调研报告

雄安新区作为首都功能拓展区，提出以创新驱动为发展基点，建设绿色智慧城市、打造优美生态环境、发展高端高新产业、提供优质公共服务、构建高效交通网络。其中优质的公共文化服务需要立足于当今新媒体迅猛发展的时代。笔者在新区核心区的安新县调研新媒体公共文化服务发展现状，认为在体制内外都存在人才、资金等方面困难和挑战。认为雄安新区新媒体公共文化服务建设，要从三个方面进行路径建设探索：突出服务型政府的价值理念，让市场在资源配置中发挥更大的作用；引进相关专业人才，并对现有人力资源进行培训；完善政府与市场沟通机制，赋予社会更多参与公共文化服务供给的权限。

一、调研背景

1. 雄安新区成立

雄安新区于2017年4月正式设立。作为首都功能拓展区，雄安新区以创新驱动为发展基点，建设绿色智慧城市、打造优美生态环境、发展高端高新产业、提供优质公共服务、构建高效交通网络，是"千年大计、国家大事"。雄安新区涉及河北省雄县、容城、安新3县及周边部分区域，地处北京、天津、保定腹地。雄安新区规划建设以特定区域为起步区先行开发，起步区面积约100平方公里，中期发展区面积约200平方公里，远期控制区面积约2000平方公里。

安新县原隶属于河北省保定市，县境东与雄县相连，北与容城毗邻，总面积738.6平方公里。全县设9镇3乡，共12个乡镇，207个行政村，全县人口约40万人。县内文化资源丰富，有白洋淀景区、孙犁纪念馆、雁翎队纪念馆、元妃荷园、嘎子印象、梁庄遗址、留村遗址、燕长城遗址等。

2017年2月23日上午，习近平总书记到安新县大王镇小王营村进行实地察看，并将这里作为雄安新区起步区的核心地块。

2. 新媒体的迅猛发展

据国家广电总局视听新媒体研究所负责人介绍，目前有7类新媒体对传统广电媒体产生影响：一是移动数字电视，包括无线的、车载的；二是有线数字电视；三是IPTV，狭义上指的是基于TV终端电视广播；四是网络广播；五是网络电视；六是手机电视；七是楼宇电视。作为新媒体，一般来说有两个明显特征：一个是可以承载原来传统媒体能承载的各种形式，如文字、图形、视频、音频等；另一方面是与受众具有互动性。

新媒体的出现及其几何式发展增长，给传统媒体带来了巨大的冲击。这种冲击表现为，与传统媒体争夺读者和广告份额，并欲最终取代传统媒体而后快。中国传统媒体，尤其是中国纸媒、中国都市报、市县级的广播和电视，必须对各种新媒体及其应用形式保持高度敏感，坚持学习，勇于探索，善于创新，在适应和借力新媒体方面争当本行业中的领跑者，才有可能避免没落、避免被淘汰。

二、现状概述

（一）主要单位访谈情况

我们重点走访了县文化局、县图书馆、县电视台、安新中学 4 个行政单位和民间自媒体——"安新在线"，并对相关的负责人进行了深入的访谈，调查结果如下。

1. 安新县文化局——县公共文化服务工作任重道远

通过对安新县文化局官员的访谈我们了解到，安新县的文化包括历史文化、红色文化、绿色文化、非遗文化四大方面，文化资源十分丰富。县文化局在公共文化服务方面也做了大量工作，比如积极推进县文化馆、图书馆的建设工作，传统民俗、白洋淀文化的保护和发扬工作也在持续进行。

但是县文化公共服务工作却面临困境：一是随着越来越多的文化遗产被发现以及城市化的变迁，文化遗产的保护经费压力不断增加；二是文化局的运作经费主要依赖上级拨款，预算明显不足；三是现有人力资源在数量和质量上都需要提升；四是创新性不足。在新媒体快速发展的今天，传统的重视硬件建设、政府一元主体的文化服务提供方式逐渐不适应群众的文化需求，也无法最充分地调动社会资源参与到公共文化服务中来。

2. 安新县图书馆：图书资源捉襟见肘

安新县图书馆位于青少年活动中心楼下。图书馆的建设现状令人堪忧：一是基础设施较差。图书馆只有两个房间：一个阅览室，一个图书室；二是人员较少，平时只有一位管理员值班；三是图书资源捉襟见肘，藏书少、质量差；四是开放时间不合理，周一至周五开放，周六日闭馆。这种情况造成图书馆的来访者较少、公共文化服务提供不足的情况。

3. 安新中学——学生缺乏素质教育的条件，教师质量提升面临瓶颈

安新中学是当地教学质量最好的高中，在全省都面临巨大高考压力的大环境下，安新中学也不能幸免，被迫进行应试教育。上课和自习占用了学生的大部分时间，这确实影响了学生的全面素质教育。

同时，根据安新中学相关领导的介绍，由于教师编制较少，近几年几乎没有招聘新教师。这不利于高中教学队伍的更新和提升，也难以吸引更优质的人力资源。现有的教师队伍以老教师为主，工作强度大、薪资待遇不足，教师流失情况也十分严重，甚至出现了部分教师流向压力小但工资待遇差别不大的小学的情况。

4. 安新县电视台——生存发展举步维艰

在文化体制改革的大背景下，本着政企分开、政事分开的原则，安新县原广播电视局被拆分为安新县广播电视台、河北广电网络公司安新分公司以及安新县文广新局的一部分。其中，县广播电视台不仅履行电视、广播的宣传职能，还可以通过广告费等形式取得收入。人员工资的80%由财政负担，其余的20%由个人自筹，这样，人员的薪资也有了保障。

但是，电视台的生存和发展受到了新媒体的巨大冲击。一方面，新媒体以其受众广、时效性强、形式丰富、贴近生活等优点得到快速发展，这改变了传统电视和广播媒介的优势地位；另一方面，县电视台的播放内容劣势凸显。工作内容以政府宣传为主要工作，同时，电视剧等娱乐节目的选择也受到上级部门的限制，这些都与群众日益丰富的文化需求背道而驰。因此，县电视台面临资金匮乏、人力资源不足的窘境，亟须新的转型契机。

5. "安新在线"——蓬勃发展的安新本地自媒体

"安新在线"是一个以微信公众号为载体、立足安新县群众生活的自媒体。它起源于2013年的"安新在线"网站，经历了四年的发展，现已成为安新县本地影响力最大的微信公众号之一。根据创办人张永生的描述，现有粉丝超过13万，约占本地人口数量的1/3。

谈起自己的成功经验，张永生提到了三点：第一，"自己的力量是有限的，但是群众的力量是无穷的"。借助群众，可以第一时间发现新闻，反映民情；第二，摆正与政府的关系。各级政府既是新媒体平台的支持者，也是监管者。只有遵纪守法，积极配合政府，才能保证公众号的持续、健康发展；第三，重视内容质量，不做"标题党"。"老百姓愿意看好的内容，而不是好的标题。不然的话，就会失去粉丝的信任。"

张永生的自媒体平台可以被看作一个半盈利半公益性的第三组织。除了自主发布便民商业信息之外，安新在线在公共文化服务方面做了很多"实事"：一是反映安新本地的社情民意。有的地方垃圾乱放、突发交通事故，安新在线往往能第一时间发布；二是帮助弱势群体发起众筹捐款。一次，他们为一名严重烫伤的儿童筹集了20多万元的善款；三是通过直播平台，记录和传播安新本地的特色民俗，如直播"蒸面祭"、武术会、造船过程全记录等。

（二）问卷调查结果分析

1. 安新县新媒体公共文化服务需求及有效性调查问卷部分报告（群众）

通过《安新县新媒体公共文化服务需求及有效性问卷调查（群众）》，我们对191名安新县群众进行了随机抽样统计，调查统计结果如图3-1所示。

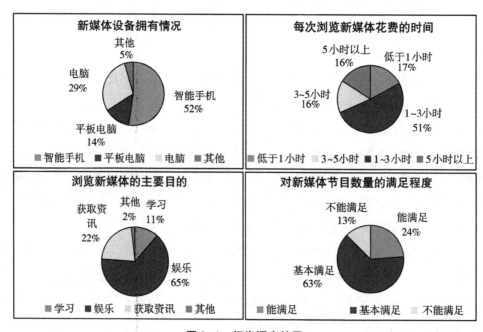

图3-1 问卷调查结果

通过分析，我们可以得出以下结论：

第一，安新县群众的新媒体设备以手机为主体，其次是电脑和平板电脑。

第二，安新县群众每次浏览新媒体的所花费的时间为1~3小时。

第三，安新县群众浏览新媒体的目的以娱乐为主。

第四，新媒体的快速发展使安新县群众认为新媒体在数量上能满足或基本满足自己的需求。

2. 安新县新媒体公共文化服务调查问卷（官员）

通过《安新县新媒体公共文化服务调查问卷（官员）》，我们用问卷调查的形式对 8 位安新县文化官员进行了调查，其中通过简单的测试，只有 3 位被调查者对新媒体的形式有较好地了解，占样本总体的 37.5%；75% 的被调查者认为在雄安新区公共文化服务中，负主要责任的主体是雄安新区管委会；62.5% 的被调查者认为现有的公共文化服务建设的资金投入很不充足，其余 37.5% 的被调查者认为一般；87.5% 的被调查者认为新媒体对于公共文化服务建设的作用很大，其余 12.5% 的被调查者认为一般；100% 的被调查者认为政府需要配备专门的新媒体工作人员。

通过这个调查，我们可以初步理解为以下几点：第一，安新县现有的行政人员对新媒体的了解有限；第二，大部分受访者认为政府应该是公共文化服务建设的主要责任主体；第三，大部分受访者对于公共文化服务建设的资金和人力资源有很大的需求。

三、安新县文化发展中的问题与挑战

（一）资金来源比较单一，吸纳社会资本的能力比较薄弱

在文化发展上，雄安新区成立后，很多人认为这是得到更多财政拨款的机会。"一切活动必须有拨款才能进行"的想法根深蒂固，而从市场的角度来思考的能力还比较欠缺，公共文化建设主要依赖财政拨款的现象比较突出。

应当说这种传统的思维对于经济发展相对落后的地区是一种正常现象。安新县现有财政状况下确实没有更多的财力用于改变公共文化服务现状。这种过度依赖财政拨款的意识会使各文化部门特别是广播电视台不能对原有的业务进行及时的改革，不能更充分地利用已有的资源创新发展。当面临市场竞争时，体制内的效率非常低，从而导致资金来源更加不足，管理水平无法迅速提高，这对于长期的发展来说是一个巨大的挑战。

（二）人力资源整体水平亟待提升

安新县整体的经济发展水平相对落后，人均国民生产总值不到两万元。县级财政很难有充足的资源分配公共文化服务，而且一旦有资源会更多地用于基础设施或者其他硬件设施。而对于人力资源等软性方面的提升往往更加鞭长莫及。在极其有限的文化服务人员中，人员构成非常复杂，许多人员都是从外单位调入，没有接受专业的训练。雄安新区成立后，当地的工作人员也有非常大的担忧，认为自己的各方面水平不足以承担雄安新区公共文化服务的发展任务，可能面临被淘汰的状况。

（三）公共文化服务创新意识不足

专业性人才的缺乏以及对于财政拨款的依赖，使得在公共文化服务领域缺乏足够的创新意识。个别加入新媒体发展的项目由于创新性不足，也很难得到群众的支持。比如在新媒体方面，县广播电视台成立了微信公众号"掌上白洋淀"，内容以报道领导活动为主，其订阅量远远不如某些当地的自媒体平台。对于传统的图书馆、文化馆依旧采取与十几年前一样的场馆管理模式，没有迎合群众的文化需求新举措。

四、雄安新区新媒体公共文化服务体系建设的可行路径

（一）树立服务型政府的价值理念，让市场在资源配置中发挥更大作用

安新县文化服务部门目前来说并没有真正树立起服务型政府意识，没有真正着力着眼于满足群众的真实的文化需求，而更多的是为了满足上级领导的要求。特别是县级的广播电视台，一方面作为县委县政府的新闻媒体平台，另一方面也应该发挥自己服务于群众的作用，满足于群众在新媒体方面的精神文化需求，做好服务。但是目前相关负责人市场意识并不非常明确，甚至有一些只重视新媒体的负面作用而轻视新媒体的正面作用的保守思想。

为此，应该将服务型政府的理念落到实处。在探索新媒体发展过程中，应该切实地将满足群众需求作为第一出发点。同时，与自媒体平台合发挥交叉性优势。这样，一方面行政单位自身有权威性的优势，可以发布权威性的信息，避免自媒体散播虚假谣言。另一方面，学习借鉴自媒体的语言风格和表现形式以获得群众更多关注。

（二）引进相关专业人才，并对现有人力资源进行优化

无论是体制内的传统的广播电台、文化馆、图书馆，还是自媒体机构都缺乏非常专业的人才，这一方面体现了资金的不足，另一方面也反映了在以经济发展为主的状况下，对于文化公共化服务发展滞后。在访谈中了解到，许多官员是转业来到文化服务部门的，他们缺乏非常系统的专业的培训，因此可以有组织、有计划地安排一线的工作人员到相关的专业机构进行培训，以提高自身的能力。另一方面要重视文化领域的投入，在招聘人才方面给予更多的优惠政策。比如，招聘的名额和指标采用市场化的方式，以提高人员的待遇，吸纳更高水平的人才。

(三) 完善政府与市场沟通机制，赋予社会更多参与公共文化服务供给的权限

　　新媒体公共文化服务一定是政府组织和市场组织两方面共同发挥作用，这其中的沟通机制就非常重要。目前来说，自媒体等市场主体是以个人关系或者非正式的形式获取政府的信息，没有一个正式的沟通机制，也没有得到明确的新闻的报道权利。因此，可以根据过往的经验，形成政府与市场主体之间一套正式的沟通机制，赋予自媒体当地具有影响力的自媒体新闻采访等相应的权利，这样更能进一步地完善公共文化服务。

调查问卷1 安新县新媒体公共文化服务需求及有效性问卷调查（群众）

先生/女士：

您好！我是中国传媒大学雄安新区安新县调查分组采访员，我们正在进行一项关于新媒体公共文化服务的实践调查，旨在了解雄安新区的基本情况，以分析公共文化服务发展的趋势和前景。您的回答无所谓对错，只要能真正反映您的想法就达到了我们这次调查的目的。希望您能够积极参与，我们将您的回答完全保密。调查会耽误您10分钟左右的时间，请您谅解。谢谢您的配合和支持。

第一部分　新媒体公共文化服务状况

1. 您的新媒体设备有哪些？

A. 智能手机　　　　B. PAD　　　　　　C. 电脑　　　　　　D. 其他

2. 您一般多久浏览一次视频网站、视频App、电台App？

A. 每天多次　　　　B. 每周多次　　　　C. 每月多次　　　　D. 基本不浏览

3. 您每次在观看或收听视频节目、电台节目时大约会花多长时间？

A. 1个小时以下　　B. 1~3个小时　　C. 3~5个小时　　D. 5个小时以上

4. 您是怎么选择观看或收听（如腾讯视频、优酷土豆、喜马拉雅等）视听节目的网站或者App的？

A. 朋友介绍　　　　B. 微信公众号、朋友圈　　　　　　C. 微博推荐

D. 广告　　　　　　E. 其他＿＿＿＿＿＿

5. 您观看或收听视听节目的主要目的是什么？

A. 学习　　　　　　B. 娱乐　　　　　C. 获取资讯　　　　D. 其他＿＿＿＿＿＿

6. 您在观看或收听视听节目的时候更多地是看什么类型的视频？

A. 影视剧　　　　　B. 科普节目　　　　　　　　　　　C. 娱乐综艺节目

D. 评论类节目　　　E . 新闻资讯节目　　　　　　　　　F. 其他＿＿＿＿＿＿

7. 您平时更经常观看哪个地区的视频节目？

A. 中国内地　　　　B. 中国港澳台地区　　　C. 欧美

D. 日韩　　　　　　E. 其他＿＿＿＿＿＿

8. 您在观看影视剧作品时偏好什么题材的作品？

A. 科幻类　　　　　B. 喜剧类　　　　　C. 情感类

D. 文化类　　　　　　E. 军事类　　　　　F. 其他_____

9. 您在观看视频节目时候更喜欢看自制的节目还是转播的节目？

A. 自制节目　　　　　　B. 转播节目

10. 您在收听电台 App 时更喜欢收听什么类型的节目？

A. 历史人文类　　　　B. 娱乐资讯类　　　　C. 情感、伦理生活类

D. IT 科技类　　　　　E. 其他_____　　　　F. 没听过电台 App 节目

11. 目前视频网站、视频 App、电台 App 上提供的视听节目的数量是否能够满足您的需求？

A. 能满足　　　　　　B. 基本满足　　　　C. 不能满足

12. 目前视频网站、视频 App、电台 App 上提供的视听节目的质量是否能够满足您的需求？

A. 能满足　　　　　　B. 基本满足　　　　C. 不能满足

13. 目前视频网站、视频 App、电台 App 上提供的视听节目的丰富程度是否能够满足您的需求？

A. 能满足　　　　　　B. 基本满足　　　　C. 不能满足

14. 您参与新媒体节目互动吗？

A. 经常参与　　　　　B. 偶尔参与　　　　C. 基本不参与

15. 您会将好的节目分享给朋友吗？

A. 经常分享　　　　　B. 偶尔分享　　　　C. 基本不分享

16. 您对本地新媒体公共文化服务建设有何意见或建议？

_____

第二部分（背景调查）

1. 您的性别（单选）：

A. 男　　B. 女

2. 您的年龄（单选）：

A. 20 岁以下　　　　B. 20~30 岁　　　C. 30~50 岁　　　D. 50 岁以上

3. 您的户籍（单选）：

A. 本地村民　　　　B. 本县居民　　　C. 外来人员

4. 您的职业（单选）：

A. 党政机关工作人员　B. 事业单位工作人员　　C. 企业单位工作人员

D. 自由职业者　　　　E. 离退休人员　　　　　F. 在校学生

G. 无职业　　　　　　H. 其他

5. 您的政治面貌（单选）：

A. 中共党员　　　　　B. 共青团员　　　C. 群众　　　　　D. 其他

6. 您的文化程度（单选）：

A. 小学及以下　　　　B. 初中　　　C. 高中、中专　　D. 大专

E. 大学本科　　　　　F. 大学本科以上

7. 您的月收入：

A. 2000 元以下　　　　B. 2000~4000 元　C. 4000~8000 元　D. 8000 元以上

我们的调查结束了，再次感谢您的支持和帮助！在这里祝您身体健康，万事如意，心想事成，阖家幸福！

调查问卷2　新媒体公共文化服务调查问卷（官员）

_____先生/女士，

您好！我是中国传媒大学雄安新区安新县调查分组采访员，我们正在进行一项关于新媒体公共文化服务的实践调查，旨在了解雄安新区的基本情况，以分析公共文化服务发展的趋势和前景，希望您能够积极参与，我们将对您的回答完全保密。调查会耽误您10分钟左右的时间，请您谅解。谢谢您的配合和支持。

1. 您对新媒体了解吗？（若选C，请跳过第2题）

A. 了解　　　　B. 一般　　　　C. 不了解

2. （多选题）您认为下列选项是新媒体的有_____:

A. 期刊杂志　　B. 报纸　　　　C. 电视　　　　　D. 微信

E. 微博　　　　F. 广播　　　　G. 网络新闻

3. （多选题）您认为在雄安新区公共文化服务中，负主要责任的主体是_____

A. 中央　　　　B. 新区管委会　C. 具体负责宣传的部门

D. 社区　　　　E. 企业　　　　F. 群众　　　　G. 其他

4. 您认为，当前的公共文化服务建设有无必要？

A. 很有必要　　B. 比较有必要　C. 一般　　　　D. 没太大必要

E. 完全没有必要

5. 您认为当前公共文化服务建设的资金投入是否充足？

A. 充足　　　　B. 一般　　　　C. 很不充足

6. 您认为当前公共文化服务建设的主要资金来源应该是什么？（若有其他，请说明）

A. 上级政府　　B. 当地政府　　C. 企业　　　　D. 其他

7. 您认为，新媒体对于公共文化服务建设的作用大吗？

A. 作用很大　　B. 一般　　　　C. 没有什么作用

8. 您认为，新媒体公共服务建设的主要主体应该是什么上级政府

A. 上级政府　　B. 具体负责宣传的部门　　　　C. 企业

D. 社区　　　　E. 群众　　　　F. 社会团体

9. 您认为政府需要配备专门的新媒体公共服务人员吗?

A. 很有必要　　　B. 比较有必要　　　C. 一般　　　　　　D. 没太大必要

E. 完全没有必要

10.（多选题）您听说过下列哪些行政管理理论?

A. 新自由主义理论　　　　B. 新公共管理理论　　　　C. 新公共服务理论

D. 治理理论　　　　　　　E. 都没听说过

11. 您认为，当前新媒体公共文化服务建设最重要的建设途径是什么?

A. 资金支持　　　B. 法制保障　　　C. 制度建设　　　　D. 群众拥护

E. 科技支撑　　　F. 多元主体的共同参与

12.（简述题）您认为，新媒体公共文化服务建设的潜在隐患都有哪些?

第四节 涅槃重生

——雄县公共文化服务体系的现状与未来

习近平总书记指出：雄安新区不同于一般意义上的新区，其定位首先是疏解北京非首都功能集中承载地，❶此外，习近平总书记还强调：规划建设雄安新区要突出7个方面的重点任务，其中"提供优质公共服务，建设优质公共设施，创建城市管理新样板"为重点任务之一。由此可见，优质的公共服务将成为雄安新区有效吸引北京人口和功能疏解转移的重要利器，而公共文化服务体系作为现代化国家治理体系的组成部分，作为国家治理能力现代化的必备要素，同时作为政府基本公共服务的重要组成部分，未来将在雄安新区如何构建呢？

2017年5月24日，中国传媒大学雄安新区发展研究院组织了对雄安的第一次大型专题调研活动，其中3名骨干教师和9名博士、硕士研究生组成的团队对公共文化等领域展开了为期3天的调研，调研组走访了龙湾镇葛各庄村、龙湾镇道一村、张岗乡张二村、雄州镇红西楼村、雄州镇黄湾村等地，同时与上述乡镇村干部、文化站和农家书屋负责人进行了座谈，听取他们介绍村群众文化活动开展情况和村文化服务中心、村农家书屋的建设情况，调研组还走访了白洋淀王家寨民俗旅游村，同时分别与雄县县委、县政府各相关部门，当地文化名人、学者、非遗传承人、表演艺术家代表及部分企业家代表召开了座谈会，就如何依靠《公共文化服务保障法》完善雄县公共文化服务体系和与会代表进行了座谈和一对一的问卷调研。

本报告首先对雄县当前公共文化设施和政府提供公共文化服务内容等现状进行了摸底，进而通过发放调查问卷、访谈和座谈等方法对雄县公共文化服务需求与满意度进行调查并进行数据分析，最后通过结合雄安新区战略地位、构建理念与规划的总目标，对雄县未来公共文化服务体系的构建提出了设想。

---

❶ 张高丽就设立雄安新区接受新华社记者采访[EB/OL].(2017-04-14)[2017-04-15].http://politics.people.com.cn/n1/2017/0414/c1024-29212445.

一、雄县概况

雄县位于保定东部，地处冀中平原，拥有白洋淀水域面积 18.3 平方公里。北距北京五环 100 公里；东距天津外环 100 公里；西距保定 70 公里，处于京津保三角核心区。县域面积 524 平方公里，辖 6 镇 3 乡 223 个行政村，2016 年末人口 39.4 万，其中城镇人口 17.9 万，城镇化率为 47.82%。雄县是千年古县，素有燕南赵北之称，古称"瓦桥关"，是宋代名将杨六郎镇守的"三关"之一，现存宋辽古战道遗址，被誉为"中国古地道文化之乡"。雄县历史文化积淀深厚，"古"韵极丰，先后被命名为"中国温泉之乡""中国古地道文化之乡""中国古地道文化研究中心""中国仿古雕刻文化之乡"等国家级名片，而闻名全国的古地道、古玩和仿古石雕——"三古"更是雄县文化产业的亮点。此外，雄县的民间文化也非常繁荣，古玩交易有 500 多年历史，建有中国北方最大的古玩交易市场，被誉为"中国仿古石雕之乡""中国书画之乡""中国民间文化艺术之乡"。

二、雄县公共文化服务现状分析

（一）公共文化设施建设分析

从县级层面来看，雄县公共文化服务设施非常薄弱。雄县文化馆始建于 1948 年，建筑面积 450 平方米，人员编制为 11 人，为差额事业单位。主要活动为通过开展年度工作组织文化活动，活跃城乡群众文化生活。2004 年，县政府将文化馆所在建筑拍卖，并将其迁址到原电影公司，从此使文化馆销声匿迹。雄县图书馆坐落在原河北大街中段，1984 年 7 月 1 日正式开馆，建筑面积 418 平方米，人员编制 4 人，为差额事业单位。主要活动为：定期召开读者座谈会、报告会，开展图书服务宣传周活动，举办中小学生故事大赛、智力竞赛、有奖征文等活动，举办大型灯谜晚会和迎春书画展，同时开展送书下乡活动。该图书馆最新购买了歌德电子书借阅机，安装在政府综合楼二楼以方便干部群众阅读图书。雄县目前没有一所政府兴办的美术馆，仅于 2016 年 11 月通过社会力量筹备成立了"雄县风云美术馆"，从此填补了雄县没有美术馆的空白。2006 年，雄县政府曾计划建一座集文化馆、图书馆于一体的文化艺术中心，但截至目前，新馆仍未兴建。从群众文化体育活动场所来看，雄县政府绿地广场所在地雄州公园作为生活在县中心的群众文化体育活动的场地发挥着重要的作用。雄县先后投资 6000 余万元,完成了文昌公园、清河公园等一批公园绿地建设,建成区绿地面积 328.44 公顷,绿地率达到 33.21%,公园绿地面积 87.17 公顷,人均公园绿地面积达到 13.19 平方米,形成了绿地分布有序、设施功能齐备、区域特色鲜明的园林绿化景观,但是因为新落成的两个公园居于县城的西南大约 3 公里处,离核心区域比较偏僻,当地百姓使用率并不高。

从乡镇层级来看,雄县公共文化设施建设要略微优于县级层面。2009 年,雄县政府曾经针对农村普遍存在的文化设施缺乏,群众无活动场所等问题,决定每年财政投入不少于 100 万元,以用于农村购置文体器材及文化基础设施建设。2014 年,雄县提出了文化大县建设目标,制定了"文化大县建设规划纲要",同时加大县乡财政投入力度,全面加强了县宣传文化活动中心、乡镇宣传文化站和农村文化活动场所建设。目前雄县辖 6 个镇、3 个乡,分别为雄州镇、昝岗镇、大营镇、龙湾镇、朱各庄乡镇、米家务镇、双堂乡、张岗乡、北沙口乡,223 个行政村,截至 2016 年 11 月,上述 9 个乡镇政府均在政府所在地建设配备了文化站 9 个,此外,另有 5 个乡镇建立了综合文化站和 5 个综合文体广场。

从村层级的公共文化设施建设来看,雄县共设立了 223 家"农家书屋",实现了"农村书屋"全覆盖,其中"数字农家书屋"24 家,可移动电子书屋 1 处,组件数字电影放映队 9 支,每年放映公益电影 2676 场次,基本实现了农村公益电影放映全覆盖。2016 年以来,雄县开展了乡镇文化站和村文化活动中心改造升级活动,对各乡镇文化站建设进行了指导,乡镇文化站服务功能进一步提升;为全县 223 个村的文化活动中心统一配备了音响等设备,为部分村完善了投影仪、音响等信息资源共享工程基础设施建设,使全县 223 个村信息资源共享覆盖率达到 100%。

(二)雄县政府提供公共文化服务现状分析

从目前政府公开财政预算和决算信息来看,2017 年,雄县文广新局部门公布的预算支出中,文化体育传媒支出预算为 621.37 万元。2015 年,雄县文广新局部门公布:文化体育与传媒支出为 3035837.45 万元。从以上雄县相关部门公开的预算和决算支出来看,我们无法了解到公共文化服务经费在文广新局部门预算中所占比例,因而无法准确把握县政府针对公共文化服务的财政投入资金,更无从详细了解政府针对公共文化服务产品和内容本身的财政投入情况。

另一方面,从雄县当地群众文化活动来看,雄县政府的组织和支持发挥了重要的作用。雄县政府组织 40 多个县直部门对重点村进行对口帮扶，积极组织和引导广大群众开展广场舞、戏曲、曲艺、青少年街舞等文艺活动，以社区文化为依托，深入开展"彩色周末"活动，极大丰富群众的精神文化生活。全县 9 个乡镇中农民建设点有近 200 余个，演出团体 20 多个，农村舞蹈队、秧歌队、大鼓队、戏曲、曲艺等组织共 50 多个，每年春节期间，政府组织举办为期 5 天的农村文艺汇演和非遗展演，共组织演出花会 50 多道、文化调演 11 场，吸引了数万名群众观看，为节日的县城增添了喜庆气氛。政府组织戏曲歌舞文化下乡演出活动，定期组织戏曲歌舞文化下乡，开展乡村诗书画展交流活动、老年戏曲票友汇演、非遗展演、民间音乐、传统武术进校园、广场舞比赛、秧歌表演赛、消夏晚会等多种形式的文化活动，全年共组织 20 多个演出团队，演出 400 余场次，受到了城乡群众的广泛欢迎。其中县黄湾舞蹈队、社区文艺队成功参加了"燕都古城杯"保定市广场舞大赛，获得了一致好评。2017 年 4 月 29 日，在西槐村文化广场组织举办了"欢乐五一，美丽乡村"雄县曲艺名家演唱会，来自雄县曲艺界以及天津、廊坊、霸州、文安等地的曲艺界名家们纷纷登台，为村民表演了西河大鼓、山东快书、评书、相声、快板书等精彩的曲艺节目，为当地和周边村民朋友奉献了一场文化盛宴，拉开了 2017 年雄县"文化下乡惠民演出"的序幕。在节庆活动和国家重大节日活动时，雄县政府每年"五一""七一""八一"、重阳节等重大节日期间组织演出及慰问活动 10 场，每年春节期间组织花会进城、戏曲演出专场，先后组织了"河北—天津书画名家作品展""相约在春天"大型文艺演出和迎新年文艺汇演。围绕精神文明创建活动，雄县县委、县政府不断赋予创建活动新内容、新方式，先后组织了"回顾'十五'辉煌成就、展望'十一五'美好前景"主题教育活动，举办了系列形势政策报告会。抓住建党 85 周年、长征胜利 70 周年等重要契机，组织了"弘扬和培育民族精神月"集中宣传教育活动和"扬长征精神、做红军传人"主题教育活动。❶

（三）雄县社会力量参与公共文化服务现状分析

雄县社会力量参与当地公共文化服务结合有两个典型事例，分别为白洋淀诗书画院和胡荫樟艺术纪念馆，他们都是当地文化名人参与和引领公共文化服务的典型。

白洋淀诗书画院的前身是耕余书画联谊会（后更名为耕余书画社），成立于 1988

---

❶ 温占芳. 突出三个重点, 加快建设和谐雄县[J]. 中国报道, 2007(10).

年 1 月 28 日，由农民书画家赵顺义先生组织书画爱好者开展结社活动。2003 年 3 月 3 日，在雄县县委、县政府和天津美院原副院长张蒲生先生的大力支持下，赵顺义筹资启动建设白洋淀诗书画院。历时 3 年半，完成了占地 80 余亩、总建筑面积 3000 多平米的一期工程，建成综合办公楼 1 栋、专家创作休闲小院 4 座、1300 多平米的大型综合性展厅 1 座，可同时展出 500 余件书画作品。2006 年 9 月 19 日，白洋淀诗书画院正式落成，并举办了冀津书画名家作品展，省内外嘉宾 800 余人到场祝贺。多年来，白洋淀诗书画院组织桃花笔会、荷花笔会、菊花笔会、自撰诗词曲联文书法展、汶川大地震慈善笔会、墨缘日笔会等各类活动数十次，多次承接河北省书法家协会现场评级，刊印诗词作品集 30 余册，为弘扬中华传统文化，推动文化事业发展作出了贡献。会员作品获奖、入展、入选中国书协主办的展览 50 余人次，在全国性展赛中入选、获奖数百人次，全国及省、市诗词学会、楹联学会、书法家协会、美术家协会会员达 100 余人，这里培养汇集了一大批艺术人才，带动了全县文化事业的发展繁荣，成为雄县文化交流的一个重要平台。雄县的书画艺术底蕴深厚，书画爱好者及从事这一产业的约有 2000 多人，2016 年 9 月 28 日，与县委宣传部、雄县白洋淀诗书画院联合举办了"翰墨结缘、情涌雄州"迎国庆机白洋淀诗书画院建院十周年书画展，京津冀三地数十名书法、绘画专家及爱好者上千人到场参观。

　　胡荫樟艺术纪念馆是为纪念雄县道务村著名书画家胡荫樟而建。胡荫樟艺术纪念馆在原胡荫樟故居的基础上，投资 100 余万元重新修建，旨在深入挖掘胡荫樟绘画遗产，传播弘扬时代艺术新时尚，寓教于艺，寓教于乐，发挥文化站阵地引领作用，培养美育思想，锻造人格情操。2015 年 5 月，中国美协主席刘大为胡荫樟艺术纪念馆题词。经过近两年的发展，纪念馆占地已达 2000 余平米，内设 3 座功能展厅，分别为占地 200 平米的休闲、娱乐、书画展览厅；占地 160 平米的书画和书画名家胡荫樟纪念展厅。胡荫樟纪念馆虽然由私人发起成立，但是目前正在发挥龙湾镇道务一村文化站的角色，已成为龙湾镇道务一村的文化活动阵地。纪念馆里占地 70 平米的图书、文化展厅，并配有乒乓球案等文体活动设施，依托书画艺术优势，不定期组织社会各界艺术人士开展交流恳谈，以会为媒，搭建平台，交流共进，截至目前，已组织两期交流恳谈会，与会人员近 100 人，反响热烈；二是结合"五一""七一"等节假日，组织村内党员、群众开展丰富多彩的文体活动，举办棋艺、歌咏、绘画等比赛活动，丰富基层群众精神文化活动，陶冶基层群众精神情操；三是利用周末休息日，组织村内体育爱好者举行乒乓球友谊赛，融洽村民关系，提高村民素质；四是定期开展村民文化研修，积极宣传党的方针政策，普及村民文化知识，提高农民的文化素质，弘扬先进文化，倡导社会正能量。今年以来，已组织"新区建设大家谈"等学习交流活动两次，参与群众 50 余人。

三、雄县公共文化服务需求与满意度调查数据分析

公众对公共文化服务的需求与满意度是深入分析雄县公共文化服务建设的重要量化标准，因此，本调查组采取问卷调查的形式，对雄县居民进行了公共文化服务需求与满意度调查。为了保证收集信息的时效性，本次调查采用方便抽样，同时考虑到特定人群，最小抽样单位为"个人"。调查样本的抽取时间为 2017 年 5 月 24 日—5 月 27 日，采用纸质问卷投放形式，共发放 210 份，回收有效问卷 189 份。我们将回收的有效问卷进行分类整理，录入 SPSS 软件后对数据进行分析整理，分析结果如下。

（一）调查基本情况描述

此次问卷发放的地点包括雄县县城政府广场、雄县各村镇、企业等，受访人员涵盖各年龄段、职业、各层次教育水平以及不同收入人群，数据较有代表性和可靠性，可作为对这一地区公共文化服务的探索研究。其中男性为 124 人，女性为 65 人。村民 60 人，占 31.7%。县镇居民 129 人，占 68.3%。中老年居民（40 岁以上）123 人，占总人数的 65%。本科学历以下 158 人，占 83.6%，收入以 3000 元每月为界，3000 元以下的 55%，3000 元以上者 45%。对于问卷呈现的内容在城镇和村户的差异，发放问卷人员都进行了解释，旨在符合当地情况，对于不能填答问卷的对象，调查员均采用了口述问卷的方式，让调查对象充分理解问题后填答。

当地居民平时的文化娱乐方式多种多样，但对于文化活动方式选择的重要程度有所不同。

由图 3-2 可知，雄县居民日常闲暇时最常见的文化娱乐方式有看影视剧、读书看报、手机、电脑游戏、参与群众性文化活动、打牌，其中看影视剧是最主要的娱乐方式。

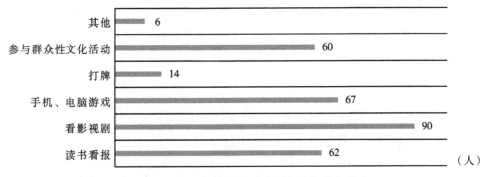

图 3-2　雄县居民闲暇时主要文化娱乐方式

如表 3-1 所示，雄县大部分居民对于公共文化服务有一定了解，其中，非常了解的居民占调查总数的 21%，较为了解的居民占 26.5%，即充分了解当地公共文化服务的居民不到 37.6%，有点了解或不太了解、完全不了解所在地区公共文化服务的的居民高达 62.5%，而这部分人大多是年长者或受教育程度比较低者，本身对公共文化服务的需求较少。

表 3-1　雄县居民对所在地区的公共文化服务基本情况了解程度

		频率（次）	百分比（%）	有效百分比（%）	累积百分比（%）
有效	非常了解	21	11.1	11.1	11.1
	较为了解	50	26.5	26.5	37.6
	有点了解	66	34.9	34.9	72.5
	不太了解	43	22.8	22.8	95.2
	完全不了解	9	4.8	4.8	100.0
	总计	189	100.0	100.0	—

图 3-3 所示为雄县居民对雄县公共文化服务设施提供的服务满意度，其中非常满意和比较满意比例共 45%，对公共文化服务设施满意度一般的居民占调查总数的 34.4%，认为不太满意的居民为 15.3%，非常满意的为 5.3%。

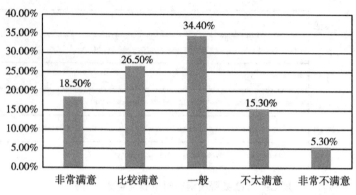

图 3-3　雄县居民公共文化服务设施满意度

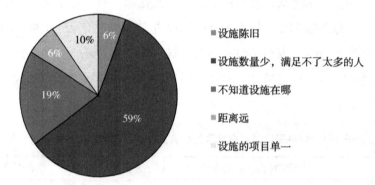

图 3-4　雄县居民公共文化服务设施不满意原因

　　如果进一步探究受访者对公共文化服务设施不满意的原因，我们从图 3-4 中分析可以看出，认为公共文化设施数量少、满足不了太多的居民所占比例最高，高达 59%，认为公共文化设施距离远的居民占到调查总数的 19%，认为公共文化设施的项目单一的居民占总数的 10%，认为公共文化设施陈旧的居民为 6%，此外，不知道公共文化设施在哪里的居民也占到调查总数的 6%。总体来说，雄县公共文化服务设施十分稀少，县一级的图书馆、文化馆等基本设施严重缺乏，而村镇的农家书屋利用率也不高，总体无法满足需求。

　　图 3-5 显示的是受访者认为当地最急需的公共文化服务设施种类，其中有 26% 的雄县群众认为迫切急需图书馆或农家书屋，22% 的群众认为急需博物馆，20% 的群众急需文化馆，认为急需群众文艺馆的群众占到调查总数的 20%，认为急需电影院的相对需求较低，占到调查总数的 11%。此外，有 45.5% 的受访者表示其家附近有公共文化服务设施（图书馆、博物馆、文化馆、社区活动站、农家书屋等），但

是仍有 54.5%的受访者表示家附近没有公共文化服务设施。

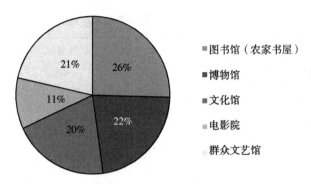

图 3-5　雄县公共文化服务设施需求

（二）群众满意度及其差异分析

1. 公共文化服务总体满意度

如表 3-2 所示，雄县居民对于图书服务满意程度总体不高，居民对于公共文化服务非常满意和比较满意的比例为 32.3%，认为公共文化服务一般的居民占调查总数的 51.9%，不太满意者占 11.6%。

表 3-2　雄县居民对图书馆/书屋提供的服务满意度

		频率(次)	百分比(%)	有效百分比(%)	累积百分比(%)
有效	从来没去过/无图书馆	11	5.8	5.8	5.8
	非常满意	13	6.9	6.9	12.7
	比较满意	33	17.5	17.5	30.2
	一般	73	38.6	38.6	68.8
	不太满意	44	23.3	23.3	92.1
	非常不满意	15	7.9	7.9	100.0
	总计	189	100.0	100.0	—

我们将公共文化服务各方面综合起来，发现雄县居民对雄县的群众性文化活动的满意度高于公益性文化演出活动，因为与只在节庆日演出的公益性文化演出相比，群众性文化活动大多是群众自发的，所以种类相对丰富，群众参与度也高（如表 3-3 所示）。总体而言，雄县居民对雄县的公共文化服务总体评价较低，还有待提高。

雄安新区公共文化服务建设跨越发展则抱有极高的期待。

表 3-3　雄县公共文化服务总体满意度

		频率(次)	百分比(%)	有效百分比(%)	累积百分比(%)
有效	非常满意	16	8.5	8.5	8.5
	比较满意	45	23.8	23.8	32.3
	一般	98	51.9	51.9	84.1
	不太满意	22	11.6	11.6	95.8
	非常不满意	8	4.2	4.2	100.0
	总计	189	100.0	100.0	—

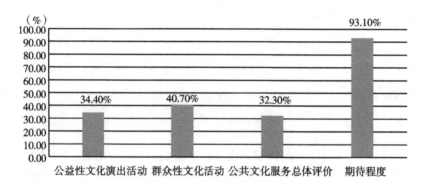

图 3-6　雄县居民公共文化服务设施满意度

2. 各类型群众公共文化设施服务满意度差异

为了进一步分析雄县不同地区、层次和类型的群众对当地公共文化服务的需求程度和满意度，我们将受访对象根据城乡差异和收入水平进行重新编码，分别进行满意度的比较分析。

（1）性别与公共文化设施服务满意度相关性

我们将性别和公共文化服务设施服务满意度进行相关性检验，由表 3-4 和表 3-5 可知，受访者性别和公共文化服务设施服务满意度具有显著相关性，而由表 3-4 可知，男性对公共文化服务设施服务满意度远高于女性，当然有部分原因是受访者男性多于女性，但在一定程度上还是能反映出女性对雄县公共文化服务设施服务的满意度较低。

表3-4 雄县居民公共文化设施满意度和性别相关性检验

卡方检验			
	值	自由度	渐近显著性（双向）
皮尔逊卡方	16.368ª	4	0.003
似然比(L)	16.020	4	0.003
线性关联	2.059	1	0.151
有效个案数	189	—	—

a. 1 个单元格（10.0%）具有的预期计数少于 5。最小预期计数为 3.44。

表3-5 雄县居民公共文化设施满意度和性别交叉表

			您对这些公共文化服务设施提供的服务满意吗					总计
			非常满意	比较满意	一般	不太满意	非常不满意	
性别	男	计数	27	27	48	20	2	124
		性别百分比	21.8%	21.8%	38.7%	16.1%	1.6%	100.0%
		公共文化服务设施满意度百分比	77.1%	54.0%	73.8%	69.0%	20.0%	65.6%
	女	计数	8	23	17	9	8	65
		性别百分比	12.3%	35.4%	26.2%	13.8%	12.3%	100.0%
		公共文化服务设施满意度百分比	22.9%	46.0%	26.2%	31.0%	80.0%	34.4%
总计		计数	35	50	65	29	10	189
		性别百分比	18.5%	26.5%	34.4%	15.3%	5.3%	100.0%
		公共文化服务设施满意度百分比	100.0%	100.0%	100.0%	100.0%	100.0%	100.0%

（2）收入与公共文化设施服务满意度相关性

居民收入和其文化消费需求、层次等在一定程度上有一定关联。为了验证这一猜想，我们将受访者按月收入 3000 元为分界线将其划分为低收入和高收入两类人群，来探察收入对共文化服务设施服务满意度的影响。我们将收入和公共文化服务设施服务满意度进行相关性检验，由表 3-6 可知，受访者收入和公共文化服务设施服务满意度显著不相关。

表3-6　雄县居民公共文化设施满意度和收入相关性检验

卡方检验			
	值	自由度	渐近显著性（双向）
皮尔逊卡方	2.628ᵃ	4	0.622
似然比(L)	2.648	4	0.618
线性关联	0.042	1	0.838
有效个案数	189	—	—

a. 1个单元格（10.0%）具有的预期计数少于5。最小预期计数为4.44。

由表3-7可知，不管是低收入人群还是高收入人群，对雄县公共文化服务设施服务满意度程度都不高，由此可知，雄县的公共文化服务设施没有满足各收入水平人群的需求，可见其公共文化服务设施建设的匮乏。

表3-7　雄县居民公共文化设施满意度和收入交叉表

			您对这些公共文化服务设施提供的服务满意吗					总计
			非常满意	比较满意	一般	不太满意	非常不满意	
低收入和高收入	低收入	计数	21	28	32	19	5	105
		收入百分比	20.0%	26.7%	30.5%	18.1%	4.8%	100.0%
		公共文化服务设施满意度百分比	60.0%	56.0%	49.2%	65.5%	50.0%	55.6%
	高收入	计数	14	22	33	10	5	84
		收入百分比	16.7%	26.2%	39.3%	11.9%	6.0%	100.0%
		公共文化服务设施满意度百分比	40.0%	44.0%	50.8%	34.5%	50.0%	44.4%
总计		计数	35	50	65	29	10	189
		收入百分比	18.5%	26.5%	34.4%	15.3%	5.3%	100.0%
		公共文化服务设施满意度百分比	100.0%	100.0%	100.0%	100.0%	100.0%	100.0%

（3）城乡差别与公共文化设施服务满意度相关性

由于城乡公共文化服务和设施上存在一定差异，因此为了更明确地对雄县城乡的公共文化设施满意度进行研究，我们将受访者根据调查对象类型，分为村民和非村民。政府广场、诗书画院、古玩城、古栈道、仿古石雕企业、专家和政府官员、酒店工作者和非遗专家属于非村民，代表雄县县城居民，各村村民代表雄县村镇居民，其中村民占 31.7%，县城居民占 68.3%。

我们将城乡居民和公共文化服务设施服务满意度进行相关性进行检验，由表 3-8 可知，受访者城乡差异和公共文化服务设施服务满意度显著相关。而由以下表3-9 可知，雄县村镇居民对公共文化服务设施服务的满意度普遍高于雄县县城居民。由于雄县没有县级的诸如图书馆、文化馆、博物馆等公共文化设施，而农村基本有农家书屋，相对而言较县城的设施多一些。

表 3-8　雄县居民公共文化设施满意度和城乡相关性检验

卡方检验			
	值	自由度	渐近显著性（双向）
皮尔逊卡方	33.878ᵃ	4	0.000
似然比(L)	34.762	4	0.000
线性关联	22.123	1	0.000
有效个案数	189	—	—

a. 1 个单元格（10.0%）具有的预期计数少于 5。最小预期计数为 4.44。

表 3-9　雄县居民公共文化设施满意度和城乡交叉表

			您对这些公共文化服务设施提供的服务满意吗					总计
			非常满意	比较满意	一般	不太满意	非常不满意	
村民和非村民	村民	计数	25	13	15	7	0	60
		村民百分比	41.7%	21.7%	25.0%	11.7%	0.0%	100.0%
		公共文化服务设施满意度百分比	71.4%	26.0%	23.1%	24.1%	0.0%	31.7%

（续表）

| | | | 您对这些公共文化服务设施提供的服务满意吗 | | | | | 总计 |
			非常满意	比较满意	一般	不太满意	非常不满意	
村民和非村民	非村民	计数	10	37	50	22	10	129
		村民百分比	7.8%	28.7%	38.8%	17.1%	7.8%	100.0%
		公共文化服务设施满意度百分比	28.6%	74.0%	76.9%	75.9%	100.0%	68.3%
总计		计数	35	50	65	29	10	189
		村民百分比	18.5%	26.5%	34.4%	15.3%	5.3%	100.0%
		公共文化服务设施满意度百分比	100.0%	100.0%	100.0%	100.0%	100.0%	100.0%

（4）受教育程度与公共文化设施服务满意度相关性

不同受教育程度的居民因文化水平和素养不同，对公共文化服务也显示出不同的需求。我们将受访者受教育程度和公共文化服务设施服务满意度进行相关性检验，由表3-10可知，受访者受教育程度和公共文化服务设施服务满意度显著相关。表3-11显示，受访者类型以高中及以下受教育水平为主，整体受教育水平不高，而受教育水平较低的居民对公共文化服务设施服务的满意度要高于本科和研究生等受教育水平较高的人群。因为高学历水平的人群对于公共文化服务的需求和要求也相对较高，雄县目前的公共文化服务设施难以满足。

表3-10　雄县居民公共文化设施满意度和受教育程度相关性检验

卡方检验			
	值	自由度	渐近显著性（双向）
皮尔逊卡方	33.878[a]	4	0.000
似然比（L）	34.762	4	0.000
线性关联	22.123	1	0.000
有效个案数	189	—	—

a. 1 个单元格（10.0%）具有的预期计数少于 5。最小预期计数为 3.17。

表3-11 雄县居民公共文化设施满意度和受教育程度交叉表

			您对这些公共文化服务设施提供的服务满意吗					总计
			非常满意	比较满意	一般	不太满意	非常不满意	
受教育程度	初中及以下	计数	16	19	29	13	5	82
		教育程度百分比	19.5%	23.2%	35.4%	15.9%	6.1%	100.0%
		公共文化服务设施满意度百分比	45.7%	38.0%	44.6%	44.8%	50.0%	43.4%
	高中	计数	16	18	26	0	0	60
		教育程度百分比	26.7%	30.0%	43.3%	0.0%	0.0%	100.0%
		公共文化服务设施满意度百分比	45.7%	36.0%	40.0%	0.0%	0.0%	31.7%
	大专	计数	0	4	5	5	2	16
		教育程度百分比	0.0%	25.0%	31.2%	31.2%	12.5%	100.0%
		公共文化服务设施满意度百分比	0.0%	8.0%	7.7%	17.2%	20.0%	8.5%
受教育程度	本科	计数	3	5	5	11	3	27
		教育程度百分比	11.1%	18.5%	18.5%	40.7%	11.1%	100.0%
		公共文化服务设施满意度百分比	8.6%	10.0%	7.7%	37.9%	30.0%	14.3%
	研究生及以上	计数	0	4	0	0	0	4
		教育程度百分比	0.0%	100.0%	0.0%	0.0%	0.0%	100.0%
		公共文化服务设施满意度百分比	0.0%	8.0%	0.0%	0.0%	0.0%	2.1%
总计		计数	35	50	65	29	10	189
		教育程度百分比	18.5%	26.5%	34.4%	15.3%	5.3%	100.0%
		公共文化服务设施满意度百分比	100.0%	100.0%	100.0%	100.0%	100.0%	100.0%

（5）年龄与公共文化设施服务满意度相关性

为了探究不同年龄段对公共文化服务的需求和满意度差异，我们将受访者年龄和公共文化服务设施服务满意度进行相关性检验，由表3-12可知，受访者年龄和公共文化服务设施服务满意度显著相关。表3-13显示，受访者以中老年居多，中老年居民对雄县公共文化服务的满意度要略高于年轻人，因为雄县的公共文化设施极度缺乏，仅有农村有农家书屋，对于年轻人来说这些公共文化设施已经远远无法满足其公共文化需求。

表3-12　雄县居民公共文化设施满意度和年龄相关性检验

卡方检验			
	值	自由度	渐近显著性（双向）
皮尔逊卡方	74.447[a]	24	0.000
似然比(L)	76.769	24	0.000
线性关联	11.181	1	0.001
有效个案数	189	—	—

a. 19个单元格（54.3%）具有的预期计数少于5。最小预期计数为0.42。

表3-13　雄县居民公共文化设施满意度和年龄交叉表

年龄			您对这些公共文化服务设施提供的服务满意吗					总计
			非常满意	比较满意	一般	不太满意	非常不满意	
	18岁以下	计数	0	1	2	5	0	8
		年龄百分比	0.0%	12.5%	25.0%	62.5%	0.0%	100.0%
		公共文化服务设施满意度百分比	0.0%	2.0%	3.1%	17.2%	0.0%	4.2%
	18~25岁	计数	0	12	9	7	0	28
		年龄百分比	0.0%	42.9%	32.1%	25.0%	0.0%	100.0%
		公共文化服务设施满意度百分比	0.0%	24.0%	13.8%	24.1%	0.0%	14.8%
	26~30岁	计数	1	2	4	2	0	9
		年龄百分比	11.1%	22.2%	44.4%	22.2%	0.0%	100.0%
		公共文化服务设施满意度百分比	2.9%	4.0%	6.2%	6.9%	0.0%	4.8%

（续表）

			您对这些公共文化服务设施提供的服务满意吗					总计
			非常满意	比较满意	一般	不太满意	非常不满意	
年龄	31~40岁	计数	0	5	14	1	1	21
		年龄百分比	0.0%	23.8%	66.7%	4.8%	4.8%	100.0%
		公共文化服务设施满意度百分比	0.0%	10.0%	21.5%	3.4%	10.0%	11.1%
	41~50岁	计数	12	4	11	2	6	35
		年龄百分比	34.3%	11.4%	31.4%	5.7%	17.1%	100.0%
		公共文化服务设施满意度百分比	34.3%	8.0%	16.9%	6.9%	60.0%	18.5%
	51~60岁	计数	8	19	17	9	3	56
		年龄百分比	14.3%	33.9%	30.4%	16.1%	5.4%	100.0%
		公共文化服务设施满意度百分比	22.9%	38.0%	26.2%	31.0%	30.0%	29.6%
	60岁以上	计数	14	7	8	3	0	32
		年龄百分比	43.8%	21.9%	25.0%	9.4%	0.0%	100.0%
		公共文化服务设施满意度百分比	40.0%	14.0%	12.3%	10.3%	0.0%	16.9%
总计		计数	35	50	65	29	10	189
		年龄百分比	18.5%	26.5%	34.4%	15.3%	5.3%	100.0%
		公共文化服务设施满意度百分比	100.0%	100.0%	100.0%	100.0%	100.0%	100.0%

总之，雄县公共文化服务设施建设情况较不理想，群众对公共文化建设的满意度不高。为了满足不同性别、各个年龄层次、受教育水平、收入水平、各城乡居民的公共文化服务需求，雄县要加快构建惠及城乡、惠及全民的完善的高水平公共文化服务设施，提供多样化的公益性文化活动，扶持和组织各类型群众性文艺活动，繁荣雄县公共文化发展。

四、雄安新区与雄县未来公共文化服务体系构建

公共文化服务是指在政府主导下，以公共财政为支撑，以公益性文化单位为骨干，联合基金会、企业、非政府组织、社区向社会公众提供公共文化设施、产品、服务，以平等的实现公民的基本文化权利和满足公民的基本文化需求。[1]而公共文化服务体系指由生产、运营和保障公共文化服务的相关系统（部门）构成的有机整体，这些系统包括公共文化内容、基础设施、运营组织、人力资源、资金保障、政策理论等方面。[2]由此可知，公共文化服务体系构建本身是一个由政府主导、社会力量参与的庞大工程，雄安新区作为中国"千年大计"的伟大业绩，在构建公共文化服务体系时，应当首先明确其战略地位、构建理念与规划总目标，而雄县未来公共文化服务构建也应当直面其现状，勇于接受挑战并寻找与新区公共文化服务体系建设接轨的路径。

（一）雄安新区公共文化服务战略地位、构建理念与规划总目标

1. 战略地位

从整体战略定位来看，未来雄安新区的公共文化服务体系建设将与整个新区的构建保持一致，将围绕中央部署的"四个坚持"展开，即坚持世界眼光、国际标准、中国特色、高点定位；坚持生态优先、绿色发展；坚持以人民为中心、注重保障和改善民生；坚持保护弘扬中华优秀传统文化、延续历史文脉。[3]因此，雄安新区未来公共文化服务也应紧紧围绕"人"这个核心谋篇布局，致力于充分提高基本公共文化服务水平，以提高对疏解北京非首都功能高端人才的文化吸引力和文化凝聚力。

2. 构建理念

未来雄安新区将采用"国际一流"的最先进理念和水准进行规划设计，因此，雄安新区未来公共文化服务体系建设也应首先秉持"国际一流"的重要理念，积极借鉴西方发达国家成熟的公共文化服务理念，不断增强市民文化获得感和文化幸福

---

[1] 于群,李国新.中国公共文化服务发展报告 2012[M].北京:社会科学文献出版社,2013.
[2] 公共文化立法课题组.创新驱动公共文化服务体系现代化探析[J].现代传播,2015(5).
[3] 高起点建设雄安新区——访京津冀协同发展专家咨询委员会委员谢克昌院士[EB/OL].(2017-04-08)[2017-04-15].http://news.xinhuanet.com/politics/2017-04/08/c_1120773203.htm.

感，保障雄安新区公民的文化权益。此外，未来雄安新区的公共文化服务体系构建还应当围绕"创新驱动"的理念，从深化文化行政体制改革，到发挥市场在公共文化资源配置中的决定性作用和更好发挥政府作用；从创建城市公共文化管理新样板，到发挥社会力量打造公共文化社区服务平台；从政府依法行政到公共文化政策的法治化，都需要转变政府公共文化行政职能理念，积极探索公共文化管理模式创新，构建公共文化服务新格局，创建京津冀公共文化体制机制新高地和协同创新重要平台，并为中国实现公共文化服务区域协同发展提供可复制、可推广的经验。

3. 规划总目标

未来雄安新区公共文化服务应当有以下两个总体规划目标：第一，党的十八届三中全会提出推进国家治理体系和治理能力现代化，明确提出构建现代公共文化服务体系的目标和任务。可以说，公共文化服务已经成为党中央全面深化改革战略部署中的重要战略任务，未来雄安新区作为疏解北京非首都功能集中承载区，也应当按照十八届三中全会的战略目标，将公共文化服务体系建设纳入推进文化体制机制创新的一项重要内容；第二，中国作为世界第二大经济体，经济发展即将步入新常态，在这样的大时代背景下，实现京津冀协同发展，成为在中国北方打造新增长极的迫切需要，因此，实现京津冀公共文化服务协同发展也应成为重要一环加以推进，雄安新区在承载首都非核心功能时应当承载更多的公共文化服务建设。

举办富有特色的公共文化服务。在政府缺位时，社会力量参与公共文化服务，除去政府提供的基本硬件建设、基本公共文化服务外，各地考虑当地的特色，提供丰富的公共文化服务是重点。雄安新区也应当结合当地文化特色，丰富新的公共文化服务内容。

（二）雄县未来公共文化服务体系构建路径

雄县历史文化积淀深厚，当地群众的文化活动非常丰富，但是另一方面，政府因财力等各种原因不能为当地提供更多公共文化服务设施和公共文化服务内容，因此，社会力量如何通过各种方式与政府相结合，使雄县本地的非遗文化、民俗文化、旅游文化等本土文化与公共文化服务相结合，从而丰富当地的公共文化服务内容，这有可能是雄县未来公共文化服务体系构建最迫切和最可能的路径。

1. 非遗文化与公共文化服务相结合

雄县非遗文化非常丰富，其中雄县古乐和鹰爪翻子拳是国家级非物质文化遗产，它们均具备丰富的当地群众文化基础，因此，雄县未来公共文化服务的构建可以和非遗文化的保护和传承相结合，在挖掘和保护非遗文化的同时，让当地更多老百姓享受到非遗文化的瑰丽和魅力，从而共同参与到公共文化服务体系的构建当中。

雄县古乐是雄县古老文化艺术宝库中的瑰宝，大约起源于明朝，兴盛于明清，和宗教信仰有密切关系。曾受过乾隆皇帝御封、御赐，清末到民国曾受战乱冲击，但前辈仍极力靠耳传口授保存下来，可谓中国传统音乐的活化石。雄县古乐集中在昝岗镇的赵岗、双堂乡的杜庄、雄州镇的亚古城、张岗乡开口等几个村，中华人民共和国初期较为活跃，"文化大革命"期间几近毁灭。改革开放后，逐步得以恢复。2003 年，杜庄村古乐会曾受中央电视台邀请在 12 频道《魅力 12》栏目中演奏了古曲《放风筝》，2006 年 10 月 19 日，赵岗村古乐会应邀到中央音乐学院进行表演，2007 年 5 月 19 日，中央音乐学院张伯瑜主任带队到雄县亚古城考察指导古乐工作。2008 年，雄县古乐被列为国家级非物质文化遗产名录，史均平、程增树被认定为这一项目的省级传承人。

鹰爪翻子拳源于宋代，历经明、清发展到民国时期，由原籍为雄县李林庄村、时任上海精武体育会副会长的武术家陈子正集少林、鹰爪、翻子、岳氏散手之长而创建的一个新拳种——鹰爪翻子拳。2008 年，鹰爪翻子拳被列入国家级非物质文化遗产名录，陈子正的后人、武术家陈正耀被认定为这一项目的国家级传承人。几十年来，陈子政的后人陈正耀、陈正才、陈桂学等人先后创办武校和培训班传授鹰爪翻子拳，有徒众数百人。中央电视台栏目组曾两次到雄县李林庄村拍摄关于鹰爪翻子拳的专题节目，播放后在海内外产生了较大反响。

为了使雄县上述两项国家级非遗文化遗产得到更好的传承和保护，当地政府做了大量工作，例如雄县旅游发展局将"鹰爪王"陈子正故居加以修缮对外开放。2014 年，以雄州古乐现代曲谱翻译为契机，加大国家级非物质文化遗产的挖掘和保护，聘请河北师大音乐教授胡小满对雄县古乐的工尺谱进行了全面研究，翻译成人们熟知的简谱，并编印《雄县古乐古谱存鉴》一书，对国家级非物质文化遗产进行了突破性挖掘和保护。因此，当地政府如何将上述国家级非遗文化遗产及地方非遗文化遗产与当地公共文化服务相结合，调动当地百姓参与公共文化的积极和热情，将成为雄县公共文化体系构建是否可以与雄安新区接轨的重要因素。

2. 文化产业与公共文化服务结合

如何剖析公共文化当中的产业合理布局，并通过文化产业满足当地百姓对公共文化服务的需求，即通过文化产业与公共文化服务相结合实现二者的双轮驱动是未来雄县公共文化服务体系构建的重要路径。

雄县当地的文化产业颇为发达，其中民俗文化产业以米家务纸花为代表，民间工艺以黑陶制品为代表，旅游文化产业以宋辽古战道为主要特色，此外，当地的古玩文化市场也颇为兴盛。首先，雄县当地的米家务纸花可以说是花开全国，自明末以来已经经历了 400 多年的发展，由开始的小朵花、枝子花发展到现在的绢花、金银花、麻绒花、拉翻花、蜡果蜡衣、镀铝膜花和聚酯薄膜花等 8 大类别，150 多个品种。为促进纸花业的发展，2001 年县政府投资 1800 万元，新建米北纸花市场，临街门店 500 余间，并可容纳街市摊位 2000 个，年成交额 5000 万元，创利税 600万元。目前，米家务镇有 4000 多户人家从事纸花行业，拥有 8 人以上的雇工产业户 130 多家，全镇从业人员达万人以上，年产值约 8000 万元，利润 2000 多万元，产品销往全国各地，并远销到美、英、法、朝鲜等 11 个国家和地区，同时辐射带动了昝岗、大营、双堂、张岗等乡镇及固安、霸州、高碑店等市、县部分村庄，许多农民依靠纸花加工走上了致富之路。

雄县当地以黑陶制品为代表的民间手工艺也很发达。中华黑陶工艺源于古老的河姆渡文化、大汶口文化和龙山文化，已有 7000 多年的历史。1986 年，雄县孤庄头村办起了第一个黑陶厂——顺诚黑陶厂。他们以当地纯净细腻的红胶土为颜料，经过手工拉坯成型、晾晒、轧光、画线、雕花等多道工序，再以独特的烧结工艺制成色如黑玉，声如钟磬的黑陶。多姿多彩的黑陶放之民居可蓬荜生辉，放之厅堂则锦上添花，在国内外市场十分走俏。20 世纪 90 年代，该村先后有 3 家黑陶厂问世，约有 180 人从事这一行产业。如今孤庄头的黑陶艺术已形成仿古、现代、民族、西欧等多种流派、多种风格的 460 多种系列产品，不仅传承着历史文化特点，还体现出浓郁的现代气息，产品辐射全国并远销美国、日本、新加坡、澳大利亚等十几个国家和地区。雄县的旅游文化以宋辽古战道为特色，古战道被誉为雄县的"地下长城"，其中，雄县古城外瓦桥关，是宋代杨六郎把守三关口的三关之一。由于是边关要地，因此，修建地下战道便成为平原地区防御敌人入侵的重要措施。宋辽古战道始于雄县县城，向东北过祁岗、霸州、固安、永清等地，绵延 65 公里。地下古战道设计复杂，功能齐全，既有运兵的引导洞，又有藏兵洞，还有能深入敌阵前沿的"望洞"。雄县的古战道被不少专家学者称为"地下长城"名不虚传。为发展旅游事业，县委县政府将宋辽古战道与"两白一城"等景点连在一起，并弘扬杨家将的爱国主义精神，曾策划设计了占地1000亩的宋辽历史文化风情园，并集中力量开发宋辽古战道大台景区。大台遗址东西长90米，南北宽73米，据传为杨六郎的点将台，是已经发现的古战道中最为典型、保存最完整的一处古代遗迹。2003年点将台修复工程竣工并对外开放。此后又筹资5000万元在点将台门前修建了古文化一条街。

此外，雄县的古玩文化也颇为兴盛，其中张岗乡的古玩文化起源较早，可追溯至宋辽时期。雄县的古玩市场始于1978年。20世纪五六十年代，雄县张岗乡一些农民走村串户收买古瓷、古董到北京等地交易。后来又跑遍全国各地，并自发在张岗集市上开辟了古玩市场。京津及周边县市的收藏家、古董爱好者及一些名人也都来雄县张岗乡淘宝。然而，由于受极左政策影响，张岗古玩市场逐渐销声匿迹。进入21世纪，县委县政府规划出32亩地投资建设了20000平方米的雄州古玩市场。工程分两期建设。一期建筑面积5000平方米，投资1200万元。2008年3月，一期工程投入使用并陆续有商户入驻。现入驻经营商户30余家。每周一是雄州古玩市场的集市，共有摊点近300个，古玩城年交易额约1.2亿元。市场辐射京津及周边市县和东北三省共十几个省市。二期占地30亩，建筑面积15000平方米，包括商业门店、多功能演示厅、交易大棚展厅、餐饮、住宿等配套设施。现已完成投资4070万元，完成建筑面积9500平方米。每年春、秋两季各举办一次交流会，并邀请国家级文物鉴定专家来此鉴定，大大提高了雄县古玩市场的知名度。张岗乡是雄县古玩市场的发源地，精明的张岗人历来对古文化有一定的研究，于是便在"仿古"二字上做起了文章。他们从"中国雕刻之乡"曲阳买来半成品，经过十几道加工工序，最终制成了仿古石雕。技艺高超的师傅可根据顾客需求，仿制出不同时代的石雕，其产品非常受市场青睐。据调查，潘家园的仿古石雕90%来自雄县张岗。现在，张岗乡已形成了张一、张二、张三、张四、南庄子等多个从事仿古石雕加工的专业村，生产作坊逾百家，从业人员上千人，并形成了以李凤山、李志国、李勇厚为代表的仿古石雕特色团队。在仿古石雕产业的引领下，仿古瓷器、竹雕、木雕、铸铜、古砚等仿古工艺品成为当地农民增收的新渠道。为将仿古产业做大做强，张岗乡党委、政府全力建设张岗乡石雕文化市场。该市场地处旅游路和张开路交汇要道之处，规划占地两百241亩，目前已入驻企业28家，年产值达3亿元左右。2014年5月，张岗乡被中国民间文艺家协会命名为"中国仿古石雕文化之乡"，"中国仿古石雕文化研究中心"同时授牌。

　　目前，雄县全县已形成各类花会89道，形式有踩高跷、大秧歌、狮子会、龙灯会等，遍布全县9个乡镇，参与人员4000余人；业余剧团和歌舞演出团达到24个；以龙湾镇为中心的商品书画从业者达200余人，其书画产品远销北京、天津、广州及韩国；先后成立了耕余书画社、白洋淀诗书画院等民间书画组织，雄县美术家协会每年组织民间书画者举办专题书画展览。此外，该县还组织各类文化人才和爱好者先后成立了"京剧协会""戏曲联谊会""武术协会"等群众性组织，并在组织协调、艺术指导、提供演出及活动场地等方面给予支持。各协会根据自身特点，除日常坚持活动外，每年均组织公益性演出，充分体现了文化事业服务社会的功能。可以说，通过当地非遗文化遗产、民俗文化和文化产业等的群众数量已经非常可观，如何挖掘雄县文化之根，通过对雄县区域特色文化的挖掘和整理，推动城乡公共文化服务基础设施一体化，促进公共文化服务的均等化、标准化并使其与产业发展融合发展，丰富雄县城市文化内涵，以最快速度融入到雄安新区未来的公共文化服务体系构建当中。

附件

表3-14　雄县公共文化服务需求与满意度调查受访者类型

受访者类型		频率（次）	百分比（%）	有效百分比（%）	累积百分比（%）
有效	政府广场居民	64	33.9	33.9	33.9
	村民	60	31.7	31.7	65.6
	白洋淀诗书画院	9	4.8	4.8	70.4
	古玩城	2	1.1	1.1	71.4
	古栈道	5	2.6	2.6	74.1
	仿古石雕	9	4.8	4.8	78.8
	专家和政府官员	30	15.9	15.9	94.7
	酒店工作者	6	3.2	3.2	97.9
	非遗人员	4	2.1	2.1	100.0
	总计	189	100.0	100.0	—

表 3-15　雄县公共文化服务需求与满意度调查受访者性别

性别		频率（次）	百分比（%）	有效百分比（%）	累积百分比（%）
有效	男	124	65.6	65.6	65.6
	女	65	34.4	34.4	100.0
	总计	189	100.0	100.0	—

表 3-16　雄县公共文化服务需求与满意度调查受访者年龄

年龄		频率（次）	百分比（%）	有效百分比（%）	累积百分比（%）
有效	18 岁以下	8	4.2	4.2	4.2
	18~25 岁	28	14.8	14.8	19.0
	26~30 岁	9	4.8	4.8	23.8
	31~40 岁	21	11.1	11.1	34.9
	41~50 岁	35	18.5	18.5	53.4
	51~60 岁	56	29.6	29.6	83.1
	60 岁以上	32	16.9	16.9	100.0
	总计	189	100.0	100.0	—

表 3-17　雄县公共文化服务需求与满意度调查受访者职业

职业		频率（次）	百分比（%）	有效百分比（%）	累积百分比（%）
有效	学生	24	12.7	12.7	12.7
	专业人员（如医生、教师、律师、科技人员等）	28	14.8	14.8	27.5
	企业公司一般职员	14	7.4	7.4	34.9
	企业公司管理者	4	2.1	2.1	37.0
	政府机关工作人员	34	18.0	18.0	55.0
	自由职业者	29	15.3	15.3	70.4
有效	个体经营者	48	25.4	25.4	95.8
	其他	3	1.6	1.6	97.4
	退休人员	5	2.6	2.6	100.0
	总计	189	100.0	100.0	—

表 3-18　雄县公共文化服务需求与满意度调查受访者收入水平

	月均收入	频率(次)	百分比(%)	有效百分比(%)	累积百分比(%)
有效	1500 元及以下	28	14.8	14.8	14.8
	1501~3000 元	77	40.7	40.7	55.6
	3001~4500 元	43	22.8	22.8	78.3
	4501~6000 元	21	11.1	11.1	89.4
	6001 元及以上	20	10.6	10.6	100.0
	总计	189	100.0	100.0	—

表 3-19　雄县公共文化服务需求与满意度调查受访者受教育程度

	教育程度	频率(次)	百分比(%)	有效百分比(%)	累积百分比(%)
有效	初中及以下	82	43.4	43.4	43.4
	高中	60	31.7	31.7	75.1
	大专	16	8.5	8.5	83.6
	本科	27	14.3	14.3	97.9
	研究生及以上	4	2.1	2.1	100.0
	总计	189	100.0	100.0	—

表 3-20　雄县公共文化服务需求与满意度调查受访者城乡分布

	村民和县镇人	频率(次)	百分比(%)	有效百分比(%)	累积百分比(%)
有效	村民	60	31.7	31.7	31.7
	县镇人	129	68.3	68.3	100.0
	总计	189	100.0	100.0	—

表 3-21　雄县公共文化服务需求与满意度调查受访者收入划分

	低收入和高收入(以每月 3000 元为准)	频率(次)	百分比(%)	有效百分比(%)	累积百分比(%)
有效	低收入	105	55.6	55.6	55.6
	高收入	84	44.4	44.4	100.0
	总计	189	100.0	100.0	—

表 3-22　雄县公益性文化演出活动满意度

		频率（次）	百分比（%）	有效百分比（%）	累积百分比（%）
有效	从来没去过	4	2.1	2.1	2.1
	非常满意	15	7.9	7.9	10.1
	比较满意	46	24.3	24.3	34.4
	一般	101	53.4	53.4	87.8
	不太满意	18	9.5	9.5	97.4
	非常不满意	5	2.6	2.6	100.0
	总计	189	100.0	100.0	—

表 3-23　雄县群众性文化演出活动满意度

		频率（次）	百分比（%）	有效百分比（%）	累积百分比（%）
有效	非常满意	15	7.9	7.9	7.9
	比较满意	62	32.8	32.8	40.7
	一般	100	52.9	52.9	93.7
	不太满意	7	3.7	3.7	97.4
有效	非常不满意	5	2.6	2.6	100.0
	总计	189	100.0	100.0	—

表 3-24　雄县公共文化服务总体满意度

		频率（次）	百分比（%）	有效百分比（%）	累积百分比（%）
有效	非常满意	16	8.5	8.5	8.5
	比较满意	45	23.8	23.8	32.3
	一般	98	51.9	51.9	84.1
	不太满意	22	11.6	11.6	95.8
	非常不满意	8	4.2	4.2	100.0
	总计	189	100.0	100.0	—

表 3-25 雄县雄安新区公共文化服务建设跨越发展期待程度

		频率(次)	百分比(%)	有效百分比(%)	累积百分比(%)
有效	非常期待	102	54.0	54.0	54.0
	比较期待	74	39.2	39.2	93.1
	一般	5	2.6	2.6	95.8
	不太期待	6	3.2	3.2	98.9
	与我们无关	2	1.1	1.1	100.0
	总计	189	100.0	100.0	—

第四章

民生与民情

　　雄安新区的建设包括经济建设、社会建设、民生建设、文化建设等方面，其中民生民计更是重中之重。为深入了解当地居民对于新区建设的诉求，解决居民面对实际民生问题，调研组通过实地采访等方式，就雄安的经济状况、城乡居民的就业、收入及支出水平、公共文化服务参与状况和文化消费水平进行了小范围的、深入实地的乡情民愁考察，为新区日后的发展提供真实可信的参考资料。

第一节 欣喜、阵痛、融合与憧憬
——雄安新区成立后雄县居民的民生心态与走向调研报告

2017 年 4 月 1 日,中共中央、国务院决定在河北雄县、容城、安新三县及周边部分区域设立雄安新区。雄县位于华北平原,河北省中部,保定地区东北部,白洋淀北岸,辖 6 镇 3 乡 223 个行政村,人口 39 万,地势平坦、宽阔,面积 524 平方公里。同时,雄县是雄安新区规划内的三县中占地面积最大、工业和经济基础最好的县。从新区成立之日到 5 月 24 日踏上雄县的土地,短短 54 天,从河北省不知名的县城成为"国家大事,千年大计"的国家级新区,雄县变化之大可想而知。

雄安新区的建设,包含经济建设、社会建设、民生建设、文化建设等方方面面。不仅是产业结构、发展模式的转型升级的问题,关于"人"的民生民计更是新区建设的切实之重。民生与民计涵盖当地居民日常生活的衣、食、住、行、就业、娱乐、家庭等方方面面。雄县作为雄安新区规划内的 3 个县中人口数量最多的县,其民生民计建设更为重要。为了深入了解雄县居民对于新区建设的诉求,解决当地居民面临的实际民生问题,雄安发展研究院对雄县的葛各庄村、大步村、张岗乡张二村、红西楼村以及黄湾村的居民进行了充分的田野调查,通过实地采访等方式,以探寻雄安新区成立后,当地居民心理诉求与民生民计的发展导向。

一、新区不同职业群体背后的民生心态

来到雄县,"国家大事,千年大计"的八字标语在街道横幅、灯牌上随处可见,作为疏解北京非首都功能的国家级新区,雄安新区所承担的特殊使命和将来所发挥的作用远非其他新区建设可以比拟,每个雄安原住民都清楚,未来的雄安新区势必要打造成一个绿色生态、交通便捷、经济发达、开放共享的国际大都市,但是目前雄县居民就是生活在一个粗放型工业模式下。在新区成立 50 天后,他们的心态也发生不少波动。在我们采访调查的民众中,葛各庄农村淘宝服务站的闫小四表示,自己一直处于极度兴奋的状态下;城关镇的司机郭安则已经陷入迷茫;大步村的企业家陈善忠处在极度忧虑中;红西楼村的退休医生张树人和黄湾村的李德房则已非常

平静。为何雄县居民心态变化如此不同？通过采访发现这与他们的职业以及所处的位置有莫大的关系。

（一）欣喜与浮躁交织——工薪阶层的切身体会

雄安新区的成立，对于当地的居民，不论经济上还是民生建设上都是巨大的历史性的突破。成立之初，每个新区居民的激动心情都难以言表，但在新区成立 50 天后的现在，有的人的心情逐渐沉淀下来，有的依旧十分兴奋。葛各庄农村淘宝工作人员闫小四就是其中之一，他说："习总书记曾说过要实现中国梦，现在我们就像做梦一样很快就要梦想成真了，我们（新区人）这个梦比其他人的梦做得都好。"被问到当地居民是否有浮躁情绪时，他表示自己每天都在关注新闻，不管是搬迁也好，征收也好，他相信国家都会使老百姓得到实惠。公共服务的建设也会使当地的医疗、教育、文化的发展更完善。"我们以后老有所养了，小的（学生）教育条件也会提升，听说北京大学都要来这边建校，以后肯定会越来越好"，闫小四说。

但此行中与我们交流最多的司机师傅郭安则表示，包括他在内的身边朋友已经陷入浮躁情绪。他说，在听到新区成立的消息后大家都非常高兴，激动得睡不着觉，但随之到来的种种拆迁问题、失业问题又让当地居民开始沉不住气。郭安在雄县拥有一套商品房、一套住房，但是其中一套房的用地问题不是很正规，他自己也不知道拆迁后自己到底能得到多少。身边的很多朋友也和他一样，由兴奋转向浮躁情绪中。

（二）忐忑与焦虑——企业家及个体经营者的不安

在雄县调研座谈会，不少民营企业家也道出心中的忧虑。改革开放近 40 年来，雄县一直依赖民营企业带动经济发展，但新区成立就面临着产业转型的问题，这些民营企业家都非常担心自己成为雄安新区产业升级的牺牲者，有的人甚至几日难眠。其中，河北泰斗线缆有限公司的负责人许领华提出，虽然电线电缆属于传统产业，但不是落后产业。早在 20 世纪 80 年代，该企业一年的纳税额已达到 100 万元，也重视产业创新，积极进行产学研一体化建设。在 2008 年北京奥运会时，其产品曾经供应鸟巢、水立方等 14 个场馆建设，同时也对我国高铁工程贡献巨大。他说："新区建设需要传统产业外迁，我们能够做到坚决服从中央的要求，但其实 90% 的企业家都是不愿意外迁的，外迁就意味着产业链的断裂，技术、人才、管理的断裂"。据悉，泰达线缆有限公司是家族企业，是祖孙三代打拼的结果，许领华面对巨大的压力与危机，内心极度不平衡，他不想停工，也不知道搬迁后到底去哪。他说：

"在雄县，大部分民营公司都是家族企业，如今从员工到老板都是人心惶惶，几十年的心血和工人怎么办？我们国际业务不能接，因为不知道哪一天厂子要结束。我们不能为新区的发展设立障碍，但是我们切实的问题怎么办？我们700多位员工怎么办？"同时他也提出了自己的建议，他说道容城在距离该镇5公里的地方建设了服装小镇，国家能否在雄县也建设此类园区或小镇，给传统产业留有一线存活余地。

雄州镇的边宏亮说："在雄县有很多小作坊性质的小型个体经营者，这样的个体经营者一年少说也要赚10万~20万。这段时间，雄县有多种形式的就业调查，其中有的微信公众号发布的就业调查选项只有保姆、管道工等，各种体力和劳动类工作。很多居民的思想就是，我多小的老板也是老板，再高级的管家也是一线工人，对于这些小老板来讲非常没办法接受。国家说要让群众有获得感，但现在这些个体经营者就有很大的心理落差感。"

（三）浮躁退去后的平淡——退休老人的坦然

虽然浮躁的群众有很多，但很多退休老人的心境已趋于平和。红西楼村的赤脚医生胡树人说："新区建设肯定是好的。绿化、环境、教育肯定会越来越好的，国家建设需要我们的帮助，我们肯定积极配合国家拆迁。"在谈到拆迁补偿的时候，胡树人说："国家给多少补偿就是多少，这国家规定的。"但其实，胡树人大儿子的二层小楼刚刚装修完，建了整整4年，这栋房子倾注了他们一家人很多心血与金钱，可能过不了多久就会被拆。访谈结束后，胡树人的老伴极力邀请我们去看看儿子家建的小楼，得知我们因时间紧张需要马上离开后，老人小声呢喃了一句："拆了真可惜啊。"一声叹息也道出了老人对国家建设的支持以及牺牲小我后的坦然。

黄湾村的政府退休人员李德房说："雄安新区的成立对于当地居民来说绝对是个巨大的好事。首先，对于我们老年人来讲，生活待遇肯定是提高了。其次，新区的主要功能是疏解非首都功能，日后我们这里的起点肯定就提高了。"被问到新区居民面对工作、拆迁的焦虑问题时，他表示："我觉得以后新区要是建成了，肯定会有很多大企业，不是说只有污染型企业需要用人，大企业肯定也需要用人，高层需要用人，低层不也需要用人吗？保安、环保都需要用人的。对于我这个年龄的人，算是个老人了，新区也不是一年两年就能建成的，怎么着也得十年八年了，就不会特别迷茫。我觉得现在的人迷茫，是担心自己现在的地、房没了。其实，国家肯定会在新区完善养老，地没了，国家得适当的给予补偿，我有时候也会劝劝他们这些人。"

二、雄县产业升级背后的民生阵痛

雄县四大产业为乳胶制品业、纸塑包装业、压延制革业、电器电缆业，技术完备，产业链条完整，从业人员众多，产值突破 100 亿元，属于普遍的"富民行业"，百姓生活富足安详。但现存产业的科技含量较低，产业附加值低，规模小、群体多，以中小企业居多。随着雄安新区的建设，一系列高污染、高耗能的企业陆续停工，在进行大规模的治理提升、企业停工、产业升级的背后，也隐含着深刻的民生问题。

（一）支柱产业停工对企业家的痛伤

伴随新区建设，当地的乳胶制品业、纸塑包装业、压延制革业、电器电缆业都面临着高污染、高耗能、产业层级低等问题，不少企业家也愿意在新区建设国际化标准的要求下积极整改更换设备，缓解因环境污染等带来的问题。但是目前规划政策没出来，对于企业家如何与新区产业布局进行承接，很多人的感受都是"看得见，摸不着"。大步村为雄县的乳胶企业主要聚集地，全国 80% 的气球来源于此。根据大步村乳胶企业家陈善忠的介绍，目前该村所有的乳胶工厂均已按照"两断三清"，即断水断电、清厂房、清设备的要求停工。之前，为符合该地环境保护的要求，他们已经维护、整改、更换了环保设备和机器。但是乳胶产业的机器"一拆必废"，不易搬迁，若是整体搬迁，那机器只能被白白浪费掉。陈善忠说，虽然停工了，但该厂工人的工资照发，外地工人也并未离开雄县，仍然处在观望状态中，希望在工人安置等问题上得到政府更多更实惠的政策和财力支持。

（二）产业链断裂，整个县城陷入失业危机

雄县的四大支柱产业都是呈产业链条发展的，在大规模的治理整改、产业的转型升级背景下，大企业的停工意味着整条产业链的断裂，也就等于小企业、小作坊的停工，意味着当地工人以及低层次加工者的失业。

雄州镇的村民边宏亮说："雄县这边，塑料产业是呈产业链发展的，家家户户都有一个塑料小作坊，买一台机器只要 3 万块钱，一年能净挣 10 万~20 万。现在大厂子给拉闸停电不让干，小作坊也没有订单，妇女和老人本来还可以做点'计件'活补贴家用，一天多少也能赚个六七十块，现在也不能做了。"红西楼村的胡树人介绍到，他的大儿子以前主要负责跑塑料货运，有两辆大型运输车，在大企业停工后，货运的数量骤减，只能赋闲在家，自己的老婆和儿媳也没有包装加工活可做，

有些无所事事。葛各庄农村淘宝服务站的工作人员闫小四介绍说，葛各庄村民的主要工作都与塑料产业有关，属于劳动力密集型废旧塑料的回收加工业。青壮年装车卸车一天能赚200元，年过半百的老人每月捡废品都能赚个2000多块，整个村子都以塑料产业为纽带凝聚到了一起。产业链的断裂，使雄县整个县城的居民面临着沉重的失业问题。

三、由政府牵头，引导雄县居民的民生走向

20世纪90年代以来，为了促进改革开放，推动经济的快速发展，国家已相继批复十多个国家级新区，雄安新区同样命名为新区，但就其地位而言，已远非其他一般的新区所可以比拟。雄安新区的设立传递了许多重磅信息，绿色、生态、智慧、人文、创新是雄安新区发展的关键词。然而雄县原有企业不符合新区的产业发展定位，企业和劳动者又应该怎么面对转型阵痛期，所有的雄安原住民都清楚未来的雄安新区势必要打造成一个绿色生态、交通便捷、经济发达、开放共享的国际大都市，但是在那之前呢？政府如何化解新区建设的阵痛，守住民生的底线，增强居民的获得感，都是新区建设中的重中之重。

（一）各级领导干部勤政务实，传达政府心声

雄县旅游发展局的高局长这样说道："2017年的4月1日，听见大家说国家要在雄县、容城和安新建设雄安新区的时候，第一反应是今天愚人节吧，后来看到新闻联播上连着播了几天的新闻才明白是真的，于是开始兴奋，这可是千年一遇啊，作为雄安人太自豪了，一下子感觉自己成了亿万富翁一样，于是开始膨胀起来，连着膨胀了好几天，接着所有的工厂、在建房屋全部都停了，有很多人失业了，于是开始人心惶惶，议论纷纷，百姓开始迷茫起来，大部分的人肯定是要搬走的，可是搬去哪里？国家怎么给补偿？原有工厂不让继续经营，这些都是大问题，是切身的问题，如何处理？接着就是观望期，因为政策不下来，我们干着急也没用，现在我们最需要的应该是淡定。"与此同时，高局长以雄安当地人的切身体会高瞻远瞩地指出在雄县向雄安转变的过程中，需要明确三点：第一，明确转变的方向，坚持中央的领导；第二，争取压缩转型期；第三，在压缩的过程中肯定有痛，但是一定要降低疼痛，给老百姓以获得感。

黄湾村的基层干部这些天来没闲着，采访中一位基层干部说道："建设新区大

家都很乐意，但是现在企业都停了，老百姓该干什么呢？当务之急就是安抚百姓，给人信心，国家说给人以获得感，我们也会把这些信息适时地传递给民众，现在村里的很多在建房屋都停了，老百姓有怨言，我一方面要管，一方面也心疼他们。"所以，对于基层干部来说，一定要将政府的决策"先安置，再拆迁"传达给民众，要让心里没底的群众先心里安定下来。

培养、选拔党和人民需要的好干部在雄安新区的建设过程中尤为重要，大力加强领导干部的自身建设，不断提高领导能力和水平，不断地提高驾驭复杂局面的能力和战斗力是增强民众获得感，让百姓满意的关键所在。

（二）如何整改传统行业，给其生存空间

在雄安县因为国家的政策火爆之前，其本身就是一个藏富于民的县城，作为一个小县城却在很久以前就实行了车辆限号政策，可想而知当地民众的收入在全国同等规模的县城中算是可观的。雄县人杰地灵，改革开放近40年，雄县人民创造了辉煌的业绩。这里有着"中国塑料包装产业基地""北方最大的安全套生产企业"等让雄县人民引以为傲的称号，另有数据显示，中国包装业对GDP的贡献是4%，其中塑料包装占到70%，雄县的包装产业能够占到GDP的70%。拉动了本地50%以上的就业。新区的成立使得雄安人喜忧参半，塑料这种传统的企业污染问题很难在短时间内解决，对于一些大的企业来说，可以去其他地方投资办厂，迁址再建，但是对于很多的小工厂来说，本身资金就有限，不管是关闭还是搬迁都将是一大损失。

传统塑料行业的去留问题成为萦绕在雄安民众心中挥之不去的难题，对于大部分靠传统行业养活一家老小的人来说，尽快出台相关的就业安置政策安抚民心成了当务之急。从雄县到雄安的转变过程中，如何将传统企业与高新技术企业相结合，从而做大、做强使之变成另一种企业，或者将污染性的企业集中到一起，然后集体进行无公害、无污染的处理，这样才能保证给当地企业留有生路，在经济发展的过程中保证民生，照顾民意。

（三）安置普通百姓，照顾大众民意

除了在当地发展的小企业以外，目前处于迷茫期还有很大一部分当地的群众，对于那些祖祖辈辈生活在这片土地的人来说，雄安未来会变成一个经济发达、人民生活高度现代化和国际化的大都市。随着大量优质教育资源、医疗资源的涌入，雄安当地人的生活水平一定会越来越高，所有人都知道未来的雄安是可媲美深圳和上

海的大都市，但是对于当下的雄安居民来说，人们更关心的是自己是不是要搬离祖祖辈辈生活的地方，自家小作坊式的生产方式势必要发生变化，土地被政府征用如何安置，为了娶媳妇在建的房屋被要求停工该怎么办？自己工作的工厂被勒令停止如何养活一家老小？我们常说要提高民众的获得感，那么在这种切实关乎民众幸福的事件中政府如何做出决策成了重中之重。我们也了解到，近一个月来政府已经抽调了1000多名驻村干部，实现了3个县557个村的全覆盖，这些工作组入企入户了解群众诉求，为征地拆迁、搬迁安置等开展相应的工作，在探访的过程中，当地的干部不断地做群众的工作，老百姓也纷纷表示绝对响应政府的号召，为建设雄安新区贡献自己的力量。

四、居民自我疏导，融入雄安新区建设

（一）居民自我疏导，坚定建设信心

在我们采访间隙，每一位居民都表达了建设新区前期的迷茫和彷徨，但是无一例外又都表达了对于未来的信心，他们说得最多的就是"政府肯定想让人民好嘛，政府肯定是为了让人民生活的好嘛，我们相信政府。"黄湾镇的赤脚医生胡树人说："我天天看《新闻联播》，政府说了先安置，再拆迁，我们相信政府，我们不怕，也很开心。"雄安新区的建设不是一时半会能够完成的，这是一个长期的规划，在这样长期的时间内，民众的心态也会不断地调整，政府适时地教导、疏解能够保证百姓的想法及时被顾及到，最重要的是百姓自己能够对国家充满信心，对政府充满信心，这样雄安新区的建设才能够顺利完成，老百姓才能够切切实实的得到实惠。

（二）提升自身能力，融入雄安新区

随着雄安新区的建设逐渐加快，各个产业都会得到较大的发展，借鉴上海浦东和深圳的经济发展结构可以知道，未来的雄安新区对于高层次人才的需求将会大幅度增加，部分新兴产业的发展带来特定专业人才的紧缺，政府需要提供相应的技能培训机构来帮助雄安的青年提升技能，不断提高自身竞争力。当然，打铁还需自身硬，要想跟得上未来的发展步伐，雄安原住民需要适时地提高自己的学习能力和自身技能，因为雄县传统的四大行业纸塑包装、压延制革、乳胶制品、电线电缆因其自身的高耗能、高污染性质，一些不适应未来新区发展的产业或将面临转型和淘汰的危机，企业在面临转型升级的同时，在厂工人需要及时调整自己的就业心态和就

业能力，将未来的就业方向定位于第三产业和高新技术产业，从而朝着这些方向努力，只有这样才能适应这个日渐发达、节奏加快的家乡。

结语

雄安新区成立后，雄县的产业结构以及当地居民的生活发生了很大的变化，解决当地的民生问题的确亟不可待。本文基于雄县田野调查的成果，从当地居民的民生诉求以及不同主体的民生走向两个方向进行分析，总结出雄县不同职业群体背后的民生心态、雄县产业升级背后的民生痛伤、由政府牵头引导雄县居民的民生走向、雄县居民自我疏导融入雄安新区建设四部分内容。虽然本文指出了雄县发展的很多问题，但是当地群众对新区建设后的公共文化建设仍然充满期待，相信在当地政府、雄县居民以及国家政策的扶植下，雄县的教育、卫生、文化、体育和社会福利设施一定会进一步改善和提升。

第二节　留住乡愁，科学规划
——白洋淀地区乡愁民情现状调研报告

一、调研目的、原则与方法

（一）调研目的

2017 年 4 月 1 日，中共中央、国务院印发通知，决定设立河北雄安新区。这是以习近平同志为核心的党中央作出的一项重大的历史性战略选择，是继深圳经济特区和上海浦东新区之后又一具有全国意义的新区，是"千年大计、国家大事"。在宣布决定设立新区的背景之下，小范围的、深入实地地对乡愁民情的考察，对雄安新区未来整体发展战略是一种必要的补充。因此，本调研着重将目标放在雄安新区的安新县白洋淀地区，深入了解当地村民目前的生活状态和所思所想，为新区日后的发展提供真实可信的参考资料。

（二）调研原则

关于此田野调查，有以下两方面需要明确。第一，此次田野调查，要将当地传统现状和新提政策放到同等重要的地位上看。从婚丧嫁娶到饮食风格、从公共教育到文化消费，传统的乡土风俗是当地百姓安身立命的根本。而从中共下发关于设立雄安新区的决定之日起，当地人民的日常生活必将受此影响。新与旧的关系纵横交错，对任何一方面的低估都将曲解真实的情况，进而可能对雄安新区日后的发展做出误判。在这个地区大的变迁过程的初始阶段，正确地了解当前的现状与问题，将有助于引导这种变迁趋向于我们所期望的结果。第二，在一个制度还没有完全确立起来的时候，复杂的社会情况不能保证大家都合力朝着一个方向迈进。一个个体过去的经验和对目前形势的了解以及对未来的期望，都会影响整个地区的发展进程。是拥护还是抵抗，都出于对自身利益的巨大考量。而此政策的提出又是从宏观的视野上为人民谋福祉，因此，即使出现个人短期利益与新区长期建设的矛盾也实属正常。重要的是，如何能够不对事实进行误述和歪曲，从而最大限度地化解矛盾而不是激化矛盾，是调研记录时首先需要注意的问题。总而言之，本调查报告将以事实为依据，实事求是地对当前形势或情况进行准确的阐述和分析，了解乡民们的真实想法和所处的实际境地，为确保新区朝着令人满意的趋势发展贡献微薄之力。同时，此报告也是这个地区正在经历的一个巨大变迁过程的见证。

（三）调研方法

本报告主要通过实地观察法和人物访谈法，深度了解白洋淀地区的民情现状，着重反映白洋淀地区普通民众目前的生活状态。同时，了解当地民众在得知新区设立后所关注的问题和对未来生活的忧虑和畅想。最后，基于现实，进行对白洋淀乡愁民情的思考，包括如何安置当地民众，如何留住乡愁，如何实现新旧生活方式的有效衔接等。

二、调查区域概况

根据费孝通先生的田野调查法则，研究人员有必要把自己的调查限定在一个小的社会单位来进行。这是出于实际的考虑，调查者必须容易接近被调查者，以便能够亲自进行密切的观察。因此，我们的调研小组将视角放在白洋淀地区大淀头村和圈头村两个村子上。

（一）地理状况

1. **大淀头村地理状况**

大淀头村隶属于安新县端村镇，位于白洋淀畔，西距安新县城9华里，素有"京南水乡第一村"之称。大淀头村是一个纯水区村，"靠水吃水""因水而兴"，有着700多年的捕捞史。

2. **圈头村地理状况**

圈头村位于河北省保定市安新县城东南，隶属于圈头乡，地处"华北明珠"白洋淀的中心，是安新县唯一的纯水区乡，素有"鱼米之乡"的美誉。明永乐十三年（1405年），官方从塞北口外小兴州迁来陈、张、夏三姓人口定居于此，圈头村无论在村域面积还是人口数量上都在白洋淀周圈居首，故得圈头村名。圈头村四周环绕大小淀泊29个，面积50.2平方千米，人口2.65万人（2002年）。辖11个行政村，乡政府驻圈头东街村。

（二）经济状况

1. **大淀头村的经济状况**

由于大淀头村位于白洋淀畔，以往，打渔是当地主要的经济来源方式。然而，在当前的实地调查中发现，打渔人寥寥无几，码头坐着的都是上了年纪的老人。据了解，当地的年轻人大部分都外出到北京、天津等地打工，很少有人守着打渔这一行业。究其原因有两点：其一，如果有人将白洋淀部分水域承包，那么其他人就不能够在此地打渔，只能到外地，很多人会去离家较近的天津。其二，打渔是一份非常辛苦的工作，一般一走都是八九个月，吃住都在船上。打渔的人会自己带一个液化罐，在船上自己做饭。晚上就睡在仓板下面，大约有两米多长的地方供人睡觉，一般能睡两个人。"打渔真的挺辛苦的，现在没什么年轻人愿意打渔。我家虽然是世代以打渔为生，但是到我儿子这里，他在北京、天津这块儿做生意，我孙子也在北京打工。都不打渔了。"这是大淀头村一位77岁的村民告诉记者的原话。由此可见，临水的大淀头村已很少依赖传统的"靠水吃水"，而是谋求更多的生存发展空间。

2. **圈头村的经济情况**

圈头村的经济和它所处的地理位置有很大关系。它离白洋淀有些距离，所以打渔不是当地传统的经济来源。而在实地的调查中发现，当地造鞋业很发达。村里的鞋厂发展有一段时间的历史了，从最开始的10来家鞋厂，到现在的四五十家。这些鞋厂对解决当地就业有着突出贡献，规模小点的鞋厂雇用十几人，规模大的能达到好几百人，村中80%的人都在鞋厂流水线上工作，每天的工资大概200元，一年下来可以挣八万到十万甚至十几万元不等。

（三）教育情况

1. 大淀头村的教育情况

大淀头村只有一个小学——大淀头小学，东淀头、西淀头村的小孩儿都是在这个小学读书。整个小学差不多有将近400名左右的学生，这里的老师多是代课老师，有些老师年纪也比较大了。当地有条件的家庭都把孩子送到县城去读书了，没条件的就在村里唯一的小学将就。整体来看，村里读大学的人很少，读到高中毕业的也不多，很多人初中毕业甚至小学毕业就会出去打工。

2. 圈头村的教育情况

圈头村的总体受教育情况不是很理想。村民对孩子的教育重视程度都相对较低。据了解，村里面好多人小学毕业就去了鞋厂工作，这些大大小小的鞋厂承担了村里面80%人的工作，因此村民大多不愁自己的孩子今后的就业问题。除此之外，孩子们受教育情况的不理想和较差的教育基础设施有着紧密的联系。据了解，圈头村只有一个小学，有些离学校远的家庭小孩上学很不方便。另外，师资力量实在紧缺。一个学校10个职工里面有9个是老师，很多老师岁数比较大，而且不是专门的师范学校毕业。在教学风气上，老师们在课堂上还会保留知识，不把知识讲完、讲透，而是在校外独自开设补习班，通过补习班将正常上课的内容补充回来，这样可以获得一份另外的收入。据了解，很多孩子都会去补习班上课。

（四）生活习俗

在日常饮食或婚丧嫁娶等生活习俗上，两村有很多共性。在日常饮食上，鱼、虾是最常见的食材，鱼的做法主要是炖和熏。除了饮食，在目前被炒得很热的结婚彩礼问题上，两村也有着相似之处。通过村民我们了解到，以前村民结婚五六十块钱就够了，最多家里再买点镜子、暖壶、扫帚什么的。现在结婚，要先有小礼，再大礼。小礼一般是五六万，然后要买"三金"。再接着是大礼，大礼一般要二三十万，大礼有的还讲究"三斤三两""万紫千红一片绿"，而且好多家里都还要求在县城必须有一套商品房。有的甚至还问男方家里有几个变压器，变压器多就意味着你家里工厂的规模。所以，村里结婚，一般都是看对方经济条件如何，而不怎么关心两个人是不是有共同语言。另外，村里家家户户几乎都想要生男孩，如果第一胎是女儿，肯定是要再生一个男孩，所以当地几乎每家每户都有男孩。村里年轻人男女比例差别很大，男多女少，有一部分男孩因为这个原因，再加上家里条件一般，30岁左右了都还没结婚。结婚也一般是本地找本地的，不过也有那些家庭条件一般的会找外地媳妇儿，这样能稍微负担得起。

（五）文化消费

大淀头村有村民文化中心，里边有棋牌室和图书室，但平时一直锁着门，没有人进去，只有在领导检查时才会开放。大部分村民不知道村图书室的存在，年轻人一般都是去网吧和餐馆进行休闲娱乐，年龄大的人就聚在村口的码头上聊天、打牌。圈头村有一个影剧院兼文化中心，但只有一个牌子挂在那，影剧院门前堆满了芦苇杆，门内则是一间废弃的杂物室，没有发挥作用。两个村都有庙会，大淀头村的庙会每5天一次，圈头村则在每年的4月份有3天大庙会，会有很多民俗及非物质文化遗产表演，包括著名的圈头村音乐会。整体上，两个村的公共文化基础设施匮乏，文化消费活动很少，与当地的经济发展水平很不适应。

三、新政策与旧生活的碰撞

（一）新政策的出台与影响

1. 新政策的必要性和可行性

站在新的历史起点上，规划建设雄安新区，具有重大现实意义和深远历史意义。从宏观来看，它是北京非首都功能疏解集中承载地，可以有效缓解北京的"大城市病"，调整优化京津冀城市布局和空间结构，加快构建京津冀世界级城市群。从地方发展来看，它有利于加快补齐区域发展短板，提升河北经济社会的发展质量和水平，培育形成新的区域增长极。综合来看，该区域区位优势明显、交通便捷通畅；生态环境优良、资源环境承载力较强；水资源比较丰富，可满足区域生态用水需求；人口密度低，现有开发程度较低，发展空间比较充裕，具备高起点高标准开发建设的基本条件。

2. 新政策对旧生活的影响

虽然设立雄安新区的消息在2017年4月被首次提出，但实际上安新县当地房地产早在半年前就已被冻结，有关房子的一切事项全部被叫停。"盖到一半的房子不让盖了，装修到一半的也不让装修了，盖房子的装修房子的都失业了，到处都是盖到一半停工的房子。"这是村民对新政策下来对生活影响的原话。虽然其他的改变到目前来说没有发现，物价基本上没有上涨。虽然房地产交易被叫停，但楼市已经处于"无市有价"的状态，房价飞快地涨，特别是安新县城，已经翻了十来倍。

（二）对未来生活的忧虑

在政策还没有明朗之时，村民心里普遍存在着两个互相矛盾的想法。一个是觉得通过这个政策，能让自身得到不少好处。自家的房产、土地在征地拆迁过程中都会得到一定的补偿。另一个想法却有些伤感，土生土长在这个地方，真要离开还有点舍不得。在采访一位老人时，他表示现在生活挺好的，虽然有时候会有雾霾，但是总体环境还不错。在白洋淀生活了一辈子了，不想走。这里有熟悉的人，熟悉的路，不愿意搬到楼房里去。还有一些小有成就的企业家更是为自身的发展忧虑，怕失去当下的利益。有的人从最开始就持否定态度，比如饭店老板。就目前来看，新区的设立没有给他们带来任何好处，所有的建筑都停了，建筑工人、装修工人失业，基本上没什么人来吃饭了，对生意的影响比较大，有时候几天不开张，餐厅也因为没有顾客而艰难维持。有些村民家庭较为特殊，家人身体有残疾不能做别的工作，又没有文化，什么也做不了，如果以后这片地方变成了以高精尖产业为主导时，他们会不会失业。还有一种对补偿担忧的。目前当地居民的宅基地是有永久使用权的，基本上家家户户都是房子前面作为商店做点小买卖，后面就是自己家住房，这种模式祖祖辈辈都这样。一旦这种生存模式变了，村民心里就会焦虑。即使会补偿一套房子，他们又以何谋生呢？在这片区域，民风淳朴，村民相处得都很融洽，新区一旦开始动工发展，大家就要各奔东西，很多村民表示会很怀念这个有人情味的地方。

四、对白洋淀乡愁民情的思考

（一）留住乡愁

在2013年12月12日至13日召开的中央城镇化工作会议上，中共中央总书记、国家主席、中央军委主席习近平强调，城市建设水平是城市生命力所在。城镇建设，要实事求是确定城市定位，科学规划和务实行动，避免走弯路；要体现尊重自然、顺应自然、天人合一的理念，依托现有山水脉络等独特风光，让城市融入大自然，让居民望得见山、看得见水、记得住乡愁。2014年3月7日上午，习近平出席全国人大、政协两会。在参加贵州代表团的审议时，他曾说，正确处理好生态环境保护和发展的关系，是实现可持续发展的内在要求，也是推进现代化建设的重大原则。绿水青山和金山银山绝不是对立的，关键在人，关键在思路。保护生态环境就是保护生产力，改善生态环境就是发展生产力。他还说，一个地方的幸福很重要，要记得住乡愁。

多次提到的"乡愁"概念，用在此刻的雄安新区恰如其分。即使这个地方人口密度低、开发程度低，发展空间充裕，如同一张白纸，具备高起点高标准开发建设的基本条件，也并不代表它就是一张真正的白纸，里面还是会包含大量民俗风情在，在建设新区的过程中也要照顾好这些原住居民所面临的现实难题。当新一代信息技术，包括大数据、物联网、云计算、无人技术等以及航空航天、机器人等现代走在国际前沿的新产业及相关的产业、机构在新区落地，作家孙犁笔下的白洋淀就将成为历史，在这个地方生活了一辈子的村民也就有了"乡愁"。

在规划建设雄安新区时，党中央、国务院提出要突出"四个坚持"：坚持世界眼光、国际标准、中国特色、高点定位；坚持生态优先、绿色发展；坚持以人民为中心、注重保障和改善民生；坚持保护弘扬中华优秀传统文化、延续历史文脉。如果能将这四个坚持落到实处，真正做到以人民为中心，因地制宜地制定政策，做好现状传统产业的整合和升级，做好就业保障，统筹好移民搬迁和城镇改造，让搬迁农民融入城镇生活，这样才能将新区建设成一个有人情、有乡愁的和谐之城。就像习总书记说的那样：每个地方都要有让大家留念的东西，不要小看这种幸福感，因为这种幸福感能留得住人。

另外，推动新区建设，不能断去人们对故土历史文化的记忆，更不能剥夺人们对故土亲情、邻里甚至氏族文化脉络的传承以及精神上的依恋。有些地方靠盲目造城、改变农民户口来推进"城镇化"，简单地以"舍小家为大家"的理念一味地将农民"连根拔起"，而"离乡烦躁症"和"落叶生根"的传统思想与粗暴城镇化之间的碰撞，导致了许多社会矛盾。"乡愁"是铭记历史的精神坐标，工业化、城镇化不能割断乡愁，保护好这份珍贵的记忆，靠的是科学的理念、科学的规划、科学的管理。

（二）科学规划

要做到党中央、国务院提出的新区建设7大任务，首先要做好规划。要坚持先谋后动、规划引领，配合国家有关方面，集聚全国优秀人才，吸纳国际人才，组织编制好雄安新区相关规划，把每一寸土地规划得清清楚楚后再开工建设。完善新区经济社会发展、交通一体化、新型城镇化、土地利用等规划体系，切实推进多规合一，确保一张蓝图干到底。其次要管控。依法依规抓好区域管控，贯穿于拆迁安置、规划布局、项目建设、管理运营各个环节。再次要提出好的政策。强化政策支持保障，加大政策创新力度，最大限度地提高政策效能。重点要积极探索体制机制改革创新。

建设好雄安新区，最重要的是要坚持以人为本，不断增强市民的获得感和幸福感。亚里士多德曾说过："人们来到城市，是为了生活；人们居住在城市，是为了生活得更好。"要统筹生产、生活、生态三大布局，建设优质公共设施，提供优质公共服务，打造优美生态环境，构建蓝绿交织、清新明亮、水城共融的生态城市，不断提高城市发展的宜居性，让老百姓得到更多实实在在的实惠。

综上所述，虽然规划还在初始阶段，很多政策还不明朗，还有来自各方的憧憬和忧思。从宏观视野来看，雄安新区的设立的确是千年大计、国家大事；从微观来看，在建设的期间会有很多家庭、个人或企业的离合悲欢。但最重要的是，它提供了一种可能性，一种为中国北方再度激起活力的可能性。

第三节 调整结构、改善民生、加强教育
——容城经济、文化、教育状况调查报告

2017 年 4 月 1 日，中共中央、国务院宣布设立雄安新区的决议之后，对于如何建设雄安新区一时间成了街谈巷议的热门话题。建设雄安新区，首先要搞清目前雄安新区规划范围的现状、问题和诉求。5 月 25—26 日，中国传媒大学雄安新区发展研究院调研组共 22 人赴雄安容城进行调研，先后走访了容城镇午方东庄村、北城村、沟西村和贾光乡城子村几个村子，就容城的经济状况、城乡居民的就业、收入、支出水平、公共文化参与状况和文化消费水平进行了深度访谈。此外，调研组又走进容城县城子小学、容城县第一中学（初中）和容城县高中进行田野调查，初步了解了当地的教育状况、问题以及诉求。

一、容城经济状况调查

（一）容城县情及近五年经济发展情况

容城位于京、津、保三角腹地，距北京、天津均为 120 公里，距保定 50 公里，

具备完善的交通体系，保津城际铁路、保津高速公路贯穿全境，1小时可到达北京、天津。县域面积314平方公里，辖5镇3乡、127个行政村，人口26万。

近年来，容城县通过大力推进产业结构调整，形成了以服装业为主、四大支柱产业竞相发展的良好局面：一是服装特色产业。容城服装产业经过近40年发展，成为县域特色支柱产业。2006年，容城被中国纺织工业协会和中国服装协会评定为"中国男装名城"和全国纺织产业集群试点。目前，全县共有服装企业920家，销售收入亿元以上企业12家，从业人员7万余人。产品涵盖西服、衬衣、休闲、棉服、内衣、裤装6大系列，年产各类服装4.5亿件（套），2016年，服装业完成产值256亿元，比2011年增长57.9%，年均增长9.6%。通过实施品牌战略，涌现出一批省著名商标和省名牌产品，现拥有国家精品1个、国家免检产品1个、25个省级著名商标，位居河北省前列。二是机械制造、汽车零部件产业。拥有汽车照明、数控机床、食品机械、服装机械制造企业30余家。来福汽车照明、嘉利食品机械两家企业获得"高新技术企业"认定，"科技小巨人企业"达到7家，"河北省科技型中小企业"达到193家。三是箱包、毛绒玩具产业。毛绒玩具产业蓬勃发展，全县加工户达到1170家，从业人员1万余人，箱包产品出口20多个国家和地区。四是食品加工产业。拥有食品生产企业45家。2016年，汽车灯具、食品加工、箱包、毛绒玩具等产业完成产值60亿元以上。

2016年，全县生产总值完成59.4亿元，比2011年增长21.9%，年均增长4%；规模以上工业增加值完成16.8亿元，比2011年增长31.7%，年均增长5.7%；近5年来，谋划实施重点项目217个，竣工项目116个，累计完成投资178.6亿元，经济增长内生动力不断增强；省级经济开发区获省政府批准，产业发展平台作用初步显现；社会消费品零售总额完成44.9亿元，比2011年增长84.5%，年均增长13%。金融形势更加活跃，各项存款余额113.9亿元，比2011年增长87%，各项贷款余额58.7亿元，比2011年增长2.2倍，有力支持了县域经济发展。现代农业园区建设稳步推进，设施蔬菜年产量达到20万吨，粮食总产稳定在20万吨以上。人民群众生活水平逐步提升，城乡居民收入分别完成2.3万元、1.5万元，比2011年分别增长43.7%和75%，年均分别增长7.5%和11.9%。

（二）农村居民就业、收入、支出现状

民生调研组先后采访了容城镇午方东庄村、北城村、沟西村和贾光乡城子村几个村子，对当地居民的就业、家庭收入及支出状况进行了调查。

1. 午方东庄村就业、收入、支出现状

容城镇午方东庄村总人口约为1300人，400余户，耕地面积2200余亩。当地村民少有离开县城外出务工的情况，接近一半的劳动人员选择在村外的县城服装厂等工厂务工，大概100人在本地建筑行业工作，少部分以务农为生。管控期间，建筑业受到冲击较为严重，建筑工人大多处于待业状态。一般来说，在工厂务工人员每月收入大致达到5000元，建筑行业收入以日结为主，基本能达到每日150元以上，村民年人均收入为3万~4万。村民家庭消费支出较为宽裕，80%~90%的农户有小车，几乎家家有电脑，嫁娶的彩礼钱在10万元以上。但对于付费进行文化消费的比例非常低。

2. 北城村就业、收入、支出现状

容城镇北城村总人口约为4900人，1700余户，耕地面积6000余亩，是容城镇第二大村，"容城三贤"中的孙奇逢就是北城村人。北城村有三大姓氏：孙、李、刘，村民人均收入达1万元以上，村民主要就业方向为服装业、建筑业以及家具加工业（主要为实木和钢木门厂商），居民支出主要在购房、教育、购车及医疗方面，大约10%的村民在县城购房，对于村民个人，文化消费仍旧占比很小。北城村近年用村里的集体资产，斥资200万元自建了占地6亩的孙奇逢纪念馆和文化园作为文化设施，村里也不时会举办秧歌曲和集会。

3. 沟西村就业、收入、支出现状

容城镇沟西村总人口约为2780人，700余户，耕地面积3200余亩。村内有服装厂30余家，建筑厂10余家，村内有一块集体菜市场，年收入可达160万以上，菜场旁边有一部分批发市场，同样也是属于集体资产，村中还建有30多片蔬菜大棚，平均每棚年收入在7万~8万，村民基本在服装厂或建筑队工作，部分从事运输业（拉煤、拉沙）。沟西村集体资产较丰富，不但可支撑村民的部分福利，比如额外的种子农药化肥补助和为55岁以上老人发放春节慰问金，还承担了一部分村内公共服务的建设，比如在2012年用集体资产投入600万元改建沟西小学。沟西村属于城中村，村民文化活动包括广场舞、篮球、乒乓球、羽毛球等运动，但在支出上同样文化消费只占很小的一部分。本村嫁娶的彩礼钱在5万元左右。

4. 城子村就业、收入、支出现状

贾光乡城子村是比较特殊的一个农业村，它和以上几个村有较大差别，虽然大部分青年女工人就职于本地服装加工厂，青年男工人大多外出至北京从事建筑工作，但城子村的主要产业是蔬果种植业，村内大部分村民都是以散户的模式经营蔬菜大棚。一年两熟制前提下，每个大棚平均每年成本在 7000~10000 元不等，利润在 10 万元左右。城子村曾经是典型的贫困村，作物单一，只种植西瓜，当地昼夜温差大，培育出的西瓜比较甜，市场销路好，但没有大的起色。自 2000 年该村聘请山东农技师培训西瓜苗嫁接种植技术以来，城子村克服了传统西瓜种植必须倒茬的不足，并探索了西瓜与脆甜瓜、蔬菜等多种作物混种、接茬种等搭配种植的新模式。同时，在保持种瓜优势的基础上，城子村在作物品种上也有所扩展，包括茄子、辣椒和西红柿等，熟制为一年两茬。在蔬菜大棚发展的起初时期，技术和资金力量较为薄弱，政府出台了一系列的扶植和贷款惠民政策。目前，贾光乡城子村的农产品包括西瓜、甜瓜、西红柿、辣椒等均经过了国家的绿色食品认证。在城子村的产业发展中，当地村长以及村支书也在带领村民摆脱贫困的道路上发挥了不容忽视的作用，他们通过帮助村民贷款、引进较为先进的种植技术等举措，积极发挥先富带动后富的作用，帮助当地村民找到了能够依靠的营生，从十几年前的贫困窘境，走到了今天人人一亩地，每年多则可盈利 10 万元之多的致富之路。此外，城子村还注册了蔬菜水果品牌——城乐牌，并取得了绿色食品认证。

（三）发展模式总结及展望

以上几个村庄的发展，可以总结成 3 种模式。

第一种是平稳发展，稳步推进的"午方东庄模式"。午方东庄村囿于环境区位及自身限制，没有很好的发展优势，但当地干部较好地完成了基础任务，比如及时落实国家政策，执行省委市委县委的决定，在午方东庄村的村委会可以很明确地看到村委会对当地政策及时地进行了公布和落实，同时，从党员承诺我们也可以看出，村委工作以维护稳定、促进和谐为主，午方东庄村村民对当地村支书也非常尊敬，一般村内的红白喜事都邀请其参加。从村里的整体看来，没有出现大的矛盾和"掉队"现象。

第二种模式是集体资产带动发展的"沟西北城模式"。沟西村和北城村二者都有集体资产，沟西村集体资产来源主要是属于集体土地的部分遇上县城开发，改建成了蔬菜市场和批发市场，有了长期的收入，北城村的集体资产来源主要为土地征收过程中的集体提留款，在基础设施建设过程中，政府对北城村的相关土地资源进行了征收，给予相关补偿，补偿的一部分以提留款的形式补充进村集体资产。二者拥有集体资产后，开始借助集体资产来帮扶基础设施建设和村民发展。

第三种模式是先富带动后富的"城子村模式"，在城子村的发展中，当地村长以及村支书在带领村民摆脱贫困的道路上发挥了重要的作用，他们通过引进先进种植技术，克服了传统西瓜种植必须倒茬的不足，并探索了多种作物混种、接茬种等搭配种植的新模式。同时，在保持种瓜优势的基础上，城子村在作物品种上也有所扩展，包括茄子、辣椒和西红柿等，熟制为一年两茬。同时帮助村民贷款、开拓营销市场等举措，帮助当地村民走上了致富之路。

同时也应当看到，容城县几个农村的经济发展也是中国农村的缩影，传统的农业结构和农业生活难以留住年轻人，城乡之间的差距使得少有人愿意回到农村继续传统的耕种。要解决这个问题，可从两方面着手。

首先是对传统的小农经济进行升级，一是运用新技术和新制度把农业规模化集体化，二是为传统产业插上"互联网+"的翅膀，用好网络平台来开拓农业市场。

其次是城市的发展要带动周边农村，而不是一味的从中抽取劳动力，应当合理布局规划，做好城市农村联动，提高农村基础设施建设水平同时也让其承担一部分城市功能。

二、容城文化民生状况

容城民生调研小组深入午方东庄村、沟西村及北城村等地走访，对当地的文化民生状况进行了考察，初步掌握了容城农村民众的文化生活风貌。

（一）容城农村公共文化设施及公共文化活动状况

1. 午方东庄村

午方东庄村现有 1300 人，占地 2200 亩，村建规模中等偏小。村中青年劳动力大多进入本地服装厂打工，务农劳动力年龄偏长，多为中老年人。每户家庭平均年收入 3 万~4 万元，每户平均有 3~4 口人。村民收入水平不低，超过 80% 的家庭拥有私家车。

（1）电影

政府开展的"电影下乡"工程在当地有所落实，平均每月至少放映电影一次，但由于如今家家户户都有电视机，因此看电影的人并不多。电影的类型主要以抗战片为主，意在弘扬主旋律和正能量，传播主流文化，但存在电影类型单一的问题。村民对

"电影下乡"工程的满意度较低，观影热情并不高涨，出现供需错位的现象。

（2）读书看报

村内设有"农家书屋"，书目种类齐全，但几乎无人问津，书屋形同虚设，使用率低，村民对阅读的需求不高。村内固定的文化活动场所往往是几室合一，综合性较强但区分度较弱，开展文化活动的规模和接受公共文化服务的空间十分有限。

（3）广场舞

村中有一支舞蹈队，规模在20人左右，每天活动时间集中在早晚两餐过后。村民会自发组织广场舞比赛，这种自发组织的文化活动具有较强的号召力和参与度。

由此可见，公共文化服务不能是政府单方面的供给和民众被动的接受，而要充分释放老百姓的文化积极性，充分发挥民众的主观能动性和文化创造力，科学引导民众组织并参与优秀的文化活动，避免填鸭式的文化输送，最终沦为形式主义。

（4）文艺演出

原来每县都有剧团，后来均被取消。村中没有上级组织的下乡演出活动，村委会需要自己花钱请营利性演出团体到村中演出。当地文艺演出匮乏，公益性的演出活动少，文艺演出消费缺口大。

2. 沟西村

沟西村现有农业人口700多户。村中产业以服装产业，建筑业和运输业为主。村中每人平均年收入在0.8万~1万元。

（1）电影

政府组织的电影巡回放映活动响应人数不多，影片放映以老片为主，每月一次，每次约有30人观看。村民对电影放映活动表现冷淡，集体观影的意愿不高，放映的影片不符合新时期受众的审美品位。

（2）广场文化活动

沟西村文化活动用地较多，广场和小花园成为村民茶余饭后的好去处。广场舞队有20人的规模，平时会组织广场舞比赛。广场活动包括抖空竹、九节鞭、羽毛球和篮球等。

3. 北城村

（1）孙奇逢纪念馆

由村中征地补偿余留资金出资修建的孙奇逢纪念馆是当地一处著名的公共文化

活动场所，占地 6 亩。纪念馆的落成对传播容城"三贤文化"，挖掘北城村的历史文化资源，开发名人故里旅游，传承民族精神有着十分重要的意义。

（2）文化园及休闲广场

2014 年建成的文化园占地 4 亩多，并配套建有 3 处休闲广场。平时广场上会组织广场舞活动，邻近村庄的人也会赶来参加，规模可达 70 人之多，参与者多为女性，老少皆有。男性的文化娱乐活动主要是闲聊和下棋。

（3）叉会和小车会

舞叉和开小车是当地的一项民俗文化活动，有几百年的历史。村中拥有这项技艺并与会的表演者有 30 余人，逢年过节或者在庙会上村民会自发组织叉会和小车会。

耍叉表演者以古代兵器花叉为主要道具，以鼓、钹、打击乐为主要配器，最早的表演内容为《五鬼拿刘氏》。共 136 个动作，其基本技巧有迎面花、手串儿、鲤鱼挺身、倒流水等。表演有单、双叉之分，叉头有单、双叉头之分，可单人耍，也可双人、众人耍，一人耍双叉，两人耍三叉等。早些年，当地耍叉爱好者会组织一种庆祝节日、相互切磋的表演集会——叉会。现在，北城村尚存 30 余名耍叉艺人，他们并不以此为生，而是当作一种业余爱好，体现了对民间艺术的认可和传承。目前，耍叉名列国家第二批非物质文化遗产名录，希望未来能够得到更好的保护。道具小车是一架彩车，即用竹木绑扎，上饰彩绸和丝线做的车帐子。中间用数根木方打榫，两侧加护栏柱，并留出艺人表演的六角孔做一车排子。排子下面蒙布，挂车围子并绘上车轮图案。

小车会表演，是一个小车道具中坐着一个人（实际是站立行走，盘着的腿为道具）；前面一人拉车，俗称大丑婆，是主角；后有一人推车，三人为一体，虽角度不同，动作却协调一致，犹如一个完整的小车在行走。表演时以拉车人、推车人、坐车人及伴车人在小车行进中的平路、上坡、下坡、轧车等动作进行夸张表演，以扭为主，一步三颤，表演者 5~7 人，古装打扮，以唢呐、锣、鼓、钹等打击乐伴奏，曲调欢快、活泼。其中，大丑婆是整个舞蹈中演员与乐队的总指挥，他不仅要完成自己的动作，还要有"眼观六路、耳听八方"的机敏。表演中既要有女性特点，又要有男性的力度。特别是在其腰身的左摆右晃中，给人以幽默、滑稽之美。小车会舞蹈的基本步法为丁字步、踏步、云步、旁弓步、前弓步、大八字步半蹲、十字步、推车蹲裆步等。

（二）容城公共文化服务中存在的问题及诉求

1. 文化基础设施普遍落后

通过考察我们发现，容城农村整体的文化基础设施普遍处于落后甚至空缺状态，虽然当地政府均提供农家书屋和电影放映，但其图书的流动性欠缺，下乡电影院线热映大片很少。尤其是午方东庄村和北城村的文化基础建设问题尤为突出，除了政府提供的公共文化服务，社会提供的文化服务以及文化设施基本没有；总体来看，文化基础设施建设普遍落后，有待改善和提升。

2. 居民文化参与度较低

当地政府对于公共文化，如农家书屋以及公共电影播放，提供了一些基本的文化服务，但群众的普遍认同感以及参与度较低。

由于长期以来秉承的生活方式，对于当地的群众而言尤其是老人，没有形成看电影或是阅读的习惯。

随着经济文化的发展，对当地的年轻人来说，除了物质上的需求，也更加注重精神上的追求，文化需求特征逐渐趋于多样化。然而政府所提供的公共文化产品和服务不能切实满足年轻人的精神文化需求，公共文化服务供需错位，公共文化服务的供给侧改革迫在眉睫。

3. 公共文化服务的功利性较强

享受公共文化服务是提升个人文化素养，促进人的全面发展，丰富百姓精神食粮的手段。当前村民的文化素质水平相对较低，物质生活与精神生活的失衡问题日益严重，不利于村民健全人格的培养。而农村公共文化服务的功利性和指向性较强，往往把文化作为务农及婚丧嫁娶的附属品，让文化失去了提升村民整体素质的价值，容易造成文化的物质化和工具化。

（三）容城居民文化消费的状况

1. 午方东庄村

看电视是当地村民最喜爱的文化消费活动之一，有线电视服务费用支出及电视机购置费为主要成本。有线电视初装费 800 元，续费每年 26 元，多为集体安装。村民平时喜欢看新闻类节目，说明当地人对国家大事抱有较高的敏感度，对外界信息充满好奇心，具有一定程度的社会洞察力。村中部分住户有电脑且能够通过宽带上网，宽带费每月 50 元。上网群体以年轻人为主，但在移动互联网愈加成熟的时代背景下，微信逐渐成为较为普及的一种通信工具。

2. 沟西村

当地配套的仅有一家电影院，可在线选座支付，票价每场 40 元，优惠季影院爆满，观影人群从青年到中老年均有覆盖。当地文化消费场所类型多样，包括 KTV、台球厅、网吧、书店、电影院和旱冰场。大多数文化消费场所都能物尽其用，利用率较高。

（四）容城居民文化消费存在的问题

1. 文化消费意愿低迷

通过走访我们发现，容城农村村民的文化消费意愿普遍低迷，在文化上没有形成付费的习惯，有偿的文化消费匮乏，享受公共文化设施和服务并自发组织参与活动是当地人满足精神文化需求的主要方式。目前容城各村的经济发展水平参差不齐，在比较富裕的村庄文化消费场所较多，人均文化消费支出在可支配收入中占有一定比例。然而在经济欠发达的村庄，文化消费几乎是空白。因此，经济收入的高低直接影响到文化消费的能力，也是养成文化消费意愿的必要前提。此外，当地人对待文化的消极态度也是文化消费意愿低迷的一个重要原因。在村民看来，跳广场舞和看电视已经能够满足他们消费文化的欲望，达到了休闲娱乐的目的，没有必要再去花钱找乐子。尤其是村中年长的村民对新生事物的接受度普遍较低，拒绝接纳有一定接受门槛的文化产品，而年轻人又忙于工作无暇进行文化消费，导致农村文化出现断层，消费意愿低迷。

2. 文化消费形式单一，场所缺乏

由于缺乏价位合适的文化消费场所，当地群众的文化参与以及消费的形式非常单一。尤其对于午方东庄村和北城村村民而言，文化消费几乎为零，居民可以选择的文化参与形式基本是跳广场舞、观看公共电影或者打麻将，而一个月放映一次的"下乡"电影连当地的中老年人也很少会看，受众规模很小。相比来说，沟西村的群众文化参与以及消费形式选择更加多样化。但即便如此，容城整体上的文化消费形式同质化现象严重，缺乏多样的文化消费场所，可选择的文化消费活动少，缺乏文化创新意识和市场开拓思维。

3. 文化消费的代际缺失

通过调查我们发现，当地村民不同年龄及性别的人群有着不同的文化消费习惯。

年长者基本没有文化消费意识，自娱自乐是他们文化生活的真实写照。而年轻人有消费意愿却无消费时间，有消费资金却无消费去处。这种恶性循环导致农村文化消费日渐亏空，文化产业发展缺乏消费动力，文化市场萎缩严重。

（五）对策建议

1. 推进农村公共文化服务的供给侧结构性改革

开展定制化和菜单式的对口文化服务是公共文化服务供给侧结构性改革的核心命题。公共文化服务的供需错位使得文化的落地性大打折扣，造成大量公共文化资源的浪费。在充分掌握当地民众公共文化需求的基础上进行精准服务，发挥民众自身的文化创造力，激发文化自觉意识，使社会力量积极参与到公共文化服务的建设中。

2. 加强对群众自发组织的文化活动的科学引导

群众自发组织的文化活动普遍具有较高的参与度，且形式多样、内容丰富、灵活性强。然而这种自发活动往往缺少科学引导，容易出现低俗化、失序化和组织的盲目散乱等问题。自娱自乐和自给自足的文化活动是充分彰显村民文化活力，发挥村民参与文化生活主观能动性的有效举措。我们要对村民自身的文化创造力充满信心，通过科学方法的引导提升文化活动的内涵，最大程度地释放文化效能，传递正能量，弘扬优秀传统文化。

3. 生产具有独特性的文化产品，建设多样化的文化消费场所

文化产业与文化事业有所不同，其核心是为了满足群众差异化、多样化的文化消费需求。文化消费的增长有赖于文化产品内容的独特性和多样性，有赖于具有一定排他性的文化消费场所的营造。文化产品一旦失去了满足多样性、差异化文化消费需求的功能，就会被免费的公共文化服务所替代。因此，在建设多样化的文化消费场所的同时，要根据不同层次的文化消费需求生产多样化的文化产品。

三、容城教育情况

（一）容城教育资源现状

容城县过去曾经实施三级办学制度：由村级政府管理小学，由乡镇政府管理初中，由县政府管理高中。2004 年，经过国家教育部推进的教育体制改革，容城各级学校归由县教育局统一进行管理。根据容城县政府信息公开平台的数据显示，截至2011 年 12 月，容城县共有各级各类学校 78 所，其中，普通高中 1 所、职业高中 1

所、初中 11 所（含民办初中 2 所）、小学 63 所（民办小学 2 所）、特教学校 1 所、县教师进修学校 1 所，幼儿园 40 所。中小学生 26942 人，其中，普通高中 2930 人、职教中心 912 人、初中 7450 人、小学 15650 人。全县教师 2796 人，其中，高中 366 人、初中 594 人、小学 1488 人、幼儿教师 348 人。❶

2017 年 5 月 26 日，容城民生调研小组走进容城县城子小学（以下简称容城小学）、容城县第一中学（初中）和容城县高中进行田野调查。具体情况如下。

1. 容城小学

容城小学是容城规模最大的小学，共有 1600 名学生和 74 名教师；学校有 6 个年级，每个年级 4 个班。容城小学的硬件设施齐全，条件相对于同县其他小学较好。容城县小学阶段的教育实施"学区制"制度，因此容城小学的生源主要是学校附近社区居民的孩子。师资方面，容城小学的教师大多是从河北省内师范院校毕业的，教师的初始学历 90% 为中专学历。

2. 容城镇第一中学

容城镇第一中学是县内唯一的公办初中，现有学生 600 余人，80 位教职工，占地 53333 平方米，主要学校格局为"功能楼+教学区+操场"。容城镇第一中学于 1996 年建校，其前身是容城小学的初中部，后来两校分别建校。从生源上看，该校具有城乡接合部特征，来自农村和城镇的孩子共同入校学习。从师资上看，该校教师大多具有大专以上学历。

3. 容城县高中

容城中学同样也是县内唯一的一所高中，1952 年建校，目前有在校生 2520 人，教师 241 人。容城县高中于 1952 年建校，曾经在 20 世纪 80 年代有过短暂辉煌，在保定市高考排名位居前五；21 世纪以来教学成绩起起伏伏，至今升学率保持在 15/1000，培养出的尖子生 3 个考入清华大学，一个考入北京大学。

（二）课外文化活动开展状况

容城学生的课外文化活动开展状况呈现出两极化趋势：一方面是小学生课外文化活动呈现出形式多样、丰富多彩的特点；另一方面是高中生因学习压力大，从未进行过课外文化生活。

---

❶ 容城县政府信息公开平台［EB/OL］.（2011-12-19）［2017-02-15］.http://rcxxpt.cn/index.do？templet＝content&id＝{AC100002-0000-0000-43D6-179000000006}&cid＝100%20271.2011.12.19

　　容城小学的学生课外文化活动丰富多彩，除了常规的学科教育外，学校还开设了第二课堂，同学们可以根据自己的兴趣选择如国学、软笔书法和戏曲等课程。与此同时，学校还有7个兴趣社团，比如：小记者、书法、朗读者、画画等，学生都表现出了浓厚的兴趣，根据自己的兴趣自愿参加，通过一定的选拔后进入社团，能够得到相关老师的专业指导。另外，容城小学也会组织学生参加一些校外活动，以环保宣传活动居多，以及去北京等高校游学活动。课间操时间，在容城小学一年级的教室里，我们采访到了一位名叫孙雨孜的同学，当询问到最喜欢什么课程时，孙雨孜同学不假思索地回答道"画画"。

　　与积极活跃的小学校园氛围相比，容城高中校园的课外文化活动就显得相对沉寂。高中学生学习压力大，基本上没有什么自己的业余空闲时间，所以并没有什么课外活动。不管是家长，还是学生、老师都以学习、考试为重心，周边各个学校也都是两个星期放一次假、三个星期放一次假，甚至四个星期放一次假的都有。沉重的学习压力、繁忙的课程安排和时间短促的假期，让容城高中的学生们基本告别了课外文化生活。

（三）容城教育存在的困难及问题

1. 教师性别比例失衡

　　容城小学和容城第一中学现阶段教师队伍呈现出明显的性别比例失衡。容城小学的74名老师中只有5名是男教师，其中3人还在担任实职领导或将要退休，实际承担教学工作的男教师只有2人。容城中学也只有14名男教师，其中多数男老师任职管理层，不直接带领班级讲授课程。教师队伍女性化是当前中小学教师结构中普遍存在的问题，而且这种比例失衡无法通过补充师资力量得到自然改善，多方面因素的共同作用导致"阴盛阳衰"，这也成为难以破解的教育顽疾。

　　事实上，相对于社会对男性教师所普遍存在的刻板印象，男性教师在学校的日常教育及管理过程中不可或缺。

　　第一，男教师数量缺失不利于长期培养学生健全人格。学生长期浸泡在几乎由女性一手打造的课堂环境中，就像生活在一个缺少父亲角色的家庭中，性格和气质上会自然而然呈现女性化倾向，最直接的表现是校园中出现更多所谓的"娘娘腔"和"假小子"。性别特质的缺失往往会持续伴随孩子的成长，所以调整教师性别比例至关重要。

第二，教师性别单一在学生心理和生活疏导方面会严重受阻。比如说由于女教师和男生的生活状态以及兴趣爱好存在差异，因此在对男生的心理疏导方面，女教师也明显缺乏优势。

第三，在某些科目上，男教师可能相对女教师而言更具优势。比如一些强调理性思考的学科，数学、物理、化学等，对老师的逻辑思维能力要求更高，虽然女教师同样能够胜任这一角色，但是男教师往往表现更加突出。

2. 教师年龄结构老化

受访的小学和中学均出现了教师队伍老龄化的问题。容城小学40岁以下的教师只有1人，目前学校最年轻的女教师也已经31岁，是两个孩子的母亲了。容城镇第一中学的教师中更是有许多到达了退休年纪依然坚守在教学的第一线。"老师们完全凭借职业道德在坚持。"校长无奈地说道。缺少新生力量的学校中必然缺少活力，对学生追赶时代脚步是不小的阻碍。这既与本地区对人才的吸引力较低有关，也与政策的支持和引导不足有关。

3. 优质生源流失严重

在生源方面，中学、高中都表现出明显的优质生源外流的现象。学习成绩好、家里又有经济条件的，基本上都会选择去更大的城市、更好的学校读书。这也是导致学校升学率下降的直接原因。

以容城第一中学为例，在2000年，该校的发展迎来了全盛时期，每个年级最多时有12个班，在校生多达2000名，其中一般人都能考入高中；然而，从2005年开始生源数量和质量逐渐下滑，2008年学生萎缩至300人，一个班级50人中仅有10人左右能考上高中。探究学校生源萎缩的原因，一方面是农村人口低迷，另一方面是学生择校意愿强烈，生源流向教育质量更高的学校。经过管理整顿，目前该学校学生规模已增至600人。面对生源流失的问题，根本原因在于本地教育吸引力缺乏，民办教育和其他地区的优质教育将好的生源夺走。

（四）对教育发展的期望和诉求

在走访过程中调研组发现，无论小学、初中还是高中，师生们对雄安新区的建设都充满了期望，对于将来雄安新区的建设能够提供优质的教育平台而感到兴奋。在容城小学，学生们用画笔画出了自己心目中未来雄安新区的模样。从这些作品中看到的不仅是孩子们丰富的想象力，更看到了雄安新区灿烂的明天。

谈到对雄安新区的未来展望，容城第一中学的崔红梅校长既怀有期待又抱有疑问和担忧，她提起了该校令人头疼的建设问题。数年前，当地政府拨款 400 万给容城第一中学盖宿舍楼，结果盖了一层就搁置了，原因是政府决定将整个学校搬迁到城南新区。正当新校区建设如火如荼，学校师生对此满怀期待之时，雄安新区的成立再次使搬迁的工作陷入停滞。"我们更希望未来的建设能尽快落地，同时多考虑学校的需求，因地制宜地展开新区规划。"

雄安新区的成立对于容城教育界具有积极影响，体现在以下几个方面：一是管理和用人机制的改革，容城高中一直是县级管理，在资金划拨和用人招聘上需要反复请示县政府，在县级管理下教育资源的不足是限制容城教育质量的重要原因，而雄安新区成立后这种情况将发生变化；二是生源和师资会得到提高，随着高科技企业、央企等高层次企业搬迁过来，容城人口结构会发生变化，硕士和博士生等高学历层次家庭增多，生源质量自然提高，同时学校在雄安新区成立后也收到一些硕士师范生的求职书，未来师资力量会更加雄厚；三是当地教育需求将大幅度增长，目前服装、农业、毛绒玩具、建筑业吸收了大量廉价劳动力，使当地低学历人群也能找到对口岗位。但是未来低附加值产业会逐渐萎缩，使得低学历人群的就业空间缩小，同时，迁入的高新技术企业将带来大量新增岗位，而这些新增岗位将带动一批高素质人才的迁入。这一方面将增加当地的教育需求，例如，雄安新区成立后，容城高中年初辍学的 30 个孩子又回到学校接受教育，希望能考上大学寻找更好的就业岗位。另一方面倒逼容城提高其教育质量，以填平人才洼地适应新区建设要求。

第四节　产业即民生，转型即生命
——雄县产业转型中的民生状况调研报告

雄县是雄安新区 3 个县中占地面积最大、人口最多、工业基础最好的县。该地区主要产业为乳胶制品业、纸塑包装业、压延制革业、电器电缆业等。雄县的民营企业发展得比较早，经过 30 多年的发展累积出现了四大传统支撑产业。为了深入了解雄县居民对于新区建设的诉求，解决当地居民面临的实际民生问题，我们对雄县的葛各庄村、大步村、张岗乡张二村、红西楼村以及黄湾村的居民进行了实地采访，以探寻雄县产业转型升级背景下如何增强"民生温度"。

一、产业即民生：雄县居民的生产生活方式

雄县四大产业（乳胶制品业、纸塑包装业、压延制革业、电气电缆业）技术完备，产业链条完整，从业人员众多，普遍属于"富民行业"，百姓生活富足。但现存产业的科技含量较低，产业附加值低，规模小群体多，以中小企业为主。随着雄安新区的建设，一系列高污染、高耗能的企业陆续停工，进行大规模的治理整改。与此同时，雄县居民的生产生活方式也发生了变化。

（一）葛各庄村

葛各庄村位于雄县龙湾镇，根据农村淘宝服务站的工作人员闫小四介绍，葛各庄村绝大部分居民的工作都与塑料产业有关，主要为收废旧塑料，属于劳动力密集型产业。青壮年每天装车卸车能赚 200 元，年过半百的老人每月捡废品都能赚个 2000 多块，整个村子都以塑料产业为纽带凝聚到了一起。

（二）大步村

大步村为雄县的乳胶企业主要聚集地，被誉为"气球第一村"，全国 80% 的气球来源于此。根据大步村乳胶企业家陈善忠的介绍，目前该村所有的乳胶工厂均已停工，在停工的同时，必须按照"两断三清"的要求，注重环保设备的维护、购买，整改机器使之符合环保的需求。但是乳胶产业的机器"一拆必废"，不易搬迁，若是需要整体搬迁，机器只能白白浪费掉。陈善忠说，虽然停工了，但厂里的工人的工资照发，外地工人也并未离开雄县，仍然处在观望状态中。

（三）张岗乡

张岗乡的主要产业以仿古石雕、瓷器加工业为主，被称为"仿古石雕文化之乡"。但目前产业规模相对较小，从事石雕产业的大约有 2000 人。该地石料主要通过进口，并非在本地区直接开采，经过石料的精加工（仿古做旧）后售卖，面对市场主要为公园、寺庙等。根据张岗二村的石雕老板姚福生介绍，张岗乡的石雕每年产值超过 10 个亿，在北京的潘家园、高碑店等古玩市场都有大量的张岗乡人。

（四）红西楼村

红西楼村以纸塑包装产业为主，全村共 1400 人，除 50 岁以下出去打工的人之

外，全村共有约 900 人从事纸塑包装行业，多为小作坊性质的生产，污染性相对较高。据退休赤脚医生胡树人介绍，该村家家户户都是作坊，家里摆几台机器就是小工厂，包装印制出来后再以"计件"付费的形式发放给老人和妇女手工贴制，通过包装数量来算钱，村里的老人一天多少也能赚个六七十块。他的儿子以前主要负责跑塑料货运，企业停工后，货运的数量骤减，老婆和儿媳也不能"糊包"，有些无所事事。

（五）黄湾村

黄湾村地热水资源丰富，主要以塑料包装业和温泉度假旅游业为主。2014 年，该村建设新型居民小区，配套设施均采用城市标准。据该村郭砚强介绍，黄湾村约有 80% 的中青年从事塑料包装业，同时该村的合作医疗制度发展完善，学校学费全免，校服免费统一定制，村民福利较好。

二、产业转型：阵痛中民生建设不可或缺

雄县民营产业发达，四大传统支柱产业产值突破了 100 亿元，有着"中国塑料包装产业基地""中国气球第一村"等称号，普遍都属于"富民行业"，百姓安居乐业。通过调查发现，这些民营企业都是劳动密集型的产业，从业人员众多，本地居民产业工人超过了 70%；其次是这些企业大多规模小，家庭作坊多，覆盖面广；产业链条完整，然而科技含量低，属于高耗能和高污染企业；企业从业人员的素质水平较低，知识储备量小。雄安新区的成立对这些小企业主和产业工人来说喜忧参半，新区的成立给产业定位提出了更高的要求，把中小企业推到了风口浪尖。企业如何转型升级以适应新区的发展，是异地搬迁还是另立他业，产业工人的就业安置，都成为了不可避免的问题。

（一）从"雄县"到"雄安"的转变中民众的心理变化

雄县旅游发展局的高再学局长说，短短的两个月，雄县民众从怀疑到兴奋再到膨胀，接着所有的工厂、在建房屋全部都停了，有很多人失业，于是开始浮躁和迷茫起来。大部分都认为污染企业肯定要搬走或关停，这是切身的问题，如何处理？而现在是处于观望期，都在期待国家相关政策的出台。所谓，产业即民生，雄县1500 多家民营企业、12 万产业工人、无数的产业家庭在新区的建设中如何合理的安置，是民生的底线。

（二）阵痛转型中的企业家、劳动者

随着新区的设立，雄县产业也面临"脱胎换骨"的改造，一方面，传统制造业正面临着转型升级的巨大机遇；另一方面，一些不适应规划发展的产业和项目或将面临淘汰危机。在调研座谈会上，雄县发改局局长王玉明解释说，即便雄安新区政策没出来，针对雄县四大传统行业的"散、小、乱、污"企业，河北省也出台了相关政策进行整治和改善。毫无疑问，随着新区建设的推进，雄县传统产业会优胜劣汰，企业将会面临转型升级的机遇和挑战，转型既需要成本，也要关注企业下岗人员再就业问题。

1. 产业转型问题波及面广

大中小企业皆受挫，家庭作坊涉及面广。雄县是产业大县，民营产业发达，四大支柱产业不乏龙头企业。河北泰斗电缆集团有限公司三代创业，曾为鸟巢、水立方、辽宁号航母提供了强大的技术支持，虽然不是落后产业，但依然是属于传统产业。新区的建设无疑将为企业带来重大的机遇，目前是发展还是等待是企业急需解决的问题，90%企业不同意外迁，企业的外迁将会是产业链技术性和销售性的断裂；一旦企业停顿，银行贷款和工人的安置问题也将随之而来。大步村河北彤萱橡胶制品有限公司的负责人陈善忠告诉我们，企业目前已经停工了，产业工人目前只能领到基本工资，目前都在等待相关政策的出台。

对于雄县上千家中小企业而言，目前压力最大的是没有许可证的家庭小企业、小作坊。日前，《河北省集中整治"散乱污"工业企业专项实施方案》出台，要求2017年9月30日前，各地完成"散乱污"企业的规范整治任务。由于当地村民很多都是中小企业主，即使没有小作坊，也是在产业链上生存的。雄县红西楼村家家户户都是纸塑包装的小作坊，现在工厂被勒令停工，产业工人面临下岗，有一些企业刚购置的大机器只能转手低价卖出，造成很大的损失。

2. 产业工人综合素质低

雄县当时的产业都是低端的制造和生产加工，产品的附加值低。虽然当地的农民掌握了一定的技术能力，但是知识储备都非常有限，在企业转型的过程中，不能满足企业发展的需求。从职工的技术等级来看，大多为初、中级技术工人；从产业工人的学历来看，学历普通偏低，大部分只有初中文凭。企业主在转型升级过程中由于人才的缺乏也会面临很大的问题，而遭遇下岗的职工由于综合素质较低，也将

很难再找到合适的工作。在调研的过程中，工厂停产停工，以及如何再就业一直是雄县居民最为关心的问题。

三、民生大计：增强民众的获得感

产业转型升级，民生为要。雄安新区作为疏解北京非首都功能的重要承载地，绿色、生态、智慧、人文、创新是雄安新区发展的关键词。然而雄县原有企业不符合新区的产业发展定位，传统产业在政策的管控中如何转型升级？企业和劳动者又应该怎么面对转型阵痛期，政府如何化解新区建设的阵痛，守住民生的底线，增强居民的获得感，都是新区建设中的重中之重。

（一）各级领导干部勤政务实，传达政府心声

培养、选拔党和人民需要的好干部在雄安新区的建设过程中尤为重要，大力加强领导干部的自身建设，不断提高领导能力和水平，不断地提高驾驭复杂局面的能力和战斗力是增强民众获得感，让百姓满意的关键所在。调研采访中一位基层干部说道，建设新区大家都很乐意，但是现在企业都停了，老百姓该干什么呢？当务之急就是安抚百姓，给人信心，总书记说给人以获得感，我们也会把这些信息适时地传递给民众，现在村里的很多在建房屋都停了，老百姓有怨言，我一方面要管，一方面也心疼他们，所以，对于基层干部来说将政府的"先安置、再拆迁"的决策传达给民众，让心里没底的群众先心里安定下来。

（二）如何给传统行业留有一席之地

新区的目标是要打造一个高新产业的集聚地，也是一个创新创业的集聚地，但是没有说新区只能发展高新产业，现有产业一律迁出，要考虑现有的产业、工人的安置。当然，在新区规划中会对现有产业进行评估，不能有高能耗、高污染的产业，属于产能过剩的产业也要调节。

新区的成立使得雄安人喜忧参半，塑料这种传统的企业污染问题很难在短时间内解决，对于一些大的企业来说可以去其他地方投资办厂，迁址再建，但是对于很多的小工厂来说本身资金就有限，不管是关闭还是搬迁都将是一大损失。对这类企业，可以规划一个园区，把企业迁入，对接环保各部门；对于一些无污染的中小企业，政府应当鼓励这些中小微企业提升再造能力或者是转型升级，应该给予必要的政策引导与资金扶持。

（三）安置产业工人，照顾大众民意

除了在当地发展的小企业以外，目前处于迷茫期的还有很大一部分当地的群众，自家小作坊式的生产方式势必要发生变化，土地被政府征用如何安置。政府如何做好就业保障，统筹好移民搬迁和城镇改造，让搬迁农民融入城镇生活是当前工作的重中之重。我们也了解到，近一个月来政府已经抽调了1000多名驻村干部，实现了3个县557个村的全覆盖，这些工作组入企入户了解群众诉求，为征地拆迁，搬迁安置等开展相应的工作，在探访的过程中，当地的干部不断地做群众的工作，老百姓也纷纷表示绝对响应政府的号召，为建设雄安新区贡献自己的力量。

（四）提升居民能力，融入雄安新区

随着雄安新区的建设逐渐加快，各个产业都会得到较大的发展，未来的雄安新区对于高层次人才的需求将会大幅度增加，部分新兴产业的发展带来特定专业人才的紧缺，政府需要提供相应的技能培训机构来帮助雄安的青年提升技能，当然打铁还需自身硬，要想跟得上未来的发展步伐，雄安民众需要适时地提高自己的学习能力和自身技能来适应这个日渐发达、节奏加快的家乡。

新区发展的过程中要倾听百姓诉求，真正做到民生先行，才能增强民众的获得感，人民群众的支持和参与是建设雄安新区的根本保障。政府要加紧出台相关政策，实行驻村工作队全覆盖，组织各级干部进村入户、走访企业，宣讲政策、了解诉求，合理引导群众心理预期。把管控与服务结合起来，制定统一规范的政策，解决好居民和企业搬迁腾退中的现实困难，解决好管控涉及的就业、户籍、建设等实际问题。围绕安居乐业有保障，规划建设好安置区，提升群众居住质量，出台就业扶持政策，加强教育、社保、医疗、养老等工作，让人民群众共享改革发展成果。

第五章

生活与生产

通过对雄安新区安新县农村婚姻关系、家庭关系现状的了解和分析发现，经济基础决定上层建筑的原理在家庭变迁中同样存在，在新区建设过程中，政府部门应当根据实际情况积极引导并促进传统的婚姻家庭在向现代转变方向发挥积极作用，为经济发展创造更好的环境和提供必要条件。

通过调研分析新区传统企业、民众在转型过程中所经历的阵痛，对当前有关企业的产业安置、民众就业安置进行了探索，掌握外出务工人员流向及情况，以便为当地产业发展、社会管理、就地城镇化发展提供基础数据，为新区规划建设路径选择提供必要参考。

第一节 宜居为先，宜业为魂，创新图变
——白洋淀部分区域劳动力调研报告

本调研是在雄安新区百人田野大调研的背景下，白洋淀乡村人文调研的组成部分。主要目标是对白洋淀部分水村的劳动力现状有基本了解，尤其是掌握外出务工人员流向及情况，以便为当地产业发展、社会管理、就地城镇化发展提供基础数据，为新区规划建设路径选择提供必要参考。本报告第一部分对调研区域、对象、方法进行介绍；第二部分呈现原始调研情况；第三部分对调研结果和问题进行分析和提炼；第四部分针对调研地区劳动力问题做出基本思考，并尝试提供可行建议。

一、白洋淀部分区域劳动力调研区域对象

本次调研采取访问调研法，以交谈等口头方式对位于白洋淀地区的大淀头村与圈头乡部分村民进行访谈调研。鉴于本地与外出劳动力调研的整体量化特征，调研组在两地分别选择大淀头村村长与圈头乡人大主席进行重点专访，以期获得两地整体劳动力现状的一手数据，并对劳动力情况进行整体把握。同时，调研组在两地居民中，分别选择从事不同职业的若干村民进行访谈，以期了解具体劳动力生产生活情况，对整体状况进行佐证与补充。

二、白洋淀部分区域劳动力调研成果

（一）大淀头村

大淀头村位于白洋淀四门堤畔，风景秀丽，民风淳朴，人文底蕴深厚，是现代文学流派"白洋淀诗歌群落"的发祥地，是安新县白洋淀景区首批旅游文化村。大淀头自明永乐年间建村，是一座具有 700 多年历史的水乡渔村，因地形奇特，呈聚宝盆型，又水产丰富，日进斗金，自古有"银淀头"之称。大淀头全村面积 3460 亩，其中水域面积 3100 亩。全村现有户数 780 户，人口 2380 人。全村经济发展以传统水产养殖和捕捞业为主。目前人均收入约为 1.2 万~1.3 万元。

1. 外出劳动力

从转移劳动力数量上看，大淀头村目前外出劳动力仅为 360 人左右，占全村人口的 15%。虽然此项占比不高，然而鉴于本地劳动力数量更少，全村剩余人口多数为老人、妇女与儿童等非劳动力，因此外出劳动力在整体劳动力中的占比是非常高的。

从转移劳动力年龄看，以青壮年为主。青壮年劳动力身体素质好，思想开放，积极进取，容易选择转移就业。其中 17~25 岁人口占绝大部分。30 岁以上的务工人员出现"夫妻档"以及"父子档"等不同组合（部分原因是孩子已上学或已成人，无照顾孩子的压力），但此类组合占比并不大。

从转移劳动力性别看，绝大多数外出务工人员为男性，但不排除有女性务工人员。例如上述打渔"夫妻档"中，便会出现女撒网、男捕鱼的情况。另外一些女性劳动力选择在天津或北京从事小商品经营等行业。

从转移劳动力文化层次看，以初高中阶段文化为主。从总体上看，跨省二三线城市吸纳大淀村转移农村劳动力以初中为主，在人力资源市场的竞争中将处于劣势地位，多数人只能从事脏险苦累且报酬较低的简单性工作（如渔场捕鱼而非自主捕鱼），很难进入一些高层次的产业从事复杂性劳动，转移就业的稳定性较差。

从转移就业的产业分布看，以捕鱼业为主，占全部外出就业劳动力的 85%。外出经商劳动力占 15%，外出其他工作劳动力占 5%（如女性劳动力从事第三产业，在商场当营业员卖化妆品、鞋服等产品）。

从转移就业的地域看，主要集中在区外城市。山西、天津等拥有渔场或临海地区为主要就业区域，安新镇为第二大就业区域，保定、石家庄、北京等周边为零工就业区。

2. 本地劳动力

从本地劳动力数量上看，本地农村劳动力资源匮乏。在大淀头村，随处可见退休的船工与晒太阳的老人。本地非劳动力占绝大多数，劳动力开发潜能小。

从本地劳动力年龄来看，60~70 岁劳动力人口居多，多从事游船驾驶、农家乐经营以及小商铺经营。本村 70~80 岁非劳动力占比较大，80~90 岁老人约 30 人，90 岁以上老人 15 人，后两个群体均为非劳动力。

从本地劳动力性别看，男女比例基本持平，女性比例略高。一方面由于整体本地人口中女性占比较大，另一方面由于当地医疗、教育、卫生等基础服务行业的女性劳动力偏多。

从本地劳动力文化层次看，初中及以下文化程度占比较大，总体受教育水平偏低。即使是从事教育（幼儿园、小学）行业的劳动力，其受教育水平也普遍在初高中左右，部分年长男性劳动力未受过高等教育。整体文化层次较低。

从培训状况看，本村个人及团体未组织职业技术培训。一方面由于培训资源匮乏，缺乏组织培训的基础；另一方面由于劳动力技能多为捕鱼，属专业技能，可由家族传承或邻里传授解决，无技能培训需求。

从创业情况来看，目前主要集中在农家乐及超市经营两个领域，并以家族经营为主要方式，吸纳劳动力的能力有限。例如村中最大的农家乐雇佣劳动力 11 人，其中 3 位服务员，3 位帮工，5 位大厨。

（二）圈头乡

圈头乡坐落在白洋淀中心，是安新县唯一的纯水区乡。乡境东与任丘市的鄚州镇相连；南与任丘市的七间房乡接壤；西与安新县端村镇交界；北与安新县赵北口镇毗邻。总面积 52 平方公里。乡辖内共有 7 个自然村，11 个行政村，包括圈头村（后分为 5 个街道）、光淀村、圈头桥东村、邵庄子村、东田庄村、圈头东街村、圈头桥南村、圈头西街村、圈头桥西村、大田庄村、采蒲台村、北田庄村。乡政府所在地圈头村是圈头乡政治、经济、文化中心。全村沿袭"男渔女织"的生产模式，以水产养殖为主要产业，兼有商业、餐饮业与旅游业。根据县领导提供的最近的 2010 年全国第六次人口普查数据，圈头乡共有 8532 户，总人口 27161 人，其中男性 13500 人，女性 13661 人，男女比例 100∶101.19。非农业人口 346 人。2011 年，5 口之家有两个劳动力，年均收入 4 万元，人均收入 8000 元。

1. 外出劳动力

从转移劳动力数量上看，虽然没有拿到具体数据，但相关工作人员估算外出劳动力占比较大。一方面由于人口增长快，需求增加，当地"以水为生"的产业发展不足以提供足够的就业窗口；另一方面，外出务工与本地就业带来的收入差距较大，外出务工成为就业首选。

从劳动力年龄来看，以青壮年为主，其中 25 岁左右人口占绝大部分。从转移劳动力性别看，绝大多数外出务工人员为男性。从转移劳动力文化层次看，以初、高中阶段文化为主，基本上能达到初中水平。

从转移就业的产业分布看，劳动力转移较为集中的行业为水产养殖产业。据不完全统计，全国80%~90%的水产养殖务工人员与圈头乡有关（直接来自或间接接触圈头乡）；劳动力转移已成规模的产业为餐饮业。其中外出在保定务工的厨师陈爱民创业较为成功，现为保定几个大型酒店的投资经营者，后带动本地劳动力就业转移，使圈头厨师声名远扬，厨师劳动力丰富。

从转移就业的地域看，主要集中在区外城市。不同产业的就业分布区域呈现不同情况，其中水产养殖遍布全国各地，最远可至新疆。餐饮行业外出务工人员主要分布在北京、天津、河北等北方城市（所做菜系属于北方菜）。

2. 本地劳动力

由于调研对象圈头乡范围较大，人口多，且未经过相关劳动力统计，因此，关于本地劳动力只得到了较为感性的访谈答复，并无确凿数据。

从本地劳动力数量上看，本地农村劳动力资源相对比较丰富。从本地劳动力就业产业看，主要集中在本地渔业捕捞、畜禽养殖、商贸服务业、制造业（制鞋业，塑料制品、汽车修饰零件制造）等，以上产业均具有一定规模。部分劳动力从事文化艺术行业。由文化站牵头组织各类文艺演出活动，其中群众文化团体包括评剧团2个、梆子剧团2个、老调剧团2个、文艺演唱队1个、音乐会1个、白事吹打演奏班1个，吸纳众多当地劳动力。同时，部分劳动力从事面塑、苇编、油布等民间传统工艺生产，具有一定市场。其他教育、医疗、交通的从业者绝大多数为本地劳动力。

从本地劳动力年龄来看，全乡20~59岁适龄劳动力占总人口的48%左右，60岁以上人口占10%，预估本地劳动力约占60%~70%。

从本地劳动力性别看，男女比例基本持平，男性偏高。部分由于芦苇加工产业链断裂，产业发展萎缩导致，女性劳动力产业转移或失业所致。

从本地劳动力文化层次看，本乡基本完成初中教育。乡小学、初中配置完整。全乡有中小学（园）教师144人，其中中学教师15人，小学教师102人，幼儿园教师21人（2010年数据），教师中本科率逐年提升，教学质量逐渐好转，当地劳动力受教育程度正在明显提高。

从培训状况看，文化艺术及民间手艺从业者以师徒、家族手口相传为主要培训学习方式，暂无系统的培训组织或商业培训班；在企业工作的本地劳动力，参加由企业内部组织的培训；目前厨师由"长城厨师培训学校"担任当地厨师培训，其他培训教育工作由学校负担。

从创业情况来看，当地企业种类有食品加工业、制鞋业、针刺毡、玻璃纤维织布业、地笼缝制业、塑料制品业、汽车修饰件制造业。据2011年圈头乡企业状况统计结果，当地企业总机73家，年产值共计5849万元。

三、白洋淀部分区域劳动力特点与问题

通过对圈头乡、大淀头村劳动力基本情况的梳理，调研组试图通过数据与反馈的对比，推断水村劳动力的一些共性与个性特征，并借此发现劳动力的突出问题。

（一）外出劳动力受区域影响，就业选择单一

"靠山吃山，靠水吃水。"白洋淀水村很好地诠释了后者。依托白洋淀水域作物及生活习惯，圈头乡、大淀头村以渔猎、苇编、水产养殖等产业，发展成为日进斗金的"金圈头，银淀头，铁打的采蒲台"。然而随着人口的增长以及自然环境的恶化，加之部分产业链的断裂，利润的削减，这块水域早已无法满足劳动力的市场需求。外出务工成为劳动力市场流向的必然结果，也是水村劳动力发展的自然走向。然而我们不难发现，外出务工的人员中，从事捕鱼业，水产养殖业的人数依然占绝大多数，并未开拓新的就业领域。

据两代从事捕鱼业，现在在山西榆次务工的村民张立军讲述，由于自小在淀里生活，除了捕鱼未接触过其他行业，自身也只有捕鱼技能，因此并未考虑过从事捕鱼之外的其他行业，担心无法胜任，影响家庭收入。像张立军这样想法的人在大淀头村还有很多。调研组在圈头村也发现了类似的情况。村头张大爷的儿子在外从事水产养殖生意，张大爷说："祖辈都是依靠白洋淀的水而生，即使孩子出去打工，也留着白洋淀的印记，从事渔业水产是理所当然的事。又没什么文化，还不学这祖传的手艺，而且现在的年轻人都学不好啦。"家庭收入的压力，地区文化的影响，加之普遍缺乏系统的职业教育与培训，使水村外出务工人员的技能呈现单一化、低端化特征。外出就业面较窄，造成更大的经济压力。

当然，圈头乡餐饮业外出务工人员的崛起，却不失为劳动力技能拓展的一个范例。餐饮行业的崛起一方面是由于历史上圈头乡经济富足，资源丰富，由水产业衍

生出餐饮业，尤以鱼的烹制为最佳。据介绍，圈头乡大宴（宴席分大型宴席和小型宴席）有108道菜，又称"全鱼宴"，这也是依托一方水土而诞生的饮食文化。依托丰富的物产与饮食文化，乡民自我精进厨艺，老师傅带新徒弟，逐渐产生了一批批大厨，餐饮业在本地日渐发展起来，并开始向周边地区发展。这种由本地产业链延伸与市场发展引发的劳动力技能拓展，值得深入研究。

（二）外出劳动力回流较少，发展后劲不足

调研的大部分外出务工人员均选择留在务工城市或当地县城发展，未出现回流现象。根据外出劳动力反馈，外地就业收入明显高于本地收入，就业机会更多，外出务工能开阔眼界，村里生活较为单一。另外，新区成立后，所有建筑工地停工，部分工厂停产。这使得在休渔期或休工期回流的外出劳动力失去做短工的必要机会与收入，使这部分人被迫重新外出寻找生路。形势不明使回流更为困难。根据外出务工人员家人介绍，外出务工人员为家庭主要经济来源，如果家中无其他劳动力，则需要外出才能支撑家庭开支。尤其是80后的外出劳动力，需要赡养双方4位老人，二胎政策放开后，需要抚养两个孩子。另外一些在外务工较为成功的家庭留守成员则认为，在外务工并不影响户口所在地及土地房产，因此务工并无压力，支持外出人员留在工作所在地。根据政府工作人员反馈，本地劳动力市场由于地区交通不便，消费市场较小，产业链并不健全，因此，对外出务工人员吸引力不大。产业扶植需要资金与时间，短期内外出务工人员回流趋势并不明显。而基础设施、教育及医疗等方面虽然在不断提高与完善，与城市差距客观存在，引导并不会立见成效。以上各方原因造成水村外出劳动力回流较少。从某种层面讲，可在一定程度上缓解家庭经济压力，解决生产生活问题。但劳动力外出造成的留守老人赡养、留守儿童教育问题十分突出。与此同时，大量适龄优质劳动力外流，也是本地产业链断裂、市场发展不起来的原因之一，而劳动力缺乏也将成为制约水村长远发展的主要因素。

（三）本地劳动力急需市场，观望就业机会

圈头乡的产业发展较其他水村较为丰富。多数农家乐餐饮盈利颇丰，大型农家乐年收入能达到几十万元。在鞋厂就业的本地劳动力年收入大约在8万~10万元。然而，餐饮的主要消费群并不是外地游客，而是本地劳动力和村民。其中，劳动力包括新区成立前一些从事建筑施工的工人劳动力、在鞋厂等工厂工作的现有劳动力、其他从业人员，以及本地婚丧嫁娶、宾客宴饮等基本需求。餐饮业的必需性与稳定性使其自然加入到本地产业链循环之中，制鞋产业受到安新县鞋加工制造业辐射，厂区业务多为县区产业补充，因此主要吸纳本地劳动力，但鉴于规模与发展有限，吸纳本地劳动数量是很有限的。根据本地乡民反馈，如果能实现本村就业，很少有人愿意外出打工。但是本地市场已经明显出现饱和，一个村大小餐饮、农家乐已经达到几十家，超市十几家，竞争异常激烈。加之该区域与核心景区有一定距离，乡村公路并未大面积建成，外地游客前来此地只能坐船或驾车。但乘船较慢，路程较远，驾车道路质量差，颠簸不便，部分土路在新区公布后修建工作全部停止。道路交通不便，使本地与外部区域缺乏日常交通交往，无法进一步打开市场，引入新产业，创造就业机会。本地市场也无法形成规模效应，对外形成有效宣传。在此种情况下，本地劳动力对新区规制，尤其是本土优势产业发展、市场扩张、增加就业机会与收入有所期待。在谈到地区产业发展很可能对白洋淀水域生态恢复不利时，乡民多能理解生态修复的重要性，但安土重迁是水村乡民，也是任何地区乡民的普遍情怀。因此，对市场发展、地区发展、个人就业去向，乡民多持观望态度，目标无非是能够吃饱穿暖，幸福平安，越过越好。

（四）外地劳动力流入难题，挑战宜居宜业

本次调研以本地及本地转移人口为主要调查对象，因此在采访过程中得到的外地劳动力流入情况多为间接信息，但其中的问题值得我们注意。据了解，调研两村的外地流入劳动力多通过婚娶进行，很难找到由于行业或产业发展机遇与宜居生活环境等因素而转入的外地劳动力。即使是本地需求量较大的乡、村中小学教师，本地从业人员占九成。据相关领导介绍，外地高学历教师普遍不愿意到乡以下的小学校授课。一方面是乡村学校级别较低，无法给予外地教师必要的社会身份和地位；另一方面，也是更为重要的一方面，乡村条件艰苦，工资待遇和福利较差。即使政府和民间企业家对本地教育投入了一定资金改善教学环境，目前的乡村生活条件也无法吸引外地优质的教师人力资源。目前，外地劳动力流入集中在安新县城发展较好的鞋业等制造业，鉴于白洋淀水村地区渔猎水产等主导型传统农业的地域性与技术性较强，乡村旅游等服务业市场较小，部分制造业为产业转移所致，在产业发展方面对外地劳动力尚不具吸引力。综合以上两点，白洋淀水村目前距离宜居宜业还有较大的距离，优质劳动力资源无法实现向该区的自主流动。

四、白洋淀部分区域劳动力调研的相关思考与建议

劳动力作为产业发展与社会进步的重要资源，在一定程度上是破解地区发展难题，突破产业发展瓶颈，实现社会重大转型的突破口。作为"国家大事，千年大计"被重新规划设计的雄安新区，必将通过劳动力资源的重新优化与合理配置，实现地区发展弯道超车。作为雄安重点区域的白洋淀水村，由于特殊的区域位置、独特的生态条件、传统的产业发展状况、其外出与本地劳动力，以及未来流入劳动力发展既要通过政府宏观规划调控，实现结构优化与资源环境提升，又要依靠市场自由发展，实现劳动力资源合理流动与最佳配置。

（一）政府：破解新型城镇化难题

京津冀协同发展中河北定位为"新型城镇化与城乡统筹示范区"，承担着探索人口经济密集地区优化发展，破解新型城镇化难题的重要职责。新区规划建设、正值新型城镇化进入深度发展阶段。白洋淀所呈现出的大量劳动力外出务工、劳动力由传统农业转向制造业或服务业、劳动力在城镇定居、少数回流等特点，正是中国以"三农"为基础的新型城镇化的典型。同时，新区在规划之初就考虑到本地人口密度低、开发程度低、发展空间充裕，如同一张白纸，具备高起点高标准开发建设的基本条件。可见这是政府发挥宏观调控，探索新型城镇化发展方式理想之地。

1. 宜居为先，劳动力服务保障

新型城镇化的核心是人的城镇化。如何实现人更好的生活是发展的关键。首先，良好的生活环境是持续发展的基础。白洋淀特殊的生态环境曾经是养育一方的重要资源，也是目前本地劳动力的重要依托，然而其生态恶化与资源枯竭是人口外迁的原因之一，因此白洋淀发展的首要任务便是修复和涵养生态环境，打造新的生态标杆，使属于人们的"华北明珠"重新成为人们居住的新家园。

其次，便捷的生活服务是城镇化发展的保障。生态的涵养并非封闭性区域保护，而是正确处理好生态与生产生活的关系。白洋淀水村曾依托水运河道、水源物产日进斗金，其生态与人居形成良性循环。然而，现有道路、水路等交通状况极大地影响了白洋淀区内人口的流动与正常活动，造成部分区域阻塞式发展与环境的污染。同时，本地旅游市场、消费市场也因交通、医疗等基础服务的落后而萎缩，使区域间与区域内外交流甚少，发展滞后。因此，劳动力普遍在接受初中教育后外出寻求

更好的生活与生产机会。可见，没有便捷的生活条件与基础性社会服务，即使有优美的环境也无法留住人。因此，政府要在涵养生态的同时，大力投入交通、医疗、教育、通信等基础建设，夯实人居基础，提升地区吸引力。

最后，科学的管理制度是城镇化的前提。当前的城镇化已经告别工业化发展模式，迎来信息化发展时代。因此，政府科学的管理也应在"互联网+"的背景下实现全面升级。水域数据化采集与管理，陆地与淀区交通网络的数字化调度管理，网络教育资源的补充，健康大数据医疗体系的建立都将使基础服务提升到新的档次。针对劳动力转移就业，建立剩余劳动力就业信息网络平台、本地劳动力资源信息库，利用信息网络与移动端随时发布劳动力需求信息与城乡岗位需求信息等。使本地劳动力资源实现有效管理，摆脱就业信息匮乏、从业单一、从业区域局限的困境。同时有效地吸引外地劳动力进入本地市场，参与本地建设当中。本地劳动力尝到生活便捷的好处与甜头，外地劳动力与本地实现互动与交通，打造宜居之地，才能留住人，吸引人。

2. 宜业为魂，劳动力持续发展

新型城镇化旨在实现人更好的发展。劳动力产业分布状况与层级决定了其发展的趋势与未来。雄安地区自身的服装、鞋业、塑料等产业属于传统产业，亟待整合和升级。白洋淀地区也多停留在渔猎、水产等传统农业，劳动力多从事传统产业的低端环节，急需通过产业转型升级提升劳动力整体素质水平。白洋淀的生态航洋特征与产业发展基础，决定了其产业选择应以无污染、轻资产型产业主导地区发展，使其与生态修复形成良性互动，相互促进。同时以创新型、高产值为特征，通过创新发展，盘活现有自然资源、文化资源与产业资源，通过创意驱动要素重新组合，激发产业发展新动能，创造更多的就业机会。因此，一方面，政府积极引导信息产业、新能源产业、创意产业、文化产业、现代服务业进入白洋淀及安新地区，并以优惠的产业政策、优质的生活环境与服务配套（房产政策、福利政策、户籍政策），吸引高新创意劳动力长期居住，引领本地产业发展。另一方面，使导入产业与传统产业嫁接，寻找产业转型升级爆破点，在延续原有产业发展良好基础的同时，开辟新的发展路径。同时，对开展本地劳动力进行系统性、针对性的分类培训与指导，使本地劳动力拓展就业思路，增强就业技能，承担起产业振兴见证人与参与者。

（二）市场：引领创新发展式道路

区域市场繁荣与消费能力是城镇化的基础，白洋淀水村曾依托水运河道、水源物产日进斗金，以交通便捷与思想开放成就一方富庶。可见，市场自发的资源配置与自我更新具有更为强劲的发展动力。作为绿色生态宜居新城区，应通过打造蓝绿交织、水城共融、多组团集约紧凑发展的生态，涵养和活跃地区服务型消费市场，以增加本地劳动力就业机会；同时，通过创新驱动带来的制度创新、科技创新，以及相应的创业创新环境，积极吸纳和集聚京津冀和全国创新要素资源，创造和扩大地方消费市场，促进消费升级，吸纳外地劳动力资源的同时，提升外出务工劳动力人才回乡创业的市场品质，通过市场集聚更多优秀的劳动力资源。随着基础设施建设的完善，智慧城乡建设的进展，打通物理连接的同时，通过新的商业运作模式，实现消费市场互联互通，使信息、技术、文化等要素实现与劳动力要素的相互促进与系统间良性循环，增强本地与外出劳动力竞争力与发展潜力。

第二节　社会变革中婚姻家庭观念
——雄安新区安新县社会生活调研报告

一、调研目的与方法

家，不仅是饮食起居的场所，更是情感血缘的纽带。家是中国传统社会的基本构成单元，家文化是中国文化的"基因"。尽管随着时代的变迁，传统的"家"的观念被弱化，与婚姻、家庭相关的种种习俗也在渐渐消失，但婚姻和家庭仍然是研究中国文化和中国社会绕不开的命题。未来在雄安新区的建设发展过程中，社会的变迁、文化的冲击和思想观念的革新将不可避免地对传统的婚姻家庭观念和行为习惯产生影响。青年一代流动性较强，更容易接触到外来文化，也更容易接受新的观念和生活方式，且作为承上启下的一代，在群体中发挥着重要的作用。因此，本次调研以安新县农村青年为对象，希望通过调查与分析，了解该地区农村青年的婚姻及家庭状况、观念及习俗，并为今后开展进一步的研究提供素材与思路。

调研过程中采取了访谈法，选取了安新县农村18～35周岁的青年作为访谈对象，其中2名男性，2名女性。受访者基本信息如下（见表5-1）。

表 5-1　受访者基本信息

	性别	年龄	受教育程度	是否外出求学或务工
受访者 A	男	27	初中	否
受访者 B	女	33	小学	否
受访者 C	男	29	本科	是
受访者 D	女	29	本科	是

二、调研结果与分析

（一）婚姻状况及观念

1. 婚姻状况及（理想）结婚年龄

在婚姻状况及（理想）结婚年龄方面，外出求学或务工者与留在农村者形成了较明显的差异。留在农村的两名受访者均已婚，且结婚较早，结婚时年龄均为 22 岁。在外地发展的两名受访者均未婚。其中女性受访者在被问及理想的结婚年龄时表示没想过，尽管家长催促过，但自己认为不确定因素较多，在未来一两年内可能不会结婚；男性受访者对于何时结婚也没有明确的打算。

在中国人的传统观念中，"结婚生子"是重要的人生目标和必须完成的人生大事，这一点在农村地区尤甚。尽管时代发生了变化，但农村青年仍然保持了相对传统的生活方式，选择较早结婚。而外出学习和发展的青年，受教育水平明显提高且受到城市文化的影响，对于婚姻的观念有了显著的改变。可以看出，他们对于结婚抱着相对开放的态度，较少受到传统观念的影响，对于婚姻的自主性较强。

2. 择偶范围（通婚圈）与方式

在择偶方面，在外地发展的两名未婚受访者均表示，目前的恋爱对象都不是本地人，在结婚对象的选择上也没有局限。留在农村的两名已婚受访者择偶的空间范围则比较局限，他们的配偶都是本地人，其中女性受访者的丈夫是邻村人，男性受访者的妻子也是他的同乡。根据几位受访者反馈的情况，在当地，相邻的村子之间通婚较为普遍，形成"亲家村"；整体上仍然相对封闭，与外地人结婚的情况较少，女性多数不外嫁，只有留在外地发展的会嫁得比较远。在择偶的方式上，在外地发展的两名受访者与目前的伴侣都是自由恋爱；而在农村的两名受访者之间则存在一

179

定的个体差异，年纪稍长的女性受访者与配偶是相亲结婚，年纪较轻的男性受访者则是自由恋爱后结婚。

由此可以看出，在外地发展的这部分农村青年，文化程度的提高以及外出学习或工作的经历，对他们的生活方式和思想观念产生了影响，使其在择偶的空间范围与方式上相对自由。而留在当地的农村青年，尽管通婚半径相对小且稳定，但在择偶方式上受传统影响逐渐减小，年青一代倾向于选择自由恋爱。可以预见的是，未来雄安新区会有大量外来人口迁入，导致当地人口结构逐渐多元化，会有越来越多人与外地人通婚，择偶方式与文化也会逐渐发生变化。

3. 婚礼形式及婚嫁习俗

在婚礼形式的选择上，两名已婚的农村青年选择的都是传统的中式婚礼——摆酒席宴请宾客；而在外地的两名未婚者中，男性受访者表示将来会选择旅行结婚，女性受访者没有明确的倾向，希望一切从简，但还是要有仪式感。可见，在农村生活的青年仍然保留较为传统的婚礼形式，而在外生活的青年，可能由于年龄、性别、文化程度、生活经历等方面的差异，呈现出多元化的观念和行为方式。

在婚嫁习俗方面，婚房一般由男方家庭负担，彩礼前几年大概是 1 万到 5 万元不等，现在则涨到了 10 万以上，这还不包括"三金"（金项链、金戒指、金耳环），俗称"包手绢、过大礼"。其中一位受访者表示，这是因为在农村的传统观念中，"嫁出去的女儿，泼出去的水"，女性出嫁后就成为婆家的人，要赡养公婆，也不能再继承娘家的房产，所以彩礼给得特别多。女方的陪嫁则没有太多的要求，大多是自行车、电动车、家电、首饰等，条件好一点的会在男方彩礼的基础上添点钱买辆车，女方父母也会给女儿数额不等的"奶水钱"。宾客随礼的金额一般为 200~300 元，关系近的亲戚或朋友则为 500~1000 元不等。除了送彩礼、陪嫁妆、随礼金等物质方面的习俗之外，农村还保留了较多形式上的传统习俗，例如，结婚前一天男方和女方不能见面，女方要宴请亲朋，称为"吃包子"；亲友随份子的时候会带上褥面、毛毯什么的，俗称"挂帐子"，是古代传下来的礼数；结婚当天还要"摆八样"，包括四种干果、四种鲜果；结婚的车队去和回不能走同一条路，去时要迎着太阳，回时要背对太阳等。

调查结果反映出安新县农村依然维持着相对传统的观念和习俗。一方面，物质因素仍然在婚姻中扮演着十分重要的角色，当地人对于彩礼十分看重。另一方面，传统的婚礼形式和风俗被较好地保留了下来，其中凝结着当地浓厚的传统文化。雄安新区的建设所带来的经济社会的发展和教育水平的提高，不仅会改变乡村的面貌，也会改变当地人的思想观念和生活方式，同时带来多元的外来文化和行为习惯，不可避免地对传统文化产生冲击。如何在保留传统文化、传统风俗的同时，使其与外来文化及文化融合的过程中所产生的新文化，更加和谐相融，是一个值得思考的问题。

4. 婚姻生活与态度

调查还了解了两名已婚受访者当前的婚姻生活状态以及他们对这段婚姻的态度，包括夫妻关系、婚姻生活满意度、对于离婚的态度和对于家庭暴力的认知等。两名受访者均表示对婚姻家庭生活总体上比较满意，但男性受访者表示婆媳之间有矛盾，婆媳关系不太融洽，且"上有老下有小"造成的经济和生活压力对夫妻关系有一定影响。在被问及对于离婚的态度时，两名受访者的观点出现了明显分歧。女性受访者认为即使出现比较严重的矛盾，自己也不会选择离婚，顶多是争吵，尽管身边离婚的现象越来越普遍，但总觉得离婚"抹不开面"。男性受访者则对离婚持相对开放的态度，并且表示自己离过婚，后来又复婚了，离婚原因对于自己来说是感情出现了问题，对于妻子来说则是家庭压力；复婚则主要是出于对孩子的考虑。同时他还表示，选择复婚也是"怕邻里之间传闲话，农村和城里不同，城里人们交流、相处很陌生，农村应了那句'好事不出门，坏事传千里'。"对于家庭暴力，两名受访者均表示没有出现过这种情况，村里也比较少，其中男性受访者表示自己对妻子"有时候是包容，有时候是纵容""感觉现在女的都是公主"，不会出现暴力。尽管这个个案不足以代表整体情况，但在一定程度上反映出农村女性地位的提高和农村青年思想观念的变化。

从调查结果来看，在婚姻生活方面，个案差异比较大，其中男性受访者婚姻中出现的问题是许多中国家庭普遍遇到的问题。两名受访者对于离婚的不同态度反映了二者婚姻观念的差异，女性受访者的观念比较传统，年龄较小的男性受访者尽管观念相对开放，但依然对于他人的看法或议论有所顾虑。一方面，安新县农村青年的婚姻观念总体上仍然相对保守，同时由于邻里关系比较密切，婚姻受舆论压力影响较大；另一方面，当地青年的婚姻观念正在逐渐发生变化，年青一代对于婚姻的态度越来越开放。

（二）家庭状况及观念

1. 家庭结构

第一，家庭生产功能多元化。安新地区在 20 世纪 80 年代之后乘着改革开放的春风，家庭作坊、农村企业如雨后春笋般成长起来，鞋服产业成为了当地的支柱性产业。家庭生产功能由以前单一的农业生产变为农工商并举的多元化生产。生产功能的社会化和市场化，意味着家庭内部花费的时间较少，传统的大家庭生活方式和人员结构已不适应当下的生活节奏，而结构简单的核心家庭成为当地越来越普遍的家庭结构。

第二，家庭消费功能逐步升级。安新县是雄安地区较为富裕的区县，年人均收入五六万元。随着农村经济改革的不断深入，农民收入水平的不断提高，家庭的消费功能也发生着较大的改变。解决温饱的基础上，农民的消费热点转向改善居住条件、添置耐用消费品上，同时，农民的精神文化需求开始增长，文化生活服务支出比重上升幅度较大。消费中心由以前的"重老不重少"转变为"重少不重老"，调研中发现，农村中穿得最好的是青年人，住房用具也是青年人排先。在这样的社会发展状况下，减少小孩数量、缩小家庭规模、加大社会政策对家庭的保护力度、打造家庭休闲娱乐空间等成为雄安新区建设的发展趋势。

第三，家庭生育职能的弱化。中国传统的家庭生育功能很发达，崇尚多子多福，追求四世同堂。在调研中我们发现，存在两个影响雄安新区家庭生育功能的社会因素，其一是生育观念的转变，"传宗接代""增加劳动力"的观念在时下有了不同程度的减弱；其二是育龄妇女的文化程度的提高，根据统计显示妇女的文化程度越高，生育率也就越低。因此，随着雄安新区科技新城的打造，高附加值、高创新能力、高智力支持的产业发展驱使下，家庭规模变小、家庭结构简单化或将成为必然结果。

2. 家庭关系

西方家庭社会学的学者们认为，父母与子女的关系，丈夫与妻子的关系，家庭与亲属群体的关系以及家庭与社区的关系可以概括为家庭关系。在雄安新区核心区域长久的发展历程中，传统的家庭关系主要以父权和夫权为主要特征，纵向关系中长辈拥有绝对的家庭统治权利，横向关系中男尊女卑，家庭纵向关系的稳定和延续是家庭的价值观念、道德法律及最高原则。

而在现今的时代背景下，家庭关系悄然发生着变化。在对不同生活背景、不同教育经历、不同生长轨迹的 4 位当地受访者进行深度访谈时发现，随着工业化和现代化进程的加速，催生了家庭关系的现代化。具体表现为以下几点特征：一是父辈与子辈的关系趋向平等，父辈的权威性下降，已无法控制子辈的生活，子辈核心家庭在经济、家务和决策权等各个方面都显示出很强的独立性。二是亲属网络和宗族邻里对个人的控制能力迅速减弱。随着传统的家族主义瓦解和个人主义兴起，宗族和亲属的束缚作用基本不存在了，他们已经无法控制和支配个人的行为。三是在核心家庭内部，平等的夫妻关系模式已经成为大部分家庭的普遍关系模式。在现代夫妻关系中，夫妻的地位取决于双方的教育水平和经济能力等条件。

3. 生育情况及观念

20 世纪八九十年代，计划生育政策在安新农村的推行面临着很多困难。很多村民重男轻女，冒险超生。时过境迁，二胎政策已经出台，乡村社会的变迁也促进着雄安农民生育观念的变化。

第一，延续香火的观念依然存在。调查显示如果头胎是女儿的话，大部分家庭还会坚持再要一个儿子，但是很少再出现连续生 3 个女儿依然生儿子的情况。由于农耕生活所占比重降低以及外出求学比例的升高，生儿子的积极性在降低，如果头胎是儿子的情况下，人们不再愿意多生几个儿子。

第二，隔代抚养模式更为突出。在雄安大部分农村地区，一直到现在早婚早育都是生活的常态，很多青年结婚生子的时间在 19～23 岁，在尚未完全成熟的"孩子"去抚养自己的子女时，父辈的帮助显然是必要的。尤其对于外出务工的年轻人来说，抚养下一代的责任经常推给父母。

4. 养老情况及观念

第一，女儿在养老中的作用增大。"养儿防老"是主流、"养女防老"比例升高。调研过程中发现，儿媳妇和儿子不赡养老人的情况偶有发生，有时也会有几个儿子相互推脱、不想赡养老人的情况，但是很少看到女儿虐待自己父母的事例。反倒是儿子不赡养老人的情况下，已经成为"外人"的女儿在照顾老人，尤其是生病卧床、丧偶独居的老人，大多是女儿在床头尽孝。

第二，中年人自我养老意识增强。在计划生育政策的约束之下，45～59 岁中年夫妇子女数量减少，只有一个儿子的家庭增多。儿子中受过中、高等教育的比例也在上升，进城就业、定居的可能性提高。这使父母意识到单纯靠子女养老（生活费用提供、日常照料起居）已不现实，寻求替代方式的意识已经产生，并在行动上有所体现。为子女完婚之后，中年父母开始为改善自己的生活和养老进行必要的储蓄，那些无儿无女、且女儿已出嫁的中年人，则对机构养老有所期冀。

基于这样的认识，我们只有致力于通过借用传统文化和乡村社区资源在家庭私人生活和村庄社会的公共生活中因地、因时制宜地重建代际之间的伦理秩序和道德体系，建立与现在中国社会相适应的微观社会结构和伦理价值体系，引导自我储蓄养老、鼓励家庭照料、推动社会养老保障，形成个人、家庭和社会三维支撑模式，摆脱单向依赖机制，才能在当下农村日益多元化的养老资源供给体系中真正做到"找回家庭"，以回应农村社会日益严峻的老龄化形式。

三、调研结论及展望

通过对雄安新区安新县农村婚姻关系、家庭关系现状的了解和分析，我们发现生产力决定生产关系，经济基础决定上层建筑的原理在家庭变迁中同样存在。随着经济发展水平的不断提高，雄安新区农村家庭的模式会越来越趋向单一化。这种家庭结构的变化趋势有它的积极面和消极面。积极方面如男女关系平等化，妇女在经济、文化、政治上获得越来越多的解放，家庭功能日趋社会化，家庭承担的压力减少，个人的权利突出等。消极方面如离婚率上升，婚姻体制削弱，社会向个人中心主义的方向发展，家庭对个人的主权和控制减少，家庭处理老年化的问题有较大的难度。通过对这些问题的研究，为我们处理现实问题提供了理论支持，为解决现实问题做出点滴有益的探索。

（1）改变农业社会的家庭规范。在社会转型过程中，我们应努力使代际关系以相互尊重为基础，既有亲情内涵又不互为束缚；既相互关照，又不使彼此有拖累之感；代际间既有经济支持，又不过度索取。显然，单靠家庭和个人的力量是很难达到这种境界的，它需要国家和社会力量加以支持。

（2）改变亲代包办子女婚姻花费的传统。目前在雄安新区，子女非农就业成为趋势，并开始向城镇定居发展。亲代为子女，特别是儿子完婚将多年的积累耗费殆尽，甚至欠下债务，这种做法制约着父母的消费方式跟养老观念。今后子代应改变依赖父母办婚事的思维和行为方式，以自己之力为主，以父母之力为辅营造新生活。

（3）倡导家庭双系继承和子女养老制度。双系继承之下，已婚儿子、女儿对父母财产具有平等继承权，并承担赡养老年父母的义务。对此法律上已有明确规定，但在民间实际操作过程中仍需要政府和社会加大倡导力度。

（4）推进多元养老体系建设。个人、家庭和社会力量并举的多元养老体系建设是一项顺应民众要求、兼顾社会经济发展水平的事业，在实际操作中要注意不同年龄阶段老年人养老的差异，在医疗制度、社会养老保险制度等方面采取不同的工作侧重。

基于此，在雄安新区建设过程中，政府部门应当根据当前的实际情况，积极引导并促使传统的婚姻家庭观念在向现代转变方面发挥积极因素，为雄安新区农村经济发展创造更好的家庭环境，也为京津冀的整体经济发展提供条件。

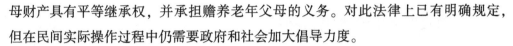

第三节　以人为本，转型谋变
——关于增强雄安新区民众和企业获得感的调研报告

2017年5月24日，我们参与的中国传媒大学雄安新区大调研的雄县民生组，在新区成立54天之后对雄县的民生及企业相关情况进行了走村串户的实地调研。可以观察到，雄安新区的设立为企业发展带来了机遇与挑战，整合重组、转型升级、集约发展是传统产业的发展方向。人民群众也因为新区成立而可能获得的潜在利益而激动感奋。然而事实上，产业转型升级的过程中必然触及当地居民和企业的切身利益，如何加强民生建设、促进当地企业转型发展，是新区规划需要关注的重要方面。

雄县是雄安新区3个县中占地面积最大、人口最多、工业基础最好的县。从改革开放初期兴起，雄县民营经济经过30多年的发展积累出现了纸塑包装、压延制革、乳胶制品、电器电缆四大传统产业集群。雄安新区成立后，传统产业的发展如何对接新区产业定位，企业搬迁、停顿、产业工人的安置问题都是新区建设过程中亟待解决的问题，通过走访雄县四大支柱产业所在村域，对当地村民、村干部、企业主进行深入地访谈，探讨新区在产业转型中如何加强民生建设，为解决当地居民面临的实际民生问题提供有益的思考。

一、雄县四大传统产业何去何从

雄县位于保定东部，北距北京五环 100 公里；东距天津外环 100 公里；西距保定 70 公里，处于京津保三角核心区。调研组一行从北京出发，经过一个半小时的车程到达雄县。县域面积 524 平方公里，辖 6 镇 3 乡 223 个行政村，2016 年年末人口 39.4 万人。雄县民营经济起步早，群体大。早在 20 世纪 80 年代曾进入河北省民营经济 30 强行列，河北泰斗三星线缆集团有限公司董事长许领华在座谈会上说："80 年代在雄县有上千家电缆企业，有的电缆村纳税超过 100 万，达到当时全县的财政收入的八分之一。"

近 10 年来，雄县制定"工业强县"战略，实施一村一品的专业村计划，围绕四大传统产业，全县 223 个行政村形成工业专业村 180 多个，集群产业效应明显，GDP 达到 100 多亿元，为当地百姓提供了方便，增加了收入。到 2017 年 3 月底，雄县在工商注册的民营经济组织是 20533 家，几乎是一户一业，产业门槛低，形成大群体小规模结构的富民产业。雄县还被誉为"中国软包装产业基地""中国乳胶气球生产基地"，是中国北方最大的压延制革生产基地和重要的电线电缆生产基地。

（一）纸塑包装的黄昏

作为河北雄县的招牌产业之一，塑料包装行业在雄县的历史可以追溯到 20 世纪 60 年代。近年来，当地政府通过对产业链的集中规划，通过设立雄州塑料包装工业集中区和雄县革塑工业园区，落实各项优惠政策，令塑料包装成为了雄县四大产业之一。

据统计，雄县具有一定规模的塑料包装企业 2700 余家，小微企业 3000 多家，国内所占的市场份额 8%、国际 4%。2008 年，雄县被中国塑料加工工业协会命名为"中国塑料包装产业基地"，2013 年又被中国包装协会授予"中国软包装产业基地"。12 余万从业者，三四十年的发展历程，6000 余家大小企业，这些数字记录了一个小城的创业史。2016 年，雄县塑料包装产业实现营业收入 145 亿元，位列当地四大支柱产业之首。纸塑包装虽然带动了经济发展，行业的高污染性却对雄县的环境造成了严重的影响。

可以说，现在雄县的塑料包装产业正处于一个十字路口，雄安新区的设立给当地企业带来了历史机遇，但是塑料企业的污染问题短时间是没办法解决的，这些生产企业对未来表示担忧。部分产生污染的企业将面临停业整改、整改不成或将面临关闭，有的人甚至认为"塑料包装行业"将会不复存在。

（二）压延制革的未来

压延制革行业于 1996 年以后兴起，企业主要集中在雄县县城至白沟镇路两边的革塑工业园区。这个产业的世界产能 90%在中国，主要包括户外广告灯箱布、运动地板等一系列的产品，2016 年实现营业收入 45 亿元。压延制革在中国有两个产业基地，长江以南以海宁为核心，企业比雄县多但是分布比较分散。长江以北集中于雄县，现有大型 14 家，小微企业 300 多家，雄县产品占据国内市场份额的 30%左右。

由于国家对环保的愈加重视，制革业污水和气体排放不达标的企业众多，目前也是处于停产整顿状态。工厂搬不搬？搬到哪里去？企业主和在工厂打工的村民都很关心。

（三）乳胶制品的隐忧

县城东部的大步村，气球产品占全国市场份额的 80%以上，被称为"中国气球第一村"。以前是以生产气球为主，近几年随着技术装备的改进，产品涵盖家用、医用手套、安全套，产品还在不断地完善。中国北方最大的安全套生产企业就位于雄县，每年生产安全套 12 亿只，拥有"红丝带"商标，是国家计生委定点采购企业，演员濮存昕还曾参与其"红丝带——系住生命·系住爱"的公益广告的演出。

我们驱车前往调研企业的路上，看到围绕在大步村的气球企业密密麻麻，工业区和居民区并没有明显的隔离。居民的生活依赖着乳胶产业，然而生产乳胶制品的企业工业废水污染严重，其产生的粉尘、噪声和固体污染也威胁着居民的生活。大步村至少有 40~50 家的气球生产企业，无排污证、环保证的企业也不在少数，目前一些企业都处于停业整改的阶段。新区设立后，必然对环保提出更高的要求，乳胶生产企业只有转型升级才能符合新区发展的要求。

（四）电线电缆的期盼

在改革开放初期，雄县就有乡村家庭作坊开始生产电线电缆。进入 20 世纪 90 年代后，随着市场竞争加剧，原有的落后生产设备和家庭作坊式生产已经不能适应市场需求，行业出现滑坡。1995 年，许领华创办河北泰斗三星线缆有限公司，更新设备，引进技术和人才，加强企业内部管理，并逐步壮大为泰斗集团，成为雄县四大支柱产业之——电器电缆行业的明星企业，其产品曾经供应鸟巢、水立方等北京奥运场馆。虽然这个行业竞争激烈，但是还是拥有多项核心专利，有一些特殊材料运用到了辽宁舰、导弹、卫星等军工领域，北京、天津市的基础设施建设用的几乎都是雄县的电缆，现在有一定规模的企业 30 家，小微企业 300 多家。

对电线电缆企业来说，新区的设立是一个重要的机遇和挑战。新区的建设发展离不开基础设施的建设，电线电缆企业应提高科技含量、提升设备，生产制作符合新区"高标准、高水平"的建设要求，才能乘着新区的东风前行。"因为新区设立了，外面的企业进不来，就只能跟我们来谈合作。"许领华说。"过去企业转型可能需要一二十年，现在可能只需三五年。"大型企业资金雄厚，都想要抓住新区的发展机遇，加紧转型升级。

跟改革开放以来其他地方的民营经济发展一样，雄县的四大支柱产业都属于劳动密集型产业，起步于家庭作坊，并随着市场开拓的需要逐步升级到生产线，技术含量也从低到高。此外，镇域内形成主导产业后，又有专业村，最终形成规模优势。在市场占有率上有一定的优势；技术和装备能力高，在国内处在领先地位；拥有完整的产业链，竞争力较强；产业门槛低，属于富民产业。但是由于是传统行业，普遍存在科技含量低、产品附加值低的特征；基本都属于高污染、高耗能的产业，特别是塑料包装行业。

就未来新区产业的定位看，雄安新区规划的起点非常高，还要参考国际先进的理念和产业规划，这也印证了雄安新区"世界眼光、国际标准、中国特色、高点定位"的要求。调研中，雄县的许多传统企业都十分关注新区会如何对待这些现有企业。"我们的企业还能保留吗？""我们的企业会搬往何处？""企业搬迁会造成多大的损失？"但是考虑到新区的产业定位，企业人士普遍认为"肯定要搬迁"，不过因为尚未公布方案，心里并不踏实。转型、搬迁还是关停，雄县传统企业主还在等待。调研座谈会上，雄县发改局局长、县政协副主席王玉明说："新区规划里传统产业和产业工人的安置问题是当前最重要的问题，产业搬迁了，这 12 万~13 万产业工人怎么办？"表达了他对新区建设民生问题的关注。

二、转型中的民生焦虑

雄县四大产业技术完备，产业链条完整，从业人员众多，普遍属于"富民行业"，百姓生活富足。但现存产业的科技含量较低，产业附加值低，规模小群体多，以中小企业为主。随着雄安新区的建设，一系列高污染、高耗能的企业陆续停工，进行大规模的治理整改。15000 个企业主、12 万～13 万的产业工人以及难以计数的家庭作坊，随着新区的建设雄县居民的生产生活将发生重大的转变。

为了深入了解雄县居民对于新区建设的诉求，解决当地企业和民众面临的实际民生问题，我们对雄县的葛各庄村、大步村、张岗乡张二村、红西楼村的企业主和居民进行了实地采访，以探寻雄县产业转型升级背景下如何提升企业和民众的获得感，增强"民生温度"。

（一）葛各庄：纸塑包装相关产业

我们调研的第一站是位于雄县龙湾镇的葛各庄村，为了深入了解居民在雄安新区设立后的生产生活现状，我们采访了农村淘宝服务站的工作人员闫小四，"当然是一件好事，习总书记要实现中国梦，这我们也是做了个梦，我们现在很快就要梦想成真了，我们这个梦比其他人的梦做得都好。"说起雄安新区的设立，闫小四自豪地对我们说道。据介绍，葛各庄村绝大部分居民的工作都与塑料产业相关，主要为收废旧塑料，属于劳动力密集型产业。青壮年每天装车、卸车能赚 200 元，年过半百的老人每月捡废品都能赚个 2000 多块，整个村子都以塑料产业为纽带凝聚到了一起。由于目前大部分塑料企业属于停业状态，很多面临失业的产业工人都在担心以后的就业问题，也都认同新区建设对家乡是一个"千载难逢"的机遇。

（二）大步村：乳胶制品

陈善忠是大步村河北彤萱橡胶制品有限公司的负责人，从 2017 年 4 月 1 日宣布设立雄安新区以来的两个多月，对他们来说应该是最迷茫的阶段。他告诉我们，现在的乳胶企业大部分都是改革开放后村民合伙经营的企业，已经聚集着百余家乳胶制品企业。由于乳胶产业大部分属于污染企业，不符合新区发展定位的要求，目前该村所有的乳胶工厂均已停工。在我们即将离开大步村的时候，河北彤萱橡胶制品有限公司送了我们一人一大包彩色气球，还告诉我们企业在淘宝上有网店，基本上卖气球的都是大步村人。

按照日前河北省环保厅出台的《河北省集中整治"散乱污"工业企业专项实施方案》，对不符合国家产业政策、应办而未办理相关手续或无污染防治设施、不能稳定达标排放、治理无望的"散乱污"企业，依法坚决予以关停取缔，6 月底前完成关停工作，9 月底前按照"两断三清"（即断水、断电、清除原料、清除产品、清除设备）标准，完成取缔工作。

（三）张岗乡：仿古石雕

在前往张岗乡张二村的路上，我们看到公路两旁的农田齐整，小型的石油钻机星罗棋布于田间，相关资料显示雄县是华北油田主产区，天然气储量 10 亿立方米以上，境内有油井 1200 余眼，年产原油 70 万吨、天然气 1800 万立方米。

张岗乡的主要产业以仿古石雕、瓷器加工业为主，被称为"仿古石雕文化之乡"。但目前产业规模相对较小，从事石雕产业的大约有 2000 人。该地石料主要通过进口，并非在本地区直接开采，通过石料的精加工（仿古做旧）后售卖，面对市场主要为公园、寺庙等。根据张岗二村的石雕老板姚福生介绍，张岗乡的石雕每年产值超过 10 个亿，在北京的潘家园、高碑店等古玩市场都有大量的张岗乡人。张岗乡的石雕产业尽管由于原材料不是本地自产，不会对山体地表造成破坏，但是对空气会造成严重的粉尘污染，是不符合新区定位的产业，必然要进行转型或关停。

（四）红西楼村：纸塑包装产业

红西楼村以纸塑包装产业为主，全村共 1400 人，除 50 岁以下出去打工的人之外，全村共有约 900 人从事纸塑包装行业，多为小作坊性质的生产，污染性相对较高。该村家家户户都是作坊，家里摆几台机器就是小工厂，包装印制出来后再以"计件"付费形式发放给老人和妇女手工贴制，通过包装数量来算钱，村里的老人一天多少也能赚个六七十块。在退休赤脚医生胡树人的家中，我们看到他的老伴正在糊包装盒。胡树人告诉我们，他的大儿子是开货车运货的，平常拉的也是塑料包装货物；二儿子做的也是塑料包装产业，新盖的小楼今年刚装修好。"工厂不让生产了，房子也不让盖，以后要怎么生活？""政府不会亏了老百姓，政府会安排""先安置、后搬迁""对咱们下一代来说肯定是好事"，胡树人虽有担忧，但对未来还是满怀憧憬。采访的过程中，胡树人的老伴拉着我们絮叨，说雄安新区的建设肯定要进行拆迁，二儿子的小楼也难以避免，眼里掩不住失落的神情。

三、企业转型升级阵痛

雄县民营产业发达，四大传统支柱产业产值突破了 100 亿元，有着"中国塑料包装产业基地""中国气球第一村"等称号，百姓安居乐业。通过调查发现，这些民营企业都是劳动密集型的产业，从业人员众多，本地居民产业工人超过了 70%；其次是这些企业大多规模小，家庭作坊多，覆盖面广；产业链条相对完整，但是科技含量低，属于高耗能和高污染企业；企业从业人员的素质水平较低，知识储备量小。雄安新区的成立对这些小企业主和产业工人来说喜忧参半，新区的成立给产业定位提出了更高的要求，把中小企业推到了风口浪尖。所谓，产业即民生，企业如何转型升级以适应新区的发展，是异地搬迁还是另立他业，产业工人的就业安置，都成为了不可避免的问题。

（一）阵痛转型中的企业家

随着新区的设立，雄县产业也面临"脱胎换骨"的改造，一方面，传统制造业正面临着转型升级的巨大机遇；另一方面，一些不适应规划发展的产业和项目或将面临淘汰危机。在调研座谈会上，雄县发改局局长王玉明解释说，即便雄安新区政策没出来，针对雄县四大传统行业的"散、乱、污"企业，河北省也出台相关政策进行整治和改善。毫无疑问，随着新区建设的推进，雄县传统产业会优胜劣汰，企业将会面临转型升级的机遇和挑战，转型既需要成本，也要关注企业下岗人员再就业问题。

1. 领军企业：兴奋与隐忧并存

雄县是产业大县，民营产业发达，四大支柱产业不乏龙头企业。在我们接触的企业中，虽然龙头企业顾虑不大，因为自己手里资金充足，销售面向全国，他们可以去别的地方租地，建工厂，维系着全国的销售关系。然而，只要涉及搬迁，必然存在着停工停产的问题，之前的客户可能也会流失。位于中国气球第一村大步村的河北国华乳胶制品有限公司代表说："一旦关停，10天整个销售链就断裂；一旦搬迁，所有企业都得倒退2~3年。""现在，我们很多大的订单都不敢接，因为不知道什么时候就停工，没法完成订单，企业就失去了信誉。"河北泰斗电缆集团有限公司董事长许领华说。

许领华称，新区的建设直接影响到行业的发展，两个问题导致企业心里没底，第一是环保部的严格管控，那么标准是什么？对高污染、高耗能的企业需要严格的取缔，有环保手续、有排污证的企业该怎么执行？第二是土地的问题，新区的规划要细致到"每一寸土地"，发展还是等待是企业急需解决的问题，90%企业不同意外迁，外迁将是企业技术性和销售性、人才的断裂，"企业外迁断了产业链，等于自杀。""工作了几十年的技术人才不愿意跟着走。"一旦企业停顿，银行贷款和工人的安置问题也将随之而来。他还提出，新区智能化城市的建设肯定会需要智能化电器电缆产品，行业需要抓住机遇进行产品改革，去掉旧产能，加紧转型升级。

2. 中小微企业：夹缝中如何生存

与四大传统行业的领军企业相比，中小微企业要在新区的建设中转型升级显得更加艰难。小型工厂由于资金有限，关闭或搬迁后很难在别的地方再建厂开工，目前很多小微企业的大型设备都是贷款购买的，一旦关停，将是极大的损失，同时也无法承担独自搬迁的代价。新区的设立是一个机遇，但对于小微企业来讲，恐怕还是未知数。

大步村作为"气球生产第一村"，气球生产企业数千家，大部分都是中小企业。"乳胶产业的机器'一拆必废'，不易搬迁，若是需要整体搬迁，机器只能白白浪费掉"，大步村河北彤萱橡胶制品有限公司的负责人陈善忠说："虽然停工了，但厂里的工人的基本工资照发，外地工人也并未离开雄县，仍然处在观望状态中。"龙头企业毕竟是少数，在雄县大多数是还不成规模的小微企业，产业工人数量众多，如果这些中小微企业一旦消失，将会有12万工人面临失业。

（二）面临失业的产业工人

新区未来的产业是有选择的，新区建设的速度快，企业转型升级的时间、空间极其紧张。传统企业中只有零污染、低耗能、低耗损的部分才有可能留下来。那么，新区规划里12万~13万传统产业工人怎么办？新区规划传统产业和产业工人的安置问题如何解决？毫无疑问，产业工人面临的挑战将会是前所未有的严峻，如何提升工人的技能素质以适应产业升级所带来的变革；由于企业搬迁所形成的高失业率，居民生产安置问题也是新区建设中首要解决的问题。

1. 失业问题波及面广

家庭作坊涉及面广。对于雄县上千家中小企业而言，目前压力最大的是没有许可证的家庭小企业、小作坊。日前，《河北省集中整治"散乱污"工业企业专项实施方案》出台，要求今年9月30日前，各地完成"散乱污"企业的规范整治任务。由于当地村民很多都是中小企业主，即使没有小作坊，也是依赖于产业链生存。雄县红西楼村家家户户都是纸塑包装的小作坊，现在工厂被勒令停工，产业工人面临下岗，有一些小作坊刚购置的大机器只能转手低价卖出，造成很大的损失。

2. 产业工人综合素质低

雄县传统产业都是低端的制造和生产加工，产品的附加值低。虽然当地的农民掌握了一定的技术能力，但是知识储备都非常有限，在企业转型的过程中，不能满足企业发展的需求。从职工的技术等级来看,大多为初、中级技术工人;从产业工人的学历来看,学历普通偏低,大部分只有初中文凭。企业主在转型升级过程中由于人才的缺乏也会面临很大的问题,而遭遇下岗的职工由于综合素质较低,也将很难再找到合适的工作。在调研的过程中,工厂停产、停工,以及如何再就业一直是雄县居民最为关心的问题。

四、增强民众与企业的获得感

产业转型升级,民生为要。雄安新区作为疏解北京非首都功能的重要承载地,绿色、生态、智慧、人文、创新是雄安新区发展的关键词。新区的建设为居民生活品质的提高创造了千载难逢的历史机遇,从长远看,符合群众的根本愿望,也符合社会发展的一般规律。然而雄县原有产业不符合新区的发展定位,传统产业在政策的管控中如何转型升级?企业和劳动者又应该怎么面对转型阵痛期,政府如何化解新区建设的民生难点,增强居民的获得感,融入国家级新区,是新区建设中的重中之重。

雄县旅游文物局的高再学局长以雄安当地人的切身体会指出,在雄县向雄安转变的过程中,需要明确三点:第一是明确转变的方向,坚持中央的领导;第二争取压缩转型期;第三是转型的过程中肯定有痛,但是一定要降低疼痛,给老百姓以获得感。

(一)"以人为本"是新区建设的题中之义

以人为本,谋定后动。❶ 人民群众是"建设者",雄安新区的建设推进必须紧紧围绕"人"这个核心谋篇布局,体现人文关怀,让人民群众在共建共享发展中有更多的获得感。搬迁、安置、工作都是民生大事,从调研中我们了解到,雄县的民众和企业主都经历了消息发布之初的兴奋,到关系自身利益的忧虑的心路历程。新区的规划要以人为中心,把企业搬迁、产业升级与改善民生相结合,保障好民众的生产生活,既要经济发展,也要人民幸福。

人是城市的主体。实践表明,新区的建设不是剥夺民众,而是造福民众,让居民享受到新区建设的文明成果,就会赢得民众的理解与支持,新区建设就能得到顺利推进。红西楼村的基层干部边宏亮说:"对于基层干部来说要将政府'先安置、后拆迁'的决策传达给民众,让心里没底的群众先安定下来。"政府要加紧出台相关

---

❶ 尹亮.新华网评:就地安置对雄安新区人民意味着什么?[EB/OL].(2017-06-14)[2017-06-25].http://www.gyxww.cn/GY/XWPL/201706/313705.html.

安置政策，实行驻村工作队全覆盖，组织各级干部进村入户、走访企业、了解诉求，广泛听取失业工人和停工企业主和社会各界的意见，充分考虑民众今后的生产生活与发展，制定多样化与灵活的安置政策，真正实现"以人为本"的新区建设宗旨。

（二）传统企业：留有一席之地

随着新区的成立，未来雄安产业的发展格局肯定会发生翻天覆地的变化，对传统企业主来说既是机遇也是挑战，环保标准、企业搬迁是目前企业最关心的两个问题。对于在规划区内面临被搬迁的企业来说，给其留下一片生存空间显得尤为重要，这也是我们在和传统企业主沟通的过程中了解到的企业最迫切的诉求。

1. 出台产业安置政策

新区的目标是要打造一个高新产业的集聚地，在新区规划中要对现有产业进行评估，高能耗、高污染的产业要取缔，属于产能过剩的产业也要调节。调研中，企业是搬迁、关停，还是转型的迷茫状态普遍存在，政府应该尽快出台相关的产业安置政策，引导传统产业的发展。

2. 鼓励和引导"易地办厂"

企业的搬迁必定会对生产生活造成影响，现在一些有产业规模的企业愿意配合新区的发展转型升级，结合新区的产业定位，我们认为雄县传统产业中有能力的企业，可以从两方面来谋转型：第一，把研发、设计、贸易部分留在新区；第二，生产制造转移到劳动成本低、交通便捷的地方，如保定西部山区等较为贫困地区，那里劳动力充裕、人工成本低。还需要国家给予相应的产业安置配套政策，设立临时安置补助费、停产停业补助费、搬迁费等。

企业可利用征收拆迁获得的补偿款，在雄安新区周边地区乃至保定西部山区等地区重建办厂。政府顶层设计方面，要针对厂房被征收拆迁的企业出台相关优惠政策鼓励和引导其发展"易地办厂"，保障企业的重建和恢复生产。同时积极与保定、廊坊、沧州政府沟通协调，争取达成产业转移的双边协议，助推产业转移。

3. 建设新型产业园区

建设新型产业园区，那些转型后没有污染的小微企业通过重组合并得以壮大，企业效益会更好，员工的工作环境会更安全，新区的生态也会更加优化。对于很多的小工厂来说本身资金就有限，不管是关闭还是搬迁都将是一大损失。这类企业可以规划一个新型工业园区，把企业迁入，对接环保各部门，给予必要的政策引导与资金扶持；帮助企业进行管理革新、技术升级，形成小微企业的"抱团"式发展，推动企业品牌建设，促进产业集群的转型升级。

在搬迁时，企业都希望可以减少对其正常经营活动的冲击，在企业进园时要合理安排搬迁时序，尽量做到边生产、边搬迁，最大限度地保障企业生产不停顿、市场不丢失、利益不受损、工人不下岗。

（三）失业工人：创造新的就业空间

大批产业工人的失业会造成严重的社会问题。企业的搬迁一定程度上影响了人们的就业，如果缺乏配套的就业安置政策，将会导致大量的失业人口出现。如何使融入雄安新区产业工人再就业，让民众"洗脚上楼"之后能真正地融入雄安新区。

1. 提升产业工人能力

除了在当地发展的小企业以外，目前处于迷茫期的还有很大一部分当地的群众，自家小作坊式的生产方式势必要发生变化，土地被政府征用如何安置。政府要做好就业保障，统筹好移民搬迁和城镇改造，让搬迁农民融入城镇生活，使失业工人增强就业机会，要有组织、有计划地开展就业教育培训，出台相应的产业扶持政策。根据劳务市场需求预测及职工再就业意向，抓好、抓实各类技能培训。鼓励失业工人创业，并在政策、行政、财政、税收等方面给予支持，保障区域社会长期稳定与发展。

2. 建立完善社会保障机制

解决居民涉及的就业、户籍、建设等实际问题。围绕安居乐业有保障，规划建设好安置区，提升群众居住质量，出台就业扶持政策，加强教育、社保、医疗、养老等工作，让人民群众共享改革发展成果。

3. 实现产业工人向市民的转变

拆迁，让他们的身份随之发生变化——由农民变成市民。这不仅包括居住环境的转变，且包括思想观念、行为习惯的转变，后者才是根本的、深层次的转变。

要着力解决市民的教育问题，帮助由于企业搬迁或关停的下岗产业工人实现向市民的转变。要实施市民素质教育工程，大力开展积极、健康向上的群众性文体活动，使广大群众养成健康文明的生活方式。将工人真正塑造成市民，新区建设中的民生问题才能得到切实的解决。

如何增强民众的获得感是新区建设过程中必须认真面对、应当首先解决的大问题。因此，本文通过调研分析新区传统企业、民众在转型过程中所经历的阵痛，对当前有关企业的产业安置、民众就业安置途径进行了探索，这不仅关系到社会稳定及新区经济健康快速发展，也是实现新区"以人为本"的建设初衷。新区政府要把管控与服务结合起来，制定统一规范的政策，解决好居民和企业搬迁腾退中的现实困难，解决好涉及的就业、户籍、建设等实际问题。围绕安居乐业有保障，规划建设好安置区，提升群众居住质量，出台就业扶持政策，加强教育、社保、医疗、养老等工作，让人民群众共享改革发展成果。

第四节　雄安需要一场"厕所革命"

2017年5月26日、27日，响应经管学部雄安新区发展研究院的号召，"用脚去丈量着雄安这片土地，把科研写在雄安的大地上"，雄安新区百人调研大部队浩浩荡荡、激情澎湃地走过白洋淀燕赵古迹，踏着红色足迹，感受水乡人家的民俗风情……

结束调研多日，挥之不去的除了燕赵的人杰地灵，雁翎队的机智勇敢，芦苇荡的绿波万顷，新安八景的美轮美奂，还有隐隐作痛的安新如厕之伤。

一、从安新县调研如厕的尴尬说起

在安新县做调研，每天早出晚归，穿街过巷感受市井生活，田间地头田野调查，乡村学校考察教育，村委会办公区域座谈……免不了找厕所，结果被这里公厕的脏乱臭吓得魂飞魄散，以至于憋着根本就不敢上厕所，大热天尽量少喝水，以减少一天在外上厕所的次数。无论是在县城附近的大王镇北六村村委会、三台镇山西村村委会办公区域，还是北六村小学，抑或就餐的饭店，甚至景区旁边，没能找到一个可以冲水的稍微干净一点的厕所。所见的厕所，全都是没有下水道，没有冲水设备，没有分解处理设备的旱厕，恶臭熏天，蚊蝇四飞，蛆虫滋生，令人作呕。在调研期间，感受着各种如厕的尴尬。

上午八点半，相约大王镇北六村村委会与村干部座谈，我心想，村委会办公区域，应该有个像样点的厕所了吧。可是当走进院子大门，被指左侧即为公厕，远远看着也是旱厕，稍走近臭味扑面而来，蚊蝇乱飞，我根本没有走进去的勇气，只能退回去，先憋着，开完会再做打算。

开完会十点了，下一站是考察参观北六村小学。领我们从村委会步行去北六村小学参观的村干部告诉我们，北六村小学在方圆挺有名气，也是附近最具规模的一所小学，不光本村的孩子在这儿上学，附近村的孩子也有不少到这儿上学的，这里的设备、师资甚至比县城的小学还好。

走进校园，道路的一旁有一排已成荫的绿树，一眼望去，校园还算干净整洁。比我们走得更快的领队村干部以及部分老师学生已经到达校园中心。一棵大树底下，北六村小学校长正跟围着他的调研队介绍他们的学校。大树的位置正好是学校的核心，大树两旁一边是四层楼的教室，另一边是实验室和老师的办公楼。校园地面打扫得很干净，校园里的教师和学生衣着得体，精神面貌良好。

来不及听校长介绍，我已迫不及待需要如厕，我留意观察厕所的位置。我发现，厕所在我们进校园道路的右侧，从外观看，估计也是旱厕。可此时的我已经不能等待了，我内心挣扎地走向厕所，掩鼻憋气，想以最快的速度离开不得不面对的作呕环境。厕所里有几个衣着体面的女教师，蹲在蹲坑上，蹲坑之间没有任何隔板，她们并没有什么不自然，相互间还有说笑。看到从外面进来的我，她们有礼貌地点点头，问我是不是从北京来的客人。我非常尴尬，只能点点头，因为憋气满脸通红。我不能忍受蹲坑之间没有隔板，在相互可以直视对方的环境下如厕，但是我也不好意思退出去等没有人的时候再进来，因为我本来只想以最快的速度完成然后冲出去。经历着痛苦与恶心，炼狱般的感觉。

中午吃饭的时候，饭店是一栋二层楼的房子，从外表看，还是挺干净的，心想这上厕所的地方应该不错吧。待进饭店向老板娘打听厕所，老板娘指着门外左侧，出门一看，又是旱厕，心里凉了一截，没有勇气再走过去。

下午是考察三台镇的山西村，这是一个布满大大小小鞋业和服饰企业的村镇，乡镇企业发达，在山西村村委会办公地，我们看到的也是旱厕。开完座谈会下楼去考察企业，先去一个古塔参观。古塔与企业很近，50 米外就是厕所，依然是旱厕，远远就闻到臭味，旱厕与古塔形成鲜明的映衬。

塔底下有一家企业，好些人在搬东西，老板是个年轻的小伙子，衣着光鲜时尚，样子白净斯文，听说生意做得挺大，生意做到莫斯科、乌克兰、日本、意大利，他和他家人很客气地招呼我们。在完成调研的其他问题后，我忍不住问他，你生意做得这么大，会有一些老外过来谈生意，他们到哪儿上厕所呢？他指指离古塔不远的旱厕说，也在那儿。我说老外受得了吗？年轻的老板说他们习惯了，反正就一会，他们回到宾馆有干净的厕所，这里的厕所是给干活的工人用的。

厕所这个貌似登不了大雅之堂却又每天必须造访数次的地方，在城市，现代文明与发展让我们习以为常了厕所干净和卫生，以此来保证自我的隐私和尊严。白洋淀美丽的风光，悠久灿烂的文化，却因恶臭窒息的旱厕而黯然失色，一种仓惶要逃的狼狈。

短短两天，最深切的痛就是对安新厕所以及环境污染的堪忧，安新急迫需要进行一场厕所革命。

二、直击现代文明反差：北六村小学的现代实验室与落后旱厕

国家对农村中小学教育的重视，表现在对农村中小学教育技术装备、教学仪器和实验设备的投资上。近几年来，农村中小学在硬件设施上有了很大的改观。北六村小学的校长给来自北京高校的师生讲述着北六村小学的实验室设备和教室，实验室代表着现代文明，是校长拿得出手的家中宝，显示学校紧跟时代步伐。

可是，我忧心的是全校的师生，面对如此污秽的厕所环境，如何满足最基本的生活需要？如何建立最基本的文明素质状态？

随着人类文明的进步，人们越来越重视厕所所折射出的文明和素质状态。厕所甚至成为一个地方形象的反映和代表。在城市的学校，已经把如厕文明、厕所的卫生以及厕所品位上升到"厕所文化"，把如厕教育看成一项教育资源，通过各种教育方法，内化成孩子的自尊自爱的自我教育。比如学生自发的志愿者服务，比如厕所文化主题的评比，通过学生的精心设计的厕所 LOGO，厕所内墙上与厕所文明相关的书画图文并茂，还把"厕所文明"引入说唱以及团队活动中，通过"厕所文化"教育，培养学生的现代文明素养和全面发展。

公厕文化也成为发达国家先进和文明的体现。北京公众环境研究中心主任马军说："判断一个国家的文明程度，物质文明看厨房，精神文明则要看厕所。"在美国、英国、法国等欧盟等发达国家，厕所写作"rest room""washing room"，供人们休息、洗漱甚至化妆的地方。说起厕所文明，大家更会竖起拇指夸日本，是日本人素质高的表现。日本厕所环境优雅，厕所里有鲜花、有装饰画，有纸巾，给人非常舒适的感受。

日本的马桶科技含量很高，智能马桶盖是中国旅游者争相购买的热销产品。

近 10 年来，我国首先从旅游部门开始提出"厕所革命"，通过抓"厕所革命"提升地方旅游形象。全国很多城市建设了一批从外形上看各种创意，从内饰来看也非常现代化的公厕，公厕文明新风也正蔚然成风，给民众生活带来了很大的便利，真正起到惠民的作用。文明如厕，健康卫生的概念成为民众的公共意识，在方便自己的同时也方便了他人，体现个人受教育的程度和文明程度。

如果说如今城市和农村教育在硬件设施上的差距已经被引起重视，国家正在努力实现教育装备硬件的均等化，北六村的孩子也许也用上了电脑、网络、多媒体。但实际在文明素养上的培育差距却越来越大，这种隐形的素质教育差异才是根本的区别，这恰恰被忽略掉了。人类文明程度越高，厕所的品位也随之提升。这种以厕所的发展来衡量人类文明和素质程度的发展，显然农村的进化速度太慢太慢，落后的旱厕拿什么跟城市孩子的厕所创意相比？而且差距会越来越大，更严重，社会，包括外界及自身并没有正视这种差距并引起警醒，大家还是麻木地习惯和任由这种落后的旱厕在农村广泛存在。天天面对这样的如厕环境，北六村的孩子如何树立良好的卫生习惯和健康生活的理念和公共意识？有了电脑多媒体并不意味有了现代文明，公厕的卫生健康、尊严隐私作为现代文明，是社会进步的需求，反映了当地整体发展水平和民众的生活质量，是当地素质文明重要标志和文明形象重要窗口。检验和培养公共管理者的现代公共意识、现代管理水平。

三、"公地悲剧"案例：安新民营经济的发达与如厕之伤

公共经济学中有一个著名的案例叫"公地悲剧"，是 1968 年英国学者加勒特·哈丁写的一篇著名论文《公地的悲剧》中首先提出的。他认为，每一个作为理性经济人的牧羊人，目标是实现自己的利益最大化。在公共的放牧草地上，每增加一只羊，一方面可以获得一只羊收入的增加，另一方面会增加草地的负担，并有可能导致过度放牧。对于牧羊人，个人最优决策是不顾草地的承受能力增加羊群的数量。结果是他因羊只的增加获益增多，但把成本外化了。看到有利可图，其他的牧羊人也纷纷加入这一行列。由于羊群的进入不受限制，所以牧场被过度使用，草地状况迅速恶化，悲剧就这样发生了。

"公地悲剧"在解释和解决公共资源配置问题方面得到了广泛的应用。"公地悲

剧"的产生与公共资源属性息息相关，公共资源具有不同程度的非竞争性和非排他性，使市场不能有效提供，导致公共资源天然地被过度使用以及公共资源天然地有效供给不足。从需求方看，消费者作为"经济人"期望实现"搭便车"，不能提供市场活动必须的有效信息；从供给方看，存在排他困难或排他成本高昂，从而向谁收费、如何收费、收多少费都成为难题，价格机制难以发生作用，因而，市场不能保证公共产品的供给符合帕累托最优，从而导致市场供给不足，降低消费者福利水平。在公共产品的供给上，因为存在"市场失灵"，因此，传统经济学认为由政府供给是有效的。

作为公共基础设施的公共厕所，毫无疑问，它是一种公共资源，准确地说属于准公共产品，公共厕所的使用具有一定的竞争性，同时具有非排他性，或者排他性成本较高。公厕使用的竞争性表现在使用公厕的消费者之间彼此互相影响，特别是在达到拥挤点以后，竞争关系更是明显，在公厕使用的非排他性方面，由于我国很难形成使用公厕付费的习惯，过去尝试过付费公厕，但交易成本高于收益，逐渐消失，可见排他成本高，价格机制难以适用。

走过的安新县大王镇和三台镇的好几个村，大王镇主要生产服装。尽管属于比较低端的产业链环节，但几乎家家户户都是厂，形成家庭式手工作坊，形成辅料、包装、绣花、缝纫、印花、制版等产业链环节，村民经济条件普遍较好，北六村的年人均收入大概有 6 万~7 万元。三台镇主要生产鞋子，产业相对集聚，这里不像我们常见的绿油油田野的农村，这里厂房林立，上规模的鞋业企业不少，山西村的村干部告诉我们，这里可以吸纳 12 万人就业，人均年收入也在 6 万元。较之于其他地方，安新县自发的市场经济、民营经济相对比较发达，人均收入水平较高，收入水平高往往意味着较高的生活水平，但缘何高收入的安新却容忍旱厕长期存在？难道他们没有足够的钱去建造干净的厕所吗？

非也，原因恰恰在于厕所作为一项公共资源其竞争性和非排他性属性导致公厕市场供给不足，也就是"公地悲剧"的结果。公厕作为一种公共资源，往往会引起过度使用却疏于维护，城市里的公共厕所同样不能幸免于难，城市的公厕也存在一些低素质的人群不冲厕所，导致厕所的脏乱差，这是因为每个人都拥有公厕的使用权，但没有权利或者很难发现在使用厕所过程中的不文明行为，或者制止成本高昂，这是公厕被损，难以维护等问题产生的根源。农村的旱厕则表现为粪便长期没有人清理，秽物四溢，滋生疾病，严重影响人畜饮用水安全等。尽管安新县不乏私人资本，甚至某些地方还可以说是藏富于民，但私人资本对旱厕事态的恶化也是无能为力的。因为私人资本的本性是逐利的，投资公共厕所是无利可图的，如上分析，因为厕所不能收费，或者收费的交易成本过高，民众没有付费享受舒适厕所的习惯，当收费时，民众很可能会选择在隐蔽处"方便"取代上收费厕所。因此，纵使民营经济再发达，市场也是缺乏提供公厕的动力的。在市场失灵的公厕供给领域，大家都寄希望于政府，希望政府把优质的公厕资源提供出来，但是当政府资金有限，而多种公共目标等着去实现的时候，更多的是以低劣的公厕资源为代价，尤其当民众对旱厕还能忍受时，优质的厕所资源就不能被提供出来。

四、如厕之伤如何破——安新县的"小厕所，大民生"

如厕之事，貌似不大，却是民生最为迫切的需要，是人民对美好生活向往的出发点，是重要的民生需求，随着中国文明素质的提高以及对外开放的进一步扩大和深化，厕所文明越来越成为国家的形象和窗口。

厕所革命对雄安新区建设意义非凡，雄安乡村社会急需一场厕所革命。雄安新区原有的几个县城以及众多乡镇都有外向型的加工企业，产品远销亚非欧国家，同时，白洋淀也是旅游景区，越来越多的客人慕名而来。厕所是最基本的需求。乡村公厕污染问题长期得不到有效解决，公共环境和卫生习惯得不到改变，如厕陋习得不到革除，严重影响和制约了雄安广大乡村人口素质和生活水平的提高。随着雄安新区成为国家发展战略，交流和发展将日新月异，雄安新区将成为国家未来的一张名片，旱厕的负面制约作用越来越凸显出来。如果厕所问题得不到解决，不去把这块短板补起来，谈何幸福产业？没有人口素质的提高，没有乡村文明的变革，雄安新区又如何迎接新一轮的大发展？

雄安要发展，首先必须来一场厕所革命。"公地悲剧"给我们的启示是，由市场供给公厕是天然的劣势，势必要发挥政府的主导作用（尤其是前期的主导作用），并利用市场运营优势，与社会资本结合共同提高公厕的供给效率、数量和质量。所幸的是政府，尤其是中央政府，看到了问题的急迫性。习近平总书记亲自部署了农村厕所革命。2015 年 7 月 16 日，习总书记在视察吉林延边时指出，农村也要来场厕所革命。2016 年 8 月 19 日，习总书记在全国卫生与健康大会上肯定了厕所革命的重要意义和成果，强调要持续开展城乡环境卫生整治行动。由此，厕所革命从旅游产业，从景区走向全域、从城市走向农村，获得越来越多的认可和支持，逐渐成为引领中国旅游居住环境和城乡人居环境变革的推动性力量。

具体的操作上，积极探索政府与市场结合的供给机制，打破"公地悲剧"魔咒，政府、市场、社会共同携手供给优质公厕的模式，探索并初步形成"政府主导、环卫搭台、企业融资、社会集资、市场主体和社会组织广泛参与、以商养厕、方式灵活、运转高效"的多元供给体系，为雄安新区厕所革命提供了可借鉴方案。主要有以下几种模式。❶

（1）PPP模式。即实现政府与社会资本合作，通过授予特许经营权等方式，形成伙伴式合作关系，坚持风险共担、利益共享原则，通常前期由政府主导、通过充分竞争选择社会投资人、政府方监管等重点环节，达到了政府、资本方、公众等多方共赢的效果。公厕由企业出资建设，政府分期回购，建成后政府委托企业经营管理，自负盈亏，并负责厕所的日常养护维修，政府对其经营厕所的管理情况进行监督考核。这样不仅弥补政府公厕建设资金的不足，使广大民众得到更优质的公共卫生设施服务质量；而且私人资本也通过经营模式创新实现盈利。这是近年来被探讨并实施广泛的模式。

（2）以商养厕模式。利用拍卖、公开招投标等形式，商家获得公厕设施的广告经营权等，在商家"免费提供公厕设施建设、免费提供设施的维护和清洁工作"的同时，商家获得经营厕所外墙等的广告业务、创意产业，公厕外墙变成了广告墙，内部也设置了各种创意广告等，通过一系列的技术创新和流程管理创新，为广大民众、游客提供具有创意、高品质的服务，吸引有影响力的广告公司的进入等。

（3）委托模式。业主通过购买服务，委托专业保洁公司承担厕所管理，提高厕所专业化、规模化管理水平。

（4）认养模式。由机关、企业、学校、社会团体等提供经费或人力，协助厕所管理单位对其认养的厕所进行维护与管理。

（5）"厕所+"综合开发模式。充分发挥厕所集聚人流的功能，拓展厕所配套服务功能，建设城乡公共卫生综合体，使厕所成为微型商业中心，培育厕所产业链。

---

❶ 伍策,冷竹.厕所革命推进报告[EB/OL].(2017-05-27)［2017-06-07］.http://www.china.com.cn/travel/tex/2017/05/27/content_40910962.htm.

第六章

文物与文化遗产

雄安新区作为一项"国家大事、千年大计"，在文物古迹保护方面也应具有世界眼光、国际高度，让历史文化遗产成为雄安新区的文化地标。要保护、保存好历史文化遗产，做到城市现代化进程与文化遗产有机保护统一，现代建筑与历史建筑相得益彰，现代文明与历史文明交相辉映。

第一节　让历史古迹成为雄安新区文化地标

——安新县历史古迹调研报告

　　《威尼斯宪章》指出："世世代代人民的历史文物建筑，包含着过去的年月传下来的消息，是人民千百年传统的见证。人民越来越认识到人类各种价值的统一性，从而把古代的纪念物看作共同的遗产。大家承认，为了子孙后代而妥善保护它们是我们共同的责任。"历史遗迹是传统文化的承载，保留了人类文明发展的脉络，是历史的文脉和灵魂，也是现代文明发展的基石。雄安新区作为一项"国家大事，千年大计"，在文物古迹保护方面也应具有世界眼光、国际高度，让历史古迹成为雄安新区文化地标。要保护、保留、保存好历史文化古迹，做到城市现代化进程与历史遗迹保护有机统一，现代建筑与历史建筑相得益彰，现代文明与历史文明交相辉映。

一、安新县历史古迹史料溯源

（一）燕南长城（也称"易水长城"）

　　春秋战国时期，安新县分属于燕国与赵国统辖，以易水长城为界，南葛城属赵，北浑泥城归燕，所以安新一带也有"燕南赵北"之说，可见其历史之悠久。

　　战国初期为燕国辖域，时有葛城（今安州镇）、浑涅城、三台城。燕国是公元前11世纪周王朝分封的诸侯国之一，姬姓，开国君主是召公奭，建都于蓟（今北京城西南隅）。燕昭王时又建新都于武阳（今河北易县东南），是为下郡。燕昭王时，他招募贤士，广罗人才，重用了乐毅，燕国逐渐强盛起来，成为北方大国。燕的东北方与朝鲜为界，北方有东胡、林胡、楼烦等小国，南方与齐国为界，西方与赵国为邻。据历史文献记载，为了防御邻国的进攻，燕国共筑有两道长城，一道是南长城，另一道是北长城。

　　为了防御东胡、林胡、楼烦等国的侵扰，在公元前290年，燕国沿燕山山脉修筑了北长城。在《史记·匈奴列传》中记载有："燕有贤将秦开为质于胡，胡是信之，归而袭破走东胡，东胡却千余里……燕亦筑长城，自造阳至襄平，置上谷、渔阳、右北平、辽西、辽东郡以拒胡。"这条长城是从古造阳（今河北省怀来县）起，东渡滦河，逶迤转向东北，渡辽河到达古襄平（今辽宁省的辽阳）境内止，长达1000余里，这就是燕国的北长城。

公元前314年，中山国和齐国同时攻燕，燕都蓟（北京）城为齐军攻破，燕昭王在河北易县东南营建新的都城——下都。大约与此同时又在下都之南修建长城，目的是用来防御中山、齐国和赵国的进攻，保卫燕国下都——易水城。燕南长城的走径，据《水经注》《元和郡县图志》等文献记载，起于今河北省易县西北太行山下，经易县南境，入徐水、安新北境至雄县东北，折向南经文安至大城县西境，止于大城县南面的子牙河西岸（如图6-1所示）。

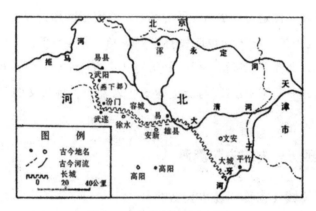

图6-1　古燕南长城走经图

图片来源：百度百科。

在《战国策·燕策》中有这样的记载："张仪谓秦王曰：今赵王已朝渑池，效河南以事秦；大王不事秦，秦下甲云中，九原，驱赵而攻燕，则易水长城，非王之有也。"《史记·张仪列传》也有载，燕昭王元年（公元前311年），张仪说六国连横时，向燕昭王说："今大王不事秦，秦下甲云中、九原，驱赵攻燕，则易水、长城非大王之有也。"由此可知，此时燕已有易水长城。以此推算，燕南界长城修建年代，当在苏秦说文公合纵（公元前334年）至公元前311年之间。燕昭王时又进行了增修。

燕南界长城主要用于防齐、赵和御秦，以及保卫易水之南的燕下都武阳城的安全。《水经注》易水条记其位置甚详："易水又东，屈关门城西南，即燕之长城门也，……易水又东，历燕之长城，又东迳渐离城南，盖太子丹馆高渐离处也。易水又东，屈迳长城西，又东流南经武隧县南，新城县北。……又东，梁门陂水注之，水上承易水于梁门，东入长城，东北入陂。"《水经注》滱水条记载："滱水又东北，迳阿陵县故城东。……滱水东北至长城，注于易水者也。"《元和郡县志》《读史方舆纪要》《大清一统志》等也记载有燕易水长城的情况。

北魏地理学家郦道元（今河北涿州市人）在其《水经注》中对易水长城的记载当是可靠的。由此可知，北魏时期尚有较多的易水长城遗址。据今人考，燕南界长城的大致位置在冀中平原保定以北，西起今河北省易县西南的太行山下，沿着易水南支流北岸而行，又折向东南经定兴、徐水、安新、任丘等市县，从东北入文安县至东南，即滱水入易水、易水入滹沱河一带之地，全长约 250 公里。至今易水长城的遗址有些地段仍依稀可辨。

然而，燕南长城保存现状堪忧，大部分地区地表无遗存，有的段落被现代道路建设硬化处理，有的深埋于白洋淀大堤之下，部分长城段落周边环境垃圾成堆，污水横行，长城遗址保存环境较为恶劣。

（二）安新县古城墙

安新县的县名"安新"二字尽管得名时间不长，但却有着悠长的前史。现在的安新县境内，从前有过两个州县：一个是新安县，旧时也称渥县，其治所坐落安新县北部、今天安新县政府地址地，另一个则是坐落西部的安州，旧时也称葛城，其治地址今天的安州镇。"安新"二字也是新安和安州这两个地名的合称。从这个称号可以看出，这两个州县有着深沉的根由。

新安和安州的开展发源于战国期间的两座城：葛城与浑泥城（也作浑塈城）。史载，战国期间，赵国筑葛城，燕国筑三台城、浑泥城。葛城，即是后来的安州，由于它在濡水之阳（北岸），也称为濡阳。浑泥城则是后来的新安。"太行东倾而恒山起伏，涧壑所自出之水涓流盘会，积川巡陆入于海，中流九溪，错合交潴为白洋淀。广宽方数十里，港浍辐辏、终古不涸。新安水陆环之，故新安地势视平原为独下，突破大陆而成泽国……"这是原《新安县志》中关于新安城地理位置的一段记述，概要介绍了新安城"水陆合围"的特点，这与历代建设新安城有着直接关系。

到宋朝咸平六年（1003 年）才有"延昭取易县坚土筑葛城以御辽"的记载。到了金代泰和八年就有了"金章宗筑浑泥城。周九里、高二丈、阔九丈、池深一丈、阔四丈。旋改浑泥城为渥城县。"的记载。金章宗时期，拓建渥城（今新安）。泰和四年改浑泥城为渥城县，隶属安州；泰和八年，州治由安州迁至渥城，辖高阳、葛城、渥城三县，兴土木，拓建渥城，并设有景宁、广德、来远、安仁四门。到元代至元二年州县俱废，渥城县改为新安镇归信县；越年，渥城并入容城县。至元二十三年（1286年）易水泛滥，渥城没于水。过后，改筑新安城。

金世宗期间，建立安州，并将州治所迁至濡阳城，从此，濡阳就有了"安州"一名。泰和四年（1204年），金章宗设置渥城县（其治地址浑塑城，即新安城）。尔后数百年间，安州与新安县开端了令人眼花缭乱的分分合合。民国二年（1913年），废安州，改安州为安县，民国三年（1914年），安县与新安县各取其名之首字合并为安新县。1950年，安新县政府驻地迁入原新安县城内，而原有的安州则降为安州镇，两个本地的分分合合就此完毕（如图6-2所示）。

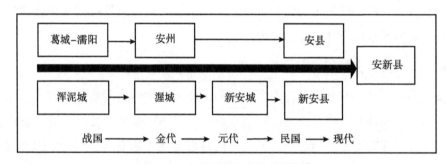

图6-2 安新县历史沿革路线图❶

至于城墙修筑情况，明英宗正统八年（1443年），安州知州陈沧修筑安州城垣；明万历中期，以三合土、大砖修筑，池周五里三十步，高二丈五尺；清乾隆十二年（1747年），清兵部尚书陈德华离职回籍，自请效力休憩该城，未竟，命侄陈筠代修；乾隆四十六年（1781年）发帑重修，城周3119米，南北长975米，东西长798米，城高8.4米，上宽3.4米。四门分别有瓮城，城门宽4米，门楼高13米，规模可观。

从清乾隆年间古城地图来看（见图6-3），规划有度，布局严谨。城内建有东西大街、南大街、大北街四条主要街道，街道宽阔、平直，每条大街岔出的小街小巷也都平直分布，很少斜弯曲折，可见古城当年的设计有法，自有一份大度与雍容蕴含其中。

---

❶ 作者根据史料记载绘制。

自金代拓建城地之后，新安城多次毁于洪水，屡圮屡筑。"明洪武十年大水坏城垣""明成化十四年四月，安州、新安大水，城几陷""明万历二十七年秋，大水浸城，新安城门壅土为障，四境尺地无余……"历史上白洋淀十年九涝，新安城的重要作用也体现在抗洪御灾、保护黎民百姓方面。一直到 1938 年日本入侵新安后，为防止敌伪据城顽守，便于打击敌人，新安城拆去四门，把城墙降至一丈左右。

现在，古城仅存西南角和北门处的三两段城墙，巨大的灰色城砖厚重而古朴（见图 6-3），但目前保存状态也堪忧。新建红砖墙直接砌在原有古城墙遗址上，原古城墙已然成为了现今建筑的外墙体，红与灰、古与今的城墙结构形成强烈对比。

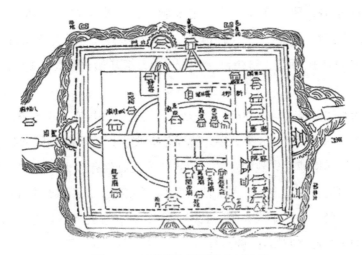

图 6-3　清乾隆年间新安古城地图

图片来源：乾隆年间安新县志。

（三）"两塔一庙"

安新县文史资料中，"两塔一庙"由于其具有深厚的文化底蕴和光荣革命传统而占有一定地位。位于安新县三台镇山西村的"五印浮图塔"便是两塔之一。据《安新县志》记载，该塔始建于明朝万历二十四年（1596 年），重修于清朝康熙十九年（1680 年）。

从外观看，"五印浮图塔"呈八角形，塔高约 15 米，塔身以青砖、石灰砌成，共 7 层，底层周围有石碑环绕，刻有碑文，记载了重修此塔的年代、捐善款人的名单，以及五印浮图的诗文。塔内存有三层壁画，分别雕刻着龙、佛像、菩萨像，塔的迎门神橱内是观音像。壁画的雕刻工艺可称精细：巨龙盘绕，活灵活现，神像栩栩如生。塔的顶层刻有"三台文笔"四字，验证了三台古镇的悠久历史。塔的最下层刻有"五印浮图"字样。五印是指该塔建在五印庵内；浮图的意思有三：一为和尚，二为佛陀，三为塔。此处显然是指塔。特别值得一提的是碑文中有这样的话："盖天下事，一人任则力单，而难胜；众人任则力齐，而易荷。"面对这发人深思的哲言，不禁为前人的辩证观点而慨叹。数百年的沧桑岁月磨平了多少往事，而古塔独存，像是以深邃的目光洞察着历史上的是是非非，传承着"众人任则力齐"的团结精神。

另一座塔则是位于安新县安州城里的烈士塔。安州，是座历史悠久的古城。战国时是赵国的葛城，后经东汉、唐、宋等朝代，多次易名，直到金朝天会七年（1130 年）升为安州，民国三年（1914 年），安州与新安合并为安新县，1950 年安新县政府由安州迁往新安。安州烈士塔是 1947 年开始兴建的，因此，塔址选在安州。

烈士塔为 5 层砖塔，塔高 30 米，外观为八角形。底层有 3 座石碑，主碑的正面刻有"革命烈士永垂不朽"8 个大字。背面是碑文，记述了在不同的战争年代先烈们作出的奉献及建塔悼念先烈的意义。右侧石碑正面刻有"人民英雄永垂不朽"字样，背面刻有白区 4 名烈士英名和抗日战争中牺牲的 1777 名烈士英名；左侧石碑刻有"发扬革命传统，争取更大光荣"12 个字，并刻有解放战争时期的 474 名烈士英名。烈士塔的第二层竖有镶在塔壁内的石碑一座，刻有抗美援朝时期的 106 名烈士英名。

此塔虽然始建于 1947 年，但由于当时正处于解放战争时期，不断有国民党武装骚扰，直到 1956 年才全部竣工。自此，每年清明节，安新各界人士和青少年学生都要到烈士塔祭奠英灵，重温刻在烈士塔石碑上的铭文。安州烈士塔也成为安新人民继承革命传统、缅怀先烈的爱国主义教育基地之一。

安新的"一庙"则是指安新县大田庄村东的庙宇。此庙建于清代乾隆年间，是仿四合院形式建造的。庙内的正殿是"奶奶庙"，南房是"关帝庙"，东西房存放经卷。

此庙之所以在安新文史资料中占有一席之地，不在于庙内供奉的什么神佛，而在于抗战期间此庙曾是抗日团体集合以及开展各项抗日活动的场所。据《安新县志》记载，1939 年 6 月，冀中军区"反扫荡"和改编河北游击军会议就在这座庙内召开。大田庄村由于四面环水，芦苇遮蔽，地点相对安全隐蔽。当时，出席会议的有冀中军区司令员吕正操、政委程子华、副司令员孟庆山、参谋长孙志远、地方代表侯玉三等。关于此庙，大田庄村的老人们记忆颇深，如今已修葺一新，成为当地百姓接受爱国主义教育的场所。

二、历史古迹体现城市文化精神

上文对于安新县现存古迹遗址的史料梳理，仅是雄安新区丰富历史文化积淀的冰山一角。文化古迹的留存见证了一座城池的历史变迁，具有一座城市特有的文化基因，体现了城市文化精神。各个时期的文化遗产就像一部部史书，记录着沧桑岁月。保留下文化遗产才能使城市的历史连绵不绝，才能使人类的发展需求不断得到满足，才能使城市散发出历史的魅力和时代的光彩。正因为这样，我们才如此精心地保护文物建筑、历史城市，建设了众多的博物馆来保护这些可移动的和不可移动的文物。

然而拆除古迹、以旧换新的经验教训，也让城市的现代化进程付出了代价。随着国民经济的发展，城市现代化的步伐也日益加快，城市面貌的变化可谓日新月异。许多城市经过多年经营基本达到了交通便捷、通信畅达、设施配套、环境优美等要求，极大地改善与满足了广大群众的生活追求。这是合乎发展规律的社会进步的表现。但在这"旧貌换新颜"的沧桑巨变中，在物质建设的推进中，大型推土机、卷扬机这些"冷面杀手"正在无情地吞噬着文化古迹。以往，许多古代遗址、古建筑、园林景观、名人故居、爱国基地，以及有丰富历史文化内涵的地名、街道、古树名木等等，只要不幸划在待建的"现代化"建筑红线之内，就会有在隆隆的马达声中灰飞烟灭、永久从地图上消失的遭遇。这种情况几乎在全国大多数城市均不同程度地存在。

21世纪，保护历史文化古迹已是全人类的共识，也成为检验人类文明发展水平的重要标志之一。保护历史文化古迹已不仅是一个国家、一个民族的事，而是全人类共同的事业。一切文化古迹，均是人类文明的遗产，为全人类所共享。

刘易斯·芒福德（Lewis Mumford）认为，守墓古风和习俗，驱动族群的相聚而形成村落。❶ 麻省理工学院教授凯文·林奇（Kevin Lynch）的学说也认为，古迹既

---

❶ Mumford Lewis. The City in History[M]. New York：Harcourt, Brace & World, 1961.

是组成城市特征的重要坐标，亦是辨认城市领域的关键。❶ 我们应该认识到，古迹强化了城市的文化形象和特征，增加了城市卖点。马来西亚于1976年颁布的《城市及乡村规划》法令，阐明地方蓝图可鉴定保护区，从而把古迹融入发展的主流。可见古迹地位之举足轻重，正如对商业、工业、交通的研究，同样不可遗漏。建立新区和古迹可以共存并荣的共赢观念，因而倍显重要。城市规划的范畴虽然既广又大，争论良多，对于此却不能不有所共识，用明文的宪章断定古迹的合法依据。

决心尊重历史，关怀城市文化与城市精神，亦当致力于保护形成和启自历史的古迹，以及古迹发迹的原貌。何况，历史"可以生财有道"：城市能否成为旅游卖点，与它的特征有一定的关系；而文化古迹正是构成城市特征的重要部分。举凡湖山、建筑以至遗迹，在许多国家，现在都是游客必到之地。"古迹的邻里环境、建筑基地、砖石材料、屋顶门窗等，都是保护的重点，也是参观的对象"。古迹反映当地的城市风格，留下追踪人物、事件和年代的线索。此外，古迹的建筑形式也显见不同时代的设计思潮，并且从凭吊的过程中，引发内心的反省和深思，或缅怀幽幽古意，或激励壮志，或追悔错误，或陶冶性情，或凝铸族魂。

三、雄安新区历史古迹保护对策

（一）保护古迹，建设新区文化地标

"文化地标"具有城市的文化识别意义，增强城市的文化识别度，进而提升城市文化形象和品格。文化地标不仅仅是一种城市摆设，也不仅仅是为了让人们记住和识别。文化地标其实往往是城市的"文化名片"，是城市文化精神的象征。如果说文化是一个民族、一个国家、一座城市灵魂的话，那么文化地标就是这个灵魂的外化物和可视符号。对一座城市而言，文化地标是不可或缺的，正如天安门之于北京、杜甫草堂之于成都、朝天门之于重庆、五羊雕塑之于广州、埃菲尔铁塔之于巴黎一样。

雄安新区建设，同样应当要有"严肃"的人文特征，为历史延续文脉，为新区留住"乡愁"。通过地标强化城市文化的记忆，把雄安的历史记忆沉淀与凝固，让原住民能够记住新区的历史，让外来移民能够深入了解与感悟新区的历史积淀。历

---

❶　Lynch Kevin. The Image of the City [M]. Cambridge：MIT Press，1971.

史遗迹的文化内涵，能够赋予一座城市特别的意义。特别是一座在彻底颠覆现有面貌基础上全新树立的崭新城市，具有历史文化内涵的文化地标，就更能赋予新区一种特殊的文化意蕴，承载了历史的记忆与文化的根基。在雄安新区建设过程中，当历史与现实，灵秀与厚重，传统与前卫交相辉映时，古城墙、古长城、古塔等文化地标，将罗列起一座城市丰富的视觉层次，有力提升城市的文化影响力，增强城市精神感召力和凝聚力，树立起新区的文化自信，为新区带来自豪和荣光。

（二）借鉴国际经验，让古迹在新区复活

雄安新区是按"世界眼光、国际标准、中国特色、高点定位"建设的大国新城，代表中国新城形象，将是国际化、高端型人才的集聚之区，文化体验与文化消费的高地。因此，作为文化地标的古迹，不仅是作为城市历史文化精神的象征，同时也应在新区的国际文化氛围中"复活"。

近年来，利用名胜古迹举行文化、娱乐和大型欢庆活动是国际上的潮流。例如，法国作为名胜古迹众多、文化思想标新立异的文化大国，利用城堡或古老庄园把参观古迹和举行活动结合起来。法国的艺术家和文化古迹管理者们在保护文化古迹的同时，利用各式各样的大型活动，充分发挥古迹的作用，让参观者领略传统文化和现代文明相结合所产生的无穷艺术魅力，宣传法国文化艺术的成就。

用丰富多彩的结合方式，提高名胜古迹的利用率，可以充分发挥其文化价值，从新的角度诠释文化遗产在现代生活中的作用，并同时产生可观的经济效益。但其目的是在保护古迹的前提下，更好地使用、宣传古迹，如果由于使用失当而对古迹造成损害，那就完全走向了反面。因此在使古迹"活"起来的过程中，还有一项基本原则，即严格遵守文物保护规定，不能使古迹受损。

（三）统筹古迹内外环境，延续历史氛围

古建筑与环境是相辅相成，相互依存，缺一不可的。不仅要注意文物本身的保护，还应注重文物环境的保护。统筹古迹内外环境，延续历史氛围。

在对古迹本体保护方面，由于各种自然破坏因素的复杂性，需要采取综合的防治措施来避免破坏的继续。其一，完善基础研究。搞清楚破坏发生的原因和破坏机理是第一步要做的工作，这样才能做到有的放矢，找到比较有效的解决办法。其二，加强安全防范。引入高新技术，全面改善安防预警系统，提高防范能力。制定《突发事件应急工作管理办法》，建立严格的突发事件防范和应急处理责任制，保证突

发事件应急处理工作的正常进行。其三，完善基础设施建设。通过完善基础设施，还原一个洁净的空间环境，做好保护工作的后勤保障，起到间接保护文物建筑的作用。其四，建立监测体系。运用现代化的监控设施和监控手段加强对各种破坏因素的监控的能力，对所有破坏因素建立有效的监控机制和定时汇报制度。

对于古迹周边环境，文物保护单位建设控制地带面积大小的划分，将直接涉及该地区今后建设模式选择的问题。因此需要在历史性环境保护的法律法规中规定一套缜密的标准作依据。在建设控制地带中，主要是对周围建筑的形式、形态、使用功能进行限制。通过不断地更新，逐步淘汰不和谐的建筑，保留协调的建筑，同时有计划地清理、整治环境，促进古建筑与周围环境和谐有序。

第二节　北六音乐会的变与不变

2017 年 5 月，中国传媒大学经管学部师生浩浩荡荡，分 3 批赴雄安新区进行调研，我们属于第三批，来到安新县进行乡村调研，其中一个主要的任务就是走访大王镇的北六村，通过村委会了解基本情况，然后针对文化发展、产业发展、教育发展，寻找典型线索。

我们小组的同学在走访中各有不同的调研视角。严佳音沿途用镜头细心地记录了一些小学生在教室和美术教室的真实表现；高雅用镜头记录了村里原生态的自然环境包括比较脏乱的角落，以及大片麦田的自然风景；汪妍主要关注的是文化主题，如老年乐队以及诸多分散的小型服装生产能否在未来创建服装品牌；刘浩关注的是有待协调的一些现实矛盾：当地接受教育的观念与满足现状生产方式的矛盾；当地文化遗产继承与经济发展方向的冲突；国家决策高层与普通民众之间信息传递的模糊；当地目前低端产业与未来高新技术发展的矛盾；当地恶劣环境与环保规划的矛盾。

5 月 27 日到达安新县大王镇北六村，眼前是一片停止施工的工地，高雅、严佳音两位同学在不远处拍完麦田风景后，快速奔跑追赶调研队伍。

下面我们对北六村的一个非物质文化遗产项目（保定市）——北六音乐会进行专题分析，针对北六音乐会的独特价值以及传承难题进行阐述。

一、北六音乐会的现状

北六村地处京、津、保定三角地带中心偏东位置，在"华北明珠"白洋淀边的大王镇，这里的村干部告诉我们，村里有一个古老的音乐会组织，乐器和乐谱有的还是明清时期保留至今的，乐谱的记谱形式还是古老的工尺谱。我们在了解村子里的服装产业、小学教育的同时，对此十分好奇，就通过老乡引路找到了这个音乐会组织。

在村子里还遗留着一片没有经过统一规划的自由住宅区，就是在这里的一栋矮小的平房里，活跃着一个19人组成的古老音乐会的乐队，绝大多数成员是60岁以上的老人，其中男性16人，女性3人，年纪最小的也在40岁以上。

在接近中午的时光，我们一路惬意地在村庄小路上步行，拐了好几个弯，终于进入他们小小的训练场所，屋子里面空间很小，在小桌上、椅子上摆着一些工尺谱，而在一张小床上则是放着笛子、芦笙等民族乐器。乐队领头的是一位退休教师，名叫李同喜，他曾经做过初中、高中老师，教过音乐，但主要是教物理课的，因为一直以来他对这种古老音乐的执着热爱，也能读懂工尺谱，还把不少大家看不懂的工尺谱翻译成简谱，降低了人们接触与学习这种古老音乐演奏的门槛，所以他成了领头人。他非常热情，愿意毫无保留地介绍情况。

平时，这些有着共同音乐爱好的老人会经常聚在村子靠近白洋淀的长廊或亭子，在那里进行练习与交流，属于自娱自乐的消遣，更多的人则会在那里跳舞，也有唱歌的。一旦村子里以及附近村落遇到白喜事，他们这支北六村音乐会乐队则会以打击乐+吹奏乐+演唱的组合前去进行免费地演出。这种音乐会演出，成为当地几百年来白喜事、庙会时节最隆重、最热闹、最悲壮的仪式。

如今，北六音乐会的传承人李同喜老师已经76岁，但特别喜欢与人交流，也一再挽留我们多听一听他们已经录制的一些音乐作品内容。乐队里面还有多位已经退休的教师。5年前，李老师他们已经通过提交非遗申报材料让北六音乐会成为了保定市级非物质文化遗产。后来，他们又积极申报了河北省级非物质文化遗产，但暂时还没有获批。他们特别盼望成为省级非物质文化遗产项目，以解决这一古老音乐在传承上遇到的资金难题。

传统意义上的北六音乐会，这种古老的音乐庆典形式和社交形式，是在传统社会需要中自发诞生，在社会实践中沿革与发展变化的。其演奏技巧有着很深的历史积淀，若要想学会并达到演奏水平，没有三年五载是不行的。这样的非物质文化遗产，具有很高的历史价值和艺术价值，是民族历史中民间文艺与民俗表演的一支艺术奇葩。

二、北六音乐会的历史价值

在中国的传统文化中，庙会文化是重要的礼俗形式之一。庙会文化最为重要的是"祭礼"。从皇宫到民间，这是中国重要的传统精神理念，是中国传统文化的重要组成部分。祭祀活动形成了一套严格而复杂的礼仪程序，程序中的每一步都要有音乐相伴。离开了音乐，祭祀活动就会显得不隆重、不郑重，显得苍白乏味和了无生气，音乐是整个祭祀活动的"兴奋剂""催化剂"，是不可或缺的组成部分。

据了解，北六音乐会由来已久。1623 年，北六佛门教主石德龙在一次庙会上认识了一位浙江人李凤鸣，这位李凤鸣先生，具有音乐会的全套演奏技巧。他们两人一见如故，结为金兰之好。于是，石德龙在北六组建起了音乐会组织，在李凤鸣的精心培育下，音乐会逐渐发展壮大。

每年庙会，石德龙都会率领音乐会班子赶庙上香、演奏，在优雅的音乐声中向药王扁鹊施礼叩拜，祈求平安吉祥。所以，音乐会也叫顺香会。据音乐会师傅介绍，最早只是祭拜大名医扁鹊，在长期的庙会活动中，又逐渐扩展为以华佗、张仲景、孙思邈等大名医为祭祀对象的供奉体系，把他们都当作神来祭奠，也反映了当时人们的思想理念。

随着音乐会受到民众的欢迎和器重，许多重大节日庆祝和民间民俗活动也都会邀请音乐会参加，或成为音乐会有所作为的表演机会。如 1912 年孙中山就任中华民国临时大总统、1945 年抗日战争胜利、1949 年中华人民共和国成立时，北六音乐会的人马都会和群众一道巡街演奏，共同庆祝胜利。民间的传统节日，如春节、元宵节、端午节、重阳节，也是音乐会的重要活动节日。

在村子里，一旦哪家有老人去世，最隆重的礼仪形式也是音乐会的演奏表演。户主会登门磕头恭请音乐会乐队到场演奏，这一点，从音乐会诞生至如今，已经是几乎一成不变的习俗，村民们认为音乐会是顺香会、祭神会。有音乐会演奏，就是请神来保佑，去世的人会平安上路，一路顺风，也是彰显对逝去老人的孝敬。这种孝敬执行也是乡亲们长久不变的传统观念，所以，十里八乡的白喜事都会邀请音乐会大驾光临。

三、北六音乐会的艺术价值

北六音乐会是一种怎样的艺术形式？我们可以想象十几个人的乐队，在那种特别庄严的庭院，或一路上，各自手持古老的镲、铙、钣、铛子、云锣、笛、笙等乐器演奏，表达着苍凉、悲伤、深沉的情感。这不像高雅音乐殿堂的管弦乐队演出，也不像大妈们完全自娱自乐的广场舞演出。其演出有着独特的复杂性，其创造的也是一种极其独特的艺术氛围。

北六音乐会的演奏，主要乐器由两部分组成：一是从镲、铙、钣、铛子、云锣等乐器为主的打击乐；二是以管、笛、笙类乐器为主的吹奏乐。

打击乐，主要出现在演奏音乐会的首尾两端，开头十几分钟以打击乐为主开场，然后过渡到吹奏乐。在音乐会的结尾部分，也会出现一段打击乐。打击乐由大套和小套组成，大套分7个乐段，乐段中加小套，旋律的主要特点是激越奔放。

吹奏曲，主要有长篇曲和短小曲。大曲平缓优雅，小曲则明快流畅。保留至今的长篇曲有"七烟回""南花园""淘金令""普坛咒"等，小曲主要有"赶大鬼""左太平""右太平""左香仁""右香仁""妻上夫坟"等30个左右。

在乐曲的标注上，打击乐主要用古老的记谱法和念唱法。吹奏乐的记谱，用古老的"工尺谱"和念唱法。

为了掌握节奏和便于记忆，在打击乐和吹奏乐念唱时还唱出了许多文字，如"龙统""亚哥""卓里""啊""哇""的""哎"等，这些文字在工尺谱中是没有显现的，只有靠师父一句一句的言传身教才能传承。这种念唱中的文字，通常称为"啊口"。谱中加入这些"啊口"，从音乐效果来讲，是乐曲的有机组成部分，这种方式是中国古代音乐的重要传承特征，也是中国传统韵谱的独特风格。

据传，北六音乐会的鼻祖李凤鸣是一位出家的僧人，也是接触过宫廷音乐的一位高人，他不仅懂得佛教音乐，也懂得宫廷音乐。所以，北六音乐会的打击乐和吹奏乐历史起源的背后，既有宗教音乐的风格，还具有宫廷音乐的某些特征。

四、北六音乐会的传承与希望

斗转星移，历经了近400年的沧桑，这一音乐会形式得以在安新北六村"香火相传"至今，也算是一个不可思议的奇迹。但是曾经的辉煌难以重现，曾经的历史难以说清，更多的只是留给人们无限的想象。据说，历史上最辉煌的时候是在清朝，这个音乐会的演奏人数多达150人。曾经的演奏活动更加频繁、更加有规模，也更加有恢弘气势，经常会参加庙会、节日庆典、丧事祭奠等活动，活跃于河北安新、容城、雄县等广大农村。

而如今，虽然还有幸存的一支举办传统音乐会的小乐队，但是，当下正处于"青黄不接的时候"，生存与发展的问题是显而易见的。

首先，音乐曲调太悲，限制了生存路径。有的人告诉我们，这种古老的音乐已经不适应如今音乐的轻松喜乐特征，格调太悲凉、太悲壮。如今的流行音乐大行其道，轻松、快乐，各种个性化风格的音乐应有尽有。而北六音乐会这样的音乐风格毕竟是几百年以前诞生的，可能和过往历史特别的沉重有关，而和当下的现实生活有距离，如今许多社交场合需要的是喜庆风格的音乐。我们询问了这一音乐会组织一年大概会有多少次演出，李老师直率地说，主要就是为去世的老人举行音乐会，是有季节性的，老人一般都是在春秋、秋冬季节去世，夏季里万物生长茂盛，人的生命力也相对顽强，去世的人很少。一年里为去世的老人举办音乐会的次数在10场左右。除此之外，就几乎没有任何演出了。

其次，学习难度大，喜欢的人又少，后继乏人。如今的音乐会规模和昔日的辉煌气势相比，人数只有19人，而且都是上了岁数的人，年轻人一个都没有，时代的断裂式发展让这样的音乐已经和年轻人几乎绝缘。年轻人不爱学，学起来也很费功夫，年轻人没有这么多时间与耐心去学这样的古老音乐。那学校的孩子，作为未来的希望，他们有没有可能在小时候或学校中学习这样的音乐呢？李老师认为，也是可能性很小，只要是考试制度不变，这样的古老音乐几乎就无法成为孩子学习的选择。

最后，缺乏资金。在中国存在这样最基层的古老音乐组织，是一件幸事，但是没有资金的支持，也就使得这一音乐会形式如今缺乏真正的吸引力。曾经，这样的组织之所以一直存在，有社会更深刻的需求，有乡贤提供赞助，有更频繁的演出机会也就有更可观的组织收益或个人收益。而如今演出机会这样稀少，只有几乎一个月才一次的丧事演出，其他的演出形式几乎没有，这样狭小的生存路径，也就更难以获得任何固定的资金支持。

但是，这样的音乐会形式以及乐队组织存在下去还是有现实意义的。传统祭祀演出是一种伦理价值的积淀，是一种具有神秘意义的群体精神刚需。毕竟传统的音乐礼仪对于体现人的价值与尊严，尤其是一个家族给逝去的亲人一次悲伤、悲凉、悲壮的音乐送行这一历史性需求是比较根深蒂固的，这样的传统价值观还会长久在地方得以延续，也因为有这样长达几个小时的音乐会演出，更快改变一个家族的悲伤氛围，改变因失去亲人可能存在的心理阴影与夜幕下的无形恐惧。

　　在不经意地交谈之中我们还了解到，更重要的意义已经发生了改变。这种音乐会组织的存在，对于身体更健康、老人养老是有着独特意义的，这一方面的意义已经更为重大。李老师就说道，音乐会里面的打击乐与吹奏乐练习可以提高人的肺活量，会有效提高人的幸福感。作为自娱自乐形式，是一种很好的娱乐形式；作为一种音乐学习与演奏形式，则是健康、高雅的文化娱乐型社交形式。和日夜搓麻将相比，这是一种更高雅的活动，有益于人的身心健康，是一种健身、强心、社交的娱乐形式。

　　如今，其中的一些古老乐谱由李老师翻译为简谱形式，这样使得学习难度降低了很多，由原来至少 3 年才能达到演奏水平，到如今，老年人只需要两年，年轻人学习能力强，只需要一年就能学会。

　　为了传承更多的后人，李老师的乐队也在探索更多的办法。比如，他提出，希望在晚间举办古老音乐培训班，可以晚上开课 2~3 小时，这样不影响人们的正常工作，希望政府或企业能够提供一笔关于非遗的培训资金，推动这一古老音乐遗产的传习培训。如果有一些人能够坚持学习，就会得到更好的传承。在前几年，他们还曾经找人录制了一套北六音乐会打击乐与吹奏乐的光盘，这样做也便于进行对外传播。

　　这样古老的音乐会形式，如何创新？李老师说，如今的演出内容中，除了打击乐、吹奏乐这些传统的演出内容，因为有了 3 位女性的加盟，虽然如今依然以音乐演奏为主，但是增添了几首经典歌曲的演唱，比如《绣金匾》《敖包相会》《蓝蓝的天上白云飘》《白洋淀风光美》等。

第三节　民俗承载文化　文脉始于记忆
——白洋淀民俗文化调研报告

一、调研前期情况

（一）调研背景和目的

2017 年 4 月 1 日，中共中央、国务院印发通知，决定设立河北雄安新区；新区规划范围涉及河北省雄县、容城、安新三县。雄安新区的建设被誉为是千年大计、国家大事，近两个月受到广泛关注，人们预感到，它与深圳、浦东新区一样，将会产生自己的雄安时代。中国传媒大学经管学部雄安研究院以其学术研究的敏锐性、对社会发展的责任感，先行站在历史高点，担负其应有的责任与使命，决定通过田野调查，通过文字和镜头记录其面貌、历史、起步特点、存在问题及探索发展路径，以期为新区未来发展构想提供智力支持和学术引领，畅想与 10 年后的发展做一对比及影像展览。

（二）调研步骤、调研方法

雄安新区调研团队先后进行了口述历史访谈技巧和田野调查摄影技术培训、工作实操等环节培训后，进入雄安三县进行调研。其中安新县及白洋淀组于 5 月 26 日—27 日进行实地访谈、调研。主要采用田野资料的收集和记录方法，与当地人进行交流和针对性的采访。

来到此地，发现当地历史悠远、文蕴丰富、革命传统突出，超乎之前的想象，是一个民俗深厚、诗意盎然的文化宝库，这里是河北梆子、老调、哈哈腔、丝弦的诞生地，评剧之乡，戏曲之乡。调研中，也发现许多值得重视的问题。新区将会给安新县及白洋淀地域的民俗文化带来怎么样的变化？对中国发展产生什么样的影响？

二、调研成果

（一）调研对象基本情况介绍

安新县地处燕南赵北，早在新石器时代就有人类生息繁衍，历史悠久、文蕴深厚、物宝天华、人杰地灵，集历史文化、红色文化、生态文化、民俗文化、旅游文化为一体。20世纪80年代初在梁庄、留村出土的古文化遗存，印证了早在新石器时代白洋淀就有人类聚居繁衍，战国时期，白洋淀是赵国和燕国的边界，燕国沿白洋淀北岸筑起了一道500多里的燕长城，用来阻止淀水的北泛和赵国的入侵，现如今游人如织的翠堤春晓步行街，就是当年燕长城的旧址。北宋时期，组织大量军民在淀区修建塘泊防线，用来抵御辽兵的入侵，从而造就了白洋淀沟壕纵横，淀泊与河道相连的格局。清代的康熙、乾隆皇帝曾多次来白洋淀水围猎鸟，并建起了4座行宫。

白洋淀总面积366平方公里，安新境内面积312平方公里，约占总面积的85%。白洋淀已经成为安新县的代名词，素有"华北明珠"之称。白洋淀秀美的自然风光、淳朴的民风民俗，自古就吸引了众多文人墨客来这里观光浏览，写下了大量诗词歌赋。源远的历史文化积淀，为我们积累了宝贵的物质和精神财富，创造了弥足珍贵的非物质文化遗产。

采访地区也是经过精心选择和安排的。白洋淀流传着："金圈头、银淀头、铁打的采蒲台"。这3个水村自古渔苇生活，在白洋淀一带比较富裕、文蕴丰富。荷花淀派文学大师孙犁的著述《白洋淀记事》中有着丰富的记载。另外，朦胧诗派、白洋淀诗群创始人芒克、多多、根子插队就在大淀头村，所以有人说朦胧诗派就发源于白洋淀。

（二）民俗的定义和种类

钟敬文先生在《民俗学概论》中开宗明义："民俗，即民间风俗，指一个国家或民族中广大民众所创造、享用和传承的生活文化。"❶ 这说明民俗文化首先是与官方的高雅文化或精英文化相对应的、民间大众的一种生活文化。民俗文化，是产生并传承于民间、世代相袭的社会民俗活动中和生产生活过程中所形成的一系列物质的、精神的文化现象。民俗文化对一方人民的滋养是潜在的，就像血液一样。

在民俗分类这个问题上有着诸多认识和分类。参考《中国民俗大系》中记述的内容，将民俗分为以下几类：❷

（1）生产民俗。包括各地主要的生产方式、作物的种类和耕作方式、生产工具

❶ 钟敬文.民俗学概论[M].上海：上海文艺出版社，1998：1.
❷ 《中国民俗大系》是国家"十五"规划重点图书，2004年由甘肃人民出版社出版。该丛书分省立卷，全套共31卷，1400余万言，还收入4000多幅民俗图片和白描插图。丛书编写历经10年，由中央民族大学教授、中国民俗学会副会长陶立璠任总主编，是国内第一部全方位介绍中国各地区、各民族民俗文化事象的大型丛书。

的种类和制作、农时节气和生产谚语、农事节日和禁忌等。

（2）村落民俗。包括村落的历史沿革、村落组织与结构、村落的公共设施、村落的作用、村落的信仰与禁忌等。

（3）家族民俗。包括家族构成、家族与亲族、家族与宗族、亲属称谓、家规、家法家神、家祭等。

（4）居住民俗。包括各地民居的样式、类型及历史沿革、日常生活中居住习惯、住宅的建筑、仪式、住宅的信仰和禁忌等。

（5）饮食民俗。包括各地粮食、蔬菜的种类、各种主食和副食的制作和食用、各地名优特色食品及其制作、饮料的采集制作及饮用礼节、有关饮食的信仰和禁忌等。

（6）服饰民俗。各地服饰民俗的特点和历史沿革、服饰的用料和制作、服饰的样式和功用、装饰与功用服饰的信仰和禁忌等。

（7）岁时节日民俗。包括节日民俗的形成和发展、各地重大的民间节日、节日活动的组织和规模、节日祭祀与信仰节日传说等。

（8）人生礼仪民俗。包括各种诞生礼、成年礼、婚礼、丧葬仪礼，关于人生仪礼的信仰与禁忌等。

（9）民间社团组织民俗。包括民间社团组织的形式种类和特点、民间社团组织的形式和发展、民间社团的信仰与禁忌等。

（10）民间信仰民俗。包括巫术与禁忌、民间宗教信仰、民间信仰、诸神及其他俗信等。

（11）民间艺术及其民俗。包括民间工艺、民间音乐、民间美术、民间文学、民间舞蹈、民间游艺与竞技等。

民俗文化对于一个地域在相当长一段时间内具有深远地影响，具有地域性、稳定性、传承性、活态性、社会性等特点。白洋淀的民俗记忆太多，如飞禽鱼虾、荷花莲叶、芦苇蒲草等。又如在这里放河灯称为放荷灯，来源于明朝永乐皇帝朱棣颁旨迁狭乡人民于宽乡，江南的人士迁徙到白洋淀后，通过放荷灯来纪念江南的早春与金秋。

（三）白洋淀民俗的种类

主要民俗综合起来有以下几种。

1. 节日类民俗

庙会。庙会又称为"赶庙""上庙"。庙会期间，四面八方的人们都来赶庙会，艺人聚会，商贩云集。布匹、百货、土特产品，一应俱全，且有武术、戏班、高跷、杂耍、音乐会、马戏团、说书、变戏法等民间艺术表演。圈头村过去闹庙会多具有迷信色彩，迷信者一步一头磕到庙里烧香许愿。端村古镇端午庙会颇有神奇特色，五月庙要祭祀水府河龙，有甩香山、挂香菜、插艾叶、唱大戏、奏古乐、赶庙会、待远亲、吃炸糕、包粽子等诸多民俗活动。另外，采蒲台、大田庄均有不同庙日的庙会。

端午习俗。"端午吃炸糕，老人小孩不摔跤"，扯着大人衣角的孩子们自牙牙学语起就记在心里。白洋淀人每天都有干不完的活，无暇顾及花开花落、草木枯荣，可他们的门前都要种一片艾草。端午节包粽子，外层包裹物就地取材，万亩芦苇荡使其成为粽子的第二故乡。当苇叶煮熟掀锅的刹那，屋子里溢满了苇叶清香的味道。

中元节放荷灯的习俗。放荷灯也叫"放河灯""渔灯会"，是淀区渔民特有的民间活动，是祈求平安吉祥的传统习俗。安新县大淀头村一直有着放荷灯的习惯。旧时的荷灯用榆树皮与植物油做成，晾干后点燃放在荷叶或荷花瓣之上，在七点时人们开始敲鼓，把人积聚一下，也代表着灯会开始，七点二十分时人们就开始放鞭炮，放河灯，也同时在佛庙里祈福。

2. 生产类民俗

劳动生产民俗是在各种物质生产活动中产生和遵循的民俗。这类民俗伴随着物质生产的进行，多方面地反映着人们的民俗观念。

渔民捕鱼。在白洋淀渔民的捕鱼方式有几十种：拉大网、下地龙、下篓子、扣花罩、放鱼鹰、扎箔、下卡子等。还有一种儿童特别喜欢的捕鱼方式——卷苲捕鱼，也就是大家排成一排把水草滚在一起把鱼往陆地死角里赶。伴着"咚咚，咚咚咚，咚咚，咚"的清脆悦耳的铁板撞击的声音鱼儿就进网了，这就是下丝网后用响板惊鱼。大淀头村里最突出的特点是织网和捕鱼，织网主要分为粘网和地龙两种。这个村曾经是织丝网、卖丝网、输出丝网捕鱼技术的核心地。现在全村以加工织网为生的还有近百户人家。

水乡妇女生产方式有编席、织篓、打苇箔等。白洋淀芦苇历史悠久，当地有着"一淀水，一淀银，一寸芦苇一寸金"的美誉。早在北宋《太平寰宇记》中已有记载：淀中有蒲柳多葭苇。芦苇以皮白质佳素负盛名，有"铁杆庄稼，寸苇寸金"之说，苇子可造纸、织席、打箔、编篓、打帘和制作工艺品。圈头村的能工巧匠甚多，所产苇编织品不仅取材于苇子，而且具有浓厚的乡土特色。

白洋淀的渔谚具有极强的当地特点和水乡习俗特点，反映渔民生产的如"鲇鱼抠腮，鲤鱼拿头，泥鳅一抓一出溜""紧抢鱼，慢抢虾，不紧不慢抢蛤蜊""西北风，蟹脚痒，浪打芦苇虾做墙""把舵的不慌，坐船的稳当"。

3. 生活类民俗

水乡渔村。很多村寨就是烟波浩淼的湖中的珍珠。成片的荷塘、苇塘，交错的巷子、小桥，点点的渔灯、白帆等标签，不再仅是苏杭的标签，也是白洋淀水乡村寨的风景。采蒲台岛是安详、宁静的，这里的房子大多是倚水而建，所以小桥流水人家的诗情画意很惬意。

饮食文化。水乡美食有令人眼花缭乱的"全鱼宴"、有使乾隆垂涎的"半蒸半煮"、有大悦龙颜的"小虾糊饼"等民俗文化宴。这里还有茶纹松花蛋、红心老腌蛋、卤煮野鸭、田螺、螃蟹、圆鱼、熏鱼、红白莲子、藕、白花菜等特色物产。

在外面请客招待客人，点菜不能上7个菜。老一辈人讲，7个菜是敬死去的人的。要谨记，茶七、饭八、酒满。

大淀头村有着最富有民俗风情的传统渔船"舱"，尤其是我们常见的四舱，和别的船不一样，四舱就是有四个船舱。头舱里放置生产用具，如渔网渔具。二舱当地人叫活舱。盛放捕捞上的鱼虾等。三舱为休息舱，铺平船板可以躺下休息和用餐。四舱放置生活用品，锅盆碗灶、柴米油盐等。

渔民其实是敬奉鬼神的，忌讳一些不吉利的词语，渔船上的禁忌也有很多。如要吃剩的东西扔了，不可说"掉"，船靠岸不准说"到了"，避讳的是一个"倒"字，以免说不吉利的话会影响自己运气和平安。白洋淀人逢年过节必烧香，祈求全家平安健康，祈求家乡风调雨顺。

4. 礼仪类民俗

婚丧嫁娶。白洋淀诸多渔村四面环水，渔民的交通工具主要是船，这里最具特色的是迎亲彩船。鲜红的花轿放在船头，大队盛装的迎亲队伍，长长的一列恭候着，布满整个水淀，成为淀区一道亮丽的风景线。

白洋淀音乐会有几十个，圈头音乐会最具特色，被称之"为神奏乐"。圈头音乐会起始于明末清初，信奉"药王"扁鹊及中国历代名医，乐队有笙、管、笛、云锣、鼓等乐器，曲目 41 首，已列为国家级非物质文化遗产。关城音乐会、端村音乐会和同口音乐会属于省级非物质文化遗产，安新的民间古乐也因此声名远播。

（四）安新县的民俗文化有关数据

1. 历史文化遗存丰富

自第三次全国文物普查以来，安新县共发现不可移动文物 54 处，其中省级文物保护单位 6 处（分别是同口镇陈调元庄园、安新镇留村遗址、刘李庄镇梁庄遗址、三台镇明代古塔、安新古城墙、安州古城墙）。县级不可移动文物 48 处。其中古遗址 30 处，古墓葬 6 处，古建筑 9 处，近现代红色纪念址 9 处。馆藏文物 312 件，其中三级品 17 件套，一般文物 295 件。

截至 2013 年，获得国家级非物质文化遗产 1 项，省级非物质文化遗产 9 项，市级非物质文化遗产 17 项。

白洋淀是革命老区，抗日战争时期，活跃在白洋淀的水上游击队——雁翎队巧妙的利用有利地形，驾着小船出没于芦苇荡中，展转在茫茫大淀上，谱写了一曲曲抗日救国的壮歌。同时，这时期以抗日战争为题材的文学作品《雁翎队》《荷花淀》《新儿女英雄传》《小兵张嘎》等铸就了白洋淀一个文学时代的辉煌。他们的作品清新秀丽，乡土气息浓厚，时代特色鲜明。其中，以孙犁为代表的文学作品《荷花淀》等，开创了中国文坛一个新的文学流派——荷花淀派，影响着一大批现当代作家。

2. 文化发展现状

目前，县城城区有文化馆、图书馆、广播电视台和北国江南礼堂各一座，按省级标准建成的 12 个乡镇综合文化站已投入使用，村级文化活动室、农家书屋实现全覆盖，农村苇编工艺企业 42 家，印刷企业 41 家。

文化艺术团体 19 个，会员约 1000 余人。主要文学艺术作品有《白洋淀组曲》《白洋淀歌曲》《锯末吐火》、文学作品《水淀风来》《银淀风火》等，主要文化艺术团体有白洋淀永生高跷艺术团、白洋淀作协、美协、摄协、书法家协会等。其中，白洋淀永生高跷艺术团荣登中央电视台春节联欢晚会、元宵晚会和上海世博会。数字电影院 1 座，座位 300 个，农村数字放映队 1 个。

三、安新县白洋淀民俗文化存在的问题

当前，随着现代化、城镇化和全球化的影响，民间的生产生活方式、审美观念都在随着时代的发展而发生着变化，主要源自渔猎文明的白洋淀民俗文化赖以生存发展的社会、自然环境都在发生变化，很多民俗文化具体的生存空间和生态空间已经或正在消失。随着我国经济的飞速发展，机械化、高科技取代了诸多效率低下的手工业操作，民间手工艺也存在着艺人"老年化"、技艺"衰退化"的困境。如渔网制作，现在更多的是来料加工，部分手艺已被机器代替。

（一）生态恶化、民俗文化面临衰落

白洋淀，华北平原上最大的淡水湖，历史上水草丰美的北方大湖。那湖天浩渺水道纵横的自然生态，曾经是抗日战争时期著名的雁翎队依托出没的水上战场。随着社会经济的发展，人类对水资源的需求日益增强，白洋淀近年来水资源日渐枯竭，湖两侧的生活垃圾堆积如山，生态环境日益恶化。白洋淀湖面从 20 世纪 50 年代的561.6 平方公里锐减到今天的 366 平方公里。湖水的容量也大量减少，水位持续下降。淀内湖水的富营养化非常严重，湖水水质从三类退化到四类和五类，生物栖息地特别是淀区周围退化造成了生物多样性的减少。与此同时，由于白洋淀水域面积的不断缩小，该地区与水相关的捕鱼、养殖、手工艺等民俗文化也面临着不断衰落、消亡的困境。

白洋淀苇编历史悠久，分为苇席、苇箔、渔具、生活用品 4 类，并且在 2009 年6 月被列河北省第三批非物质文化遗产名录。在我们的调研过程中了解到，由于白洋淀水质的变坏，水域面积的锐减，本地区芦苇的产量减少、生长质量下降，人们用芦苇编织生产大为减少，对苇编工艺及民俗文化的弘扬产生不利影响。

（二）淀区拆迁，民俗记忆面临遗失

雄安新区规划范围涵盖白洋淀地区附近 3 个县域，为了保护白洋淀地区生态健康，淀区周边居民面临着搬迁的可能性。新区起步区的安新村寨，目前实施管控，不能再增一砖一瓦。淀区周边均停止了建设，烂尾楼比比皆是，因此建筑行业、装修行业工人都已经失业。

离开了熟悉的水域，传统水乡风俗的传承与保护成为该地区不得不面对的现实问题。一方水土养育一方人，包括形成的民俗文化和生活习惯。淀区即将到来的拆

除、搬迁、建设，会使很多水乡人家改变传统的生产方式、生活方式、居住方式、邻里关系等。以传统织网销售、捕鱼虾为生的朱明会大叔说，几天不进淀区，心里就发慌。白洋淀让我们感到自由和富裕，这离开淀区了，以后我们怎么办？大叔的不安也是很多水乡人家共同的困惑和忧虑。在当前中央提出"让城市融入大自然，让居民望得见山、看得见水、记得住乡愁"的背景下，如何留住乡愁、传承民俗、编织雄安新区水乡梦将成为白洋淀建设不可回避的问题。

（三）人口外出，民俗继承陷入窘境

安新县大部分地区，长久以来都是"靠水吃水""因水而生"，主要以第一产业和第二产业为主，经济发展水平总体不高，外出打工经商人口较多且年轻人偏多。自 2012 年起，大淀头村民的经济收入虽然呈稳步上升趋势，非主导行业收入有明显提高，不少村民弃捕经商、夫妻进城打工成为收入增长的主因，但这样容易造成村民的外流，对村庄的建设发展益处较少。比如安新县圈头乡"为神奏乐"的圈头村音乐会，就面临后继乏人的困境，传承的主要困难是青年、中年要外出打工，孩子们要外出求学，像这种需要"口授身传"的技艺，人才的大量外出导致学徒们没法和老师进行一对一的学习练习，长此以往，则会严重阻碍传统圈头音乐会民俗文化的教育和传播。

除此之外，安新县文化教育水平相对落后，虽然近年来政府加大对教育等基础设施的投入，2016 年累计投入 3.06 亿元全面改善学校办学条件，招聘中小学及幼儿园教师 340 名，❶ 但安新县整体教育水平仍有待提高，河北安新中学是安新县唯一一所省级重点中学。同时，也有很多年轻人对传统民俗文化产生了一定疏离感、兴趣不大、不愿学习传统的老调、评剧、河北梆子，以及织网织苇等手工艺，当地浓厚民俗文化传统的薪火相传实为堪忧。因此，当地教育如何融入乡土教育、融入民俗文化教育是一个问题。

（四）创新不足，民俗文化发展缓慢

中华人民共和国成立到现在，白洋淀还保持传统渔猎、农耕的生产方式，对于自然生态带来的一系列风俗，人们还停留在孙犁《荷花淀》的印象上。民俗文化自身创新动力不足，对优秀的传统民俗文化的利用不足，将文化遗产保护与经济社会

---

❶ （河北省）2016 年安新县人民政府工作报告。

发展相结合的自觉性不够，白洋淀诸多民俗有待赋予时代精神和民族内涵、有待于创新发展。

当前中国最大的文化遗产是古村落，水乡很多村落街区在现代文明发展中逐渐呈现特色不强、建筑保护无力、彰显民俗无力，慢慢衰落、退出历史。白洋淀水乡农村的地面紧缺，几乎所有民居都是顺地依势而建，秫秸芦苇架成的宅篱，逐渐形成"伙院群居"的格局，那时候真是夜不闭户，路不拾遗。但强拆重建的现实让这些具有浓郁传统文化的古村落遭遇尴尬。

有些戏剧戏曲、竞技类民俗项目仅局限于节庆、会展活动等，深度开发利用不够，缺少统筹规划和宣传意识。又如白洋淀咸鸭蛋是河北省传统的特产，但当地人更多的只是简单的腌制售卖，缺少品牌开发能力。对原有的北方水乡特色土特产和饮食文化进行挖掘不足，缺乏形成白洋淀水乡特色的旅游纪念品和菜系。

四、民俗文化发展的路径分析

（一）规划先行、文化记忆优先

文化是新区立区之魂。新区文化将在新的历史进程中积淀、演变发展，形成新的城市文脉。"城市规划编制，战略研究先行。"这就要求雄安新区在启动规划编制时需要明确发展战略定位，需要做好文化发展规划。必须思考城市发展与文化发展的关系，白洋淀文脉如何支撑新区发展，民俗文化在白洋淀文脉中的作用、继承发扬的问题等。坚持规划先行，为民俗文化保护营造良好的生态环境和法治环境。

避免"重规划略记忆"是一个形象的比喻性说法，是指我们在城市的建设和文化的规划中，突出了规划达成、功能优先，忽视了文化记忆的价值作用，致使许多重要的文化遗址和民俗记忆没有得到更有效的保护，造成了乡土的、民族的、精神家园的水土流失和精神流失。

新区文化发展要优先考虑民俗文化在文化记忆和文化基因中的作用，以及具有的精神价值，在制定文化发展规划时应该事先思考清楚。拒文化记忆于发展之外，而一味通过制定各种文化建设的指标体系去推进文化发展，很有可能在文化建设中造成精神流失。在调研中，文化学者们也谈到了加强乡志村史编撰的重要性。

（二）保护生态，弘扬水乡民俗

由于白洋淀水域面积的不断锐减，自然生态的恶化，传统水乡民俗面临着不断衰落的趋势。因此，加强白洋淀地区生态保护成为当务之急。生态学者宫兆宁认为：要加强上游水土保持和绿化工作，提高植被覆盖度，涵养水源，防止水土流失；调整产业结构，限制高污染企业和高能耗企业，提高企业污水处理能力；合理分配水资源，提高水资源利用率，调整农业种植结构，推广节水灌溉技术，❶ 以此维护白洋淀地区水乡生产和弘扬民俗文化。

水乡治理大幅改善，对水乡生产恢复和生活民俗弘扬有着重要作用。如通过民俗旅游，宣传水乡的自然风光、人文景观、诗词歌赋等，进而提高白洋淀知名度。除了大力推行民宿业，当地村民把不少传统习俗变成文化体验活动，如可以乘船划船、下篓子撒渔网、织席、结网、包粽子、参观鸬鹚捕鱼、品尝当地心里红咸鸭蛋、河鲜美食等。通过开展节庆、庙会、祭祀等传统活动，展现水乡的传统民俗和深厚文化；通过保护性的民俗文化产业开发，可以使得以非物质文化遗产项目为代表的民俗得到活化和保护。只有找到适合民俗文化开发的业态，民俗文化才能更好地弘扬和发展。"水会九流，堪拟碧波浮范艇。荷开十里，无劳魂梦到苏堤。"在未来规划建设中，也才符合新区建设水城相融、蓝绿互映的生态宜居城市的原则。

（三）梳理民俗、设置民俗文化保护区

在新区建设开始，要有提前梳理意识。全面梳理白洋淀区域的民俗种类、历史渊源、传承谱系、内涵特征、文化价值等，对相关资料进行考察、挖掘和整理，进行建档归类。抓紧制定濒危非遗项目保护管理办法和做好名录建设工作，重点做好濒危项目抢救工程。

建立民俗文化信息库，先进的影像媒体技术及信息技术为如实记录和永久保存民间艺术提供了极好的平台。积极利用网络技术和自媒体做宣传，如可以将某一地域有特色的民俗录制下来，借助电视、网络以及微信公众号等媒介向大众传播。

当前，河北省组织相关专业机构，在雄安新区启动全面系统的文物调查，以此

---

❶ 王婧祎.白洋淀新契机：雄安新区建设以修复白洋淀生态为前提［EB/OL］.（2017-04-14）［2017-05-16］. http://hebei.ifeng.com/a/20170414/5541408_0.shtml.

来配合雄安新区规划建设。可以考虑同时启动民俗文化的整理归类，做好调研和规划。

民俗文化必须依托于一定的地域和空间。俗话说："十里不同风，百里不同俗。"当前，在加强中国传统古村落建设、在非遗保护的背景下，我们建议将当地蕴含着地域特点和民俗传统的村落和街区设置为民俗文化保护区。要充分考虑水城关系、淀村关系，通过建立民俗文化保护区来实施区域性整体保护，避免淀区村庄整体拆迁而导致民俗文化记忆消亡。

（四）继承民俗，大力培育传承人

千年大计，国家大事，沃土丰盈，文脉传承。雄安新区的建设要以华北文化积淀为背景，以白洋淀地区文化为核心进行传统文化的传承。"人是一切文化的主体，是文化的创造者和传承者"，白洋淀民俗文化相当一部分，如口头文学、戏剧曲艺、音乐会文化等，是由传承人口传心授而得以代代相传和发展的，在这些领域，传承人是民俗文化的重要承载者和传承者，他们既是民俗文化活的宝库，又是民俗文化代代相传的"接力棒"。文化传承人的培育是民俗文化保护和传承的重中之重。现在当务之急是培养土生土长、热爱民俗文化的传承人，动员有艺术造诣的民间艺人或专业人才收徒传艺，政府应该给予一系列政策支持、资金补贴、精神慰藉，使民间艺术及民间绝活、技艺如接力棒一样代代相传。

同时，高校、媒体和各种民间组织为进一步保护和传承民俗文化提供人力支持，进一步挖掘使民俗文化发扬光大的途径和方式。如通过联合开设民俗文化相关专业、传承班，培养专门人才。

（五）不断创新、探索发展新途径

民俗文化发展既要有所坚持，又需不断发展。坚持的是其文化内涵的本质属性，发展的是时代赋予它的新的内容和形式。苇编是水乡的传统民俗工艺，近年来，芦苇工艺画、苇编字画席就是芦苇工艺品的创新。闻名国内外的"芦苇工艺画"就是利用芦苇的洁白、节长、皮薄、柔韧等特点，对芦苇进行深层次加工，经分类、切割、雕刻、编织等多道工序制作而成，画面栩栩如生。苇编工艺画是安新县独特的文化品牌，每年约有50万幅苇编工艺画远销海外，2009年被列为省级非物质文化遗产。

提高广大人民群众对于民俗文化精华的辨别力，自觉剔除民俗文化中不利于人们正确价值观形成的糟粕。例如，安新县政府积极推动移风易俗的规范化管理，为了改善村里"红白事"的规模，把实惠留在日常生活中，大淀头村专门成立了"红白理事会"，并制定了"红白理事会章程"，对"红白事"的规模、规范进行了限制，村干部带头节俭办事成为准则。目前，全村的红白事都不超过3天，没有了大操大办，没有了攀比排场，村里群众一致好评。大淀头村的火化率一直保持着100%的水平。

在全社会积极倡导保护优良民俗文化，形成学习民俗文化、传承民俗文化的社会环境。如大淀头村注重村民的精神文化生活，村史馆的建设，系统地梳理了村庄的历史与风俗传承；村内街道上随处挂着诗歌，陶冶村民的情操；村委会设立了专门供村民阅读的图书室；村里还专门成立了大鼓队，除了丰富村民的业余生活外，还能为村里的"红事"助个兴。政府还应当畅通社会力量参与的渠道，积极组织和兴办民俗文化相关主题活动等，对一些被掩盖的、相对势弱的民俗文化进行重点扶持，活化鲜活的历史和民族精神内涵，而不是保护和传承的有时仅仅是其外在的形式。

秉承生产性保护的思路，依托文化创意产业为民俗文化生产性保护搭建发展平台。近年来，安新县在民俗保护与开发呈现出良好态势。在生态建设方面，建成了集366种国内外精品荷花为一体的荷花大观园，保护12万亩芦苇和10万亩野生荷花的生态湿地；在民俗生态建设方面，建设了王家寨、大淀头等多个民俗旅游村，推出民俗游乐项目。面对这样的形势，安新县应该深入挖掘白洋淀的民俗文化内涵，不失时机地抓紧更新文化创意产业规划，把生产性民俗文化列为规划的重要内容，将弥足珍贵的民俗开发为创意产品，打造融生态、文脉、使命于一体的新型产业，形成富有竞争力的产业链，这应该是今后水乡民俗生产性保护的重要目标，也是民俗实现转型升级的最好路径。如积极打造文化精品，依托芦苇资源和传统苇编工艺优势，制定了扶持苇编产业发展的相关政策。

雄安新区不同于浦东、深圳的地域、文化特点，在当今现代高科技和网络信息飞速发展、各种外来文化被人们广泛接受乃至追捧的背景下，如何对白洋淀民俗文化进行保护，对传统文化记忆的坚守，都是我们当前要面对的问题。

第四节　传承民间非遗，留住文化记忆
——安新县非物质文化遗产调研报告

非物质文化遗产是一种活态的文化遗产，在民间生成、流传和发展，彰显着独特的地域特色，记录着民族的文化和精神的传承。安新经济条件比较落后，但民间习俗文化保存相对完好，非物质文化遗产种类丰富，除了国家级的圈头村音乐会和省级的安新芦苇画外，还有白洋淀捕鱼、面塑、马家寨造船等。雄安新区宣布成立后，30平方公里的起步区建设工作启动在即。为了更好地了解安新县独特的历史文化，并记录下大变革之前的非遗情况，我们在第一次雄安新区田野大调研时来到安新县，并赴大淀头村和圈头村进行深入调研。

一、圈头音乐会：民间圣乐，古韵悠长

圈头村四面靠水，相对封闭，人们基本都是以水为生，而音乐会作为一种民间文化活动，很好地充实了当地人的业余生活，这为当地民俗文化的传承发展提供了先天条件，音乐会也成为了村民间相互联络的社交活动方式，得到大多数村民的支持。

（一）根植民间，历史悠久

圈头村音乐会是河北省保定市的传统民间音乐，始于明末清初，延续至今，其乐谱、乐曲是僧传，属北乐，乐队由笙、管、笛、云锣、鼓、镲、铙、钹、铛子等乐器组成，保留了明清时代甚至更古老的曲目，曲目完整，历史悠久，几百年来传承至今。该音乐会形成以来，一直在本村及周遭地区为丧礼、民间祭祀活动无偿服务，在当地传统民俗文化中占有重要地位。

圈头音乐会于2008年6月被评为国家级非物质文化遗产，由郑州地区寺庙和尚传入，目的是为了纪念扁鹊。经过历史的积淀，音乐会共流传下41首音乐，并以工尺谱记写的乐谱得以保留，成为了珍贵的文化财富。

（二）沿袭传统，口传心授

圈头音乐会虽然保存了以工尺谱记写的乐谱，但是音乐会得以继承和发展，大

多还是要通过会中的乐手经过师傅们的口传心授来传承,工尺谱主要是用来帮助记忆。因为乐曲的实际音响效果与原曲之间还是存有一定的差距,师傅在教唱的过程之中加入了地方化的口语"啊口",比如"嗯、啊,哇、呀、儿"等语气衬词,作为乐曲演奏中的装饰部分,用来渲染感情。这种"啊口"只有通过口口相传才能唱出其中的韵味,极具圈头地方特色。

从 2013 年开始,圈头音乐会的同门师兄弟们一起致力于音乐会的教学传承事业。圈头乡有一个音乐会会址,师父与徒弟在此进行面对面教学。另外乡里还有一个音乐会传承基地,也用于教学,音乐会非遗申报人张国振老人介绍说,目前这里有培训学员 35 人,年龄都在 10～16 岁之间,不但招收男弟子,也招收女弟子,打破了传男不传女的传统。与此同时,随着村里人生活方式的转变,大部分中年人迫于生计外出务工,负责授课的老师也不例外,为了保证学员的课程进度,除了师傅的面对面授课以外还增加了远程教学的方式,使得课程安排更加灵活。

(三) 走出村落,走向世界

圈头音乐会的独特性使得其具有极高的文化价值,这样富有中国文化特色的非物质文化遗产应该为世界所欣赏。通过多渠道的传播,圈头音乐会逐渐被更多的人所熟知,影响范围也在逐渐扩大。

2002 年,中央音乐学院、中国艺术研究院以及韩、意大利音乐专家一行人来到了圈头乡,对圈头音乐会进行了全方位的考察。2003 年,圈头音乐会应邀参加中央音乐学院举办的音乐节,几位村里的老音乐家登上了中国最高音乐学府的讲台,为音乐会走出古村落、弘扬古典音乐文化、提高音乐会知名度作出了突出贡献。

2007 年 11 月,中央音乐学院音乐系和英国剑桥丘吉尔学院的跨文化音乐学中心联合举办了"世界音乐周暨第二届中非音乐对话",来自多个国家和地区的专家、学者 20 余人来到圈头村音乐会采风,并让圈头音乐会参与到活动中,使中国的传统音乐以鲜活的形态展现在世界的舞台,这为传统特色文化走出去、弘扬中国优秀的民族文化画下了浓墨重彩的一笔。

二、安新苇编:淀区特色,地方一绝

白洋淀水域面积广,其中分布面积最大、最典型的水生植被即芦苇。虽然近年来淀区频频出现毁苇造田、种树种粮等现象,但十来亩的白洋淀,每年芦苇产量也

仍在 7 吨以上。苇农收割的这些芦苇大部分用于制做苇编，由此安新苇编成为了当地一绝。

（一）纯手工的苇编技术

安新人靠水吃水，过去是"男打渔女织苇"，做苇编的工序较为复杂，但家家户户的妇人都会做。淀上将芦苇收割回来后，要先晒干、固定，让苇子收缩，接着苇子要破开，一根芦苇破成 3~4 条，再沾水压软，进行后续的编织。手工编织最普通的糙席，宽 5 尺、长 1 丈，快手一天能织 2 片；宽 5 尺 5 的糙席，快手一天只能织 1 片，市场售价 50 元左右；带花纹、回纹的苇席，由多块方块花席组成，织一片需 3~5 天。

传统的苇编大多用于人们的日常生活，苇编糙席大量销往东北，主要用于盛放和保存粮食，一些被称为"苇箔"的席子则大量用于建筑工地，地上铺、墙上挂，过去还有少量用于铺炕，但现在睡炕的少了，用于铺炕、密封粮食等方面的苇编大多也被其他物品所取代。由于市场需求量不断减少，传统苇编的作用范围也日渐缩小，销路越来越窄，导致专门从事苇编的人也在不断减少。

（二）传统苇编的创新之路

一是苇编的工艺有所提升。在苇编的基础上，将艺术与技术相结合是传统苇编进行创新的一大举措，原先编织只是收苇、捻苇、剥皮简单的几道工序，如今又在原有基础上创新研发，增加了选料、去皮、压平、去薄、拼贴、绘图、制版、雕刻、烙烫、编织等二三十道工序。

二是苇编开发更加精品化。创新的苇编字花席对苇子有严格要求，必须取苇柔韧性高的中上部，破苇时要让每根苇条宽窄一致，在五六厘米之间，编织时一个花纹也不能差，一个字有 60 个纹，经纬各需 60 多根苇子，每个纹路都不一样，一人 7 天只能编 4 个字，字花席能卖两三百元，多的卖到 500 元一张。

三是传播途径在不断拓宽。安新苇编传承人杨丙军将这种非物质文化遗产引入河北大学，创立了河北大学芦苇艺术研究所，将产学研相结合，致力于苇编艺术的创新与学术研究，其主要做外贸和国内收藏，外贸以展销的形式与大学进行对接，如美国斯坦福大学、哈佛大学等。

（三）传承面临的挑战

一是苇席销量整体下降，销路变窄。过去苇编糙席大量销往东北，主要用于盛放和保存粮食，但现在很多都被塑料布、仓库取代，导致销量锐减。传统苇编的需求量在不断降低，传统销路持续缩小。

二是学习苇编的人员在不断减少。因为销路下降，产品不能变成商品了，村民的劳动积极性受到了严重受影响。安新靠水有传统，男捕鱼、女织席，过去家家户户都会编织苇席，但现在年轻人都不学了，几乎全都外出打工，村里会织席的几乎只剩 60 岁以上的老妇人，苇编技艺的传承也成了问题。

三是政府支持力度不够。现在苇编的发展与传承主要靠的是民间力量，政府能够给予遗产传承人的实际补贴少之又少，支持力度比较小。据苇编传承人杨丙军老师所说，他们在全国有水域的地区进行传统技艺传播，将销售苇编作品的收入全部投入到非遗传承与研究工作，在此过程中的费用都是自掏腰包，再加上平时买设备、租房子等开销，导致其入不敷出。相比之下，国家每年对传承人仅有几千元拨款，支持力度较小，不足以支撑传承活动的日常开销。

三、马家寨造船：独一无二的造船之乡

（一）水木匠的历史传说

马家寨造船远近有名。早在民国年间就有"东兴""永顺""两益公"等 8 大造船作坊，在抗战时期还为"三小队"和"雁翎队"造船，为抗日战争作出了突出贡献。

之所以称造船人为"水木匠"，是为了区别于一般的"旱木匠"，马家寨的"水木匠"在工具的利用上和其有所不同，造船用具都是由专门的铁匠打造的，"水木匠"的斧子可以砍铁钉，而光是铁钉就分很多不同的种类，根据船的大小和功能来打制专用的样式。"水木匠"的特别之处还在于他们精湛的技艺，在获取木材时，可以准确地让砍伐下来的树杈掉落在该落的位置，绝对不会打到任何物品；造船时，马家寨人只需要你告诉他们要造的船只规模，自然就知道要带多少钉子、需要用多少材料。而且，匠人们造出来的船也不怕有缝隙，只要在窟窿里面用专用的工具填实麻和桐油与白灰搅拌好的灰，即使木头腐烂，缝隙也还完好无损。

（二）"干活全靠悟"

马家寨造船有"三绝"：一绝是"量材使用"。买树时一眼就可看出树的好坏，据说是一看树叶有无"焦梢"，如有焦梢，树的根部可能腐空；二看"树疤"是干

疤还是水疤，干疤无碍，如是水疤则代表树质不好；三看树皮，光润美观树质就好，如有树龙（即顺树身凸起的条痕）则有裂缝不可用。二绝是"甩线一手准"。一般木匠只能放直线，马家寨造船师傅能根据船的部位用材放成曲线。三绝是"放印子"（即给船打补丁）。先将船体上损坏的部分用工具剔掉，洞孔自然成不规则状态。然后，船工选一块合适木料，不量尺寸，单凭目测用斧子砍，而且一砍便成，一放准是严丝合缝，而这种精湛的技艺无法通过师傅手把手教出来，必须靠工匠自己在实践中领悟。

马家寨并不是所有人都会造船，能够从事造船行业的人往往需要对造船、捻船手艺感兴趣，而且善于发挥主观能动性，能够积极地研究造船的技艺。现在马家寨的造船技艺传承情况已大不如前。以往的传统是从少年学起，学生跟着师傅学艺，大多练习一些基本功，师傅教的少，徒弟全靠自己在实际干活中去领悟造船方法。现在村里哪里需要造船的工人就随机找来村里会的人来帮忙，很多年轻人十几岁就开始参加工作，虽然大多干的也是木工一行，但造船已经没有师傅徒弟一说了。

（三）造船依然有销路

对于现代人来说，虽然对于木船的需求在逐渐减少，但一些特殊的市场却为木船维持了较为稳定的销路。一是影视行业。影视剧道具大多需要定制，马家寨的木船经常派上用场，例如知名导演吴宇森指导的电影《赤壁》中各式各样的龙船和战船，就均出自于马家寨工匠之手。二是展会收藏。对于很多展览和收藏家来说，船只模型是一种稀缺的艺术精品，根据工艺复杂程度的不同，售价在几百到几千元不等。马家寨传统造船技艺传承人姜琳祥老师父现在已经很少建造大船，大多时间致力于制作各类船只模型，保证每种船都有一个模型，通过这种方式来保留白洋淀船的制作工艺。

四、调研思考：时代在发展，非遗向前看

（一）加大投入，培养非遗储备人才

在发展经济建设的同时，人们的生产生活方式也随之发生了变化。像安新县以水为生、捕鱼编苇的谋生方式已经不足以支撑普通家庭的基本生活了，由此导致年轻人大多涌向大城市谋求发展，能够留在村里学习并且想学习传统文化的人少之又少，不愿再从事工艺复杂、生产周期长、经济效益低的劳动，这导致非遗传承面临

后继无人的困境。加大投入、重视对非物质文化遗产传承人的培养是非遗传承保护工作的当务之急，同时，加强对传承人的人文关怀，采取多种措施，制定人才培养计划，吸引更多优秀的年轻人加入到非遗的传承与保护中来。

（二）出台政策，完善相关的顶层设计

由于经验的缺乏与重视程度不够，我国在非物质文化遗产保护法制建设上长期处于比较弱势的环节，在对传统手工艺技能保护工作中，项目代表性传承人的知识产权保护也是一个值得重视的问题。类似圈头音乐会这种国家级的非物质文化遗产，对于继承人、传承方式、补贴机制等问题，更需要完善的政策体系来进行保护与规范。因此，为保证我国非物质文化遗产的保护工作能够顺利推动，加强对我国在非物质文化遗产的法制建设已经势在必行。对此，要在实践中不断健全和完善相关领域内的法制法规，明确非物质文化遗产保护工作的各种政策方针，使各项保护工作能够有法可依、执法必严、违法必究，这样才能真正调动起国内各级政府的主动性，才能确保非物质文化遗产的受保护地位，才能使非物质文化遗产的承载物和法定继承人得到真正的保护。

（三）增强观念，提升群众对非遗传承与保护的认知

对于非物质文化遗产的保护与传承，首先应加强人们对于非遗的思想认知，让他们了解文化遗产保护的意义与价值，充分认识到非遗的重要性及其所肩负的历史重任。就像长期致力于各类地方非遗项目申请工作的张国振老人所说，安新捕鱼这种传统技艺就应该被继续传承下去，但现在很少人对此重视，申遗工作更是无人承担，导致这些优秀的传统面临失传。因此，政府应积极做好文化传播与非遗保护和传承普及的宣传工作，通过多种措施，增强人们对文化传承的观念，以此让更多的人投入到非遗保护中来，以确保优秀的传统文化资源永久流传。

（四）创新发展，多渠道传播传统文化

对于可以进行创新的文化遗产，应该积极探索新的发展路径，以拓展文化传承的途径和方式。例如，圈头音乐会依托中央音乐学院的平台让这种特色传统音乐走了出去，通过口传心授的方式，培养了更多的音乐会传承人。另一方面，村里开设了音乐会传承基地，师傅外出打工，无法随时面对面授课，因此他们利用远程教学的方式，让学员每天都能得到老师的教育与指导。在农村地区的非遗资源并不是把

它局限在本土地域里才是传承，如何通过传承让更多的人去认知与继承，需要更多元的传承方式。在科技发达的时代，我们可以探索新的传播手段和传承方式，借助各种新平台、新技术，让文化遗产得到更广泛的传播。

第五节　雄县遗产保护与文化传承调研报告

雄县的文化遗产既有生动有特色的内容，又有很大空间可以进一步挖掘，既可以提炼实质性的思想内核，又可以嫁接引入许多应用性的、实验性的对策建议。我组队员一致认为，雄县的文化遗产是一个宝库，本次调查只是一个开始，这里值得我们进一步跟踪记录、深入研究，并在未来的保护与发展中努力发挥实质性作用。

米家务烈士陵园的守护者杨大哥、陈子正故居的看护者陈增岱、王派西河大鼓的传承人赵连方老爷子、功夫跤传承人魏老爷子、鹰爪翻子拳的传承人陈桂学以及那些或年长或年轻的传习者、爱好者们，在和他们的访谈交流中，我们真切感受到了雄县民间文化捍卫者、实践者们的真挚情怀和文化自觉。

记录和研究不能靠情怀，但是记录对象、研究对象的情怀坚定了我们参与这项保护与传承事业的决心！遗产的保护离不开情怀，文化的传承更离不开情怀。雄安新区的规划建设，不能让这些美好的乡愁乡情无处安放。

雄安新区建设是机遇，这个机遇给予了各行各业，包括我们的文化遗产保护事业。在调研中，我们遇到了对这一机遇充满期待的人们，他们有的希望借此东风保护家庙、有的希望借此良机推广本村本镇的民间艺术门类、有的希望借此机会弘扬当地的革命传统和红色文化。我想，这些都是人们面对机遇时所自发产生的家国情怀、故土意识、文化视野和美好期盼，值得记录、倾听与思考。

就在 2017 年年初，优秀传统文化传承发展工程发布实施，传统工艺、传统节日、传统戏曲等一系列非遗振兴举措接踵而来，文化文物创意产品开发等一系列创造性转化、创新性发展传统文化的举措源源不断，让传统文化与现代社会、当代文化相结合的潮流，就是雄县文化遗产保护的另一机遇。

两种机遇如何因地制宜、有机结合，如何以对策研究、学者呼吁、智库建议等形式转化为一个个具体的规划措施，例如，规划雄县宋辽边关文化遗产整体性保护、策划雄安传统文化展示体验中心等，就是今日以及未来的一系列文化遗产调查研究真正落到实处的重要方式。

一、米家务烈士陵园

从 2017 年 4 月 1 日雄安新区被提上国家章程后，便引发了一场席卷全国的讨论热潮，这一"千年大计"成为各大媒体的头条、公众茶余饭后的谈资。值得关注的是，伴随着雄安新区的建成，文化建设成为一项重大工程，重新评估资源价值并进行合理开发对整体布局有极其重要的意义。

作为文化传承的桥梁，红色文化是整个地区文明和文化特色的集中地，也是重要的教育基地。此次调研重要的一站——米家务烈士陵园，是雄县红色文化的重要代表。对米家务烈士陵园的调研走访，搜集相关资料并加以分析和整理，为推动整个雄县地区红色旅游业的发展、开展相关文化教育工作提供借鉴。

为了紧随雄安新区的发展大势，2017 年 5 月 24 日，中国传媒大学雄安新区发展研究院 40 名专业教师与 120 名博士、硕士研究生，于 5 月 24 日—27 日兵分三路赴雄安新区开展田野大调查。以文化遗产小分队为代表的雄县调研组率先出征，5 月 25 日上午抵达第一个考察点——米家务烈士陵园。根据对米家务烈士陵园历史背景和发展现状的梳理，明确此次调研要探讨的一个问题是：在区域建设过程中，如何保护与传承红色历史文化？随着社会的发展，产业化程度的加深，爱国教育的地位也逐渐凸显。红色文化基地为培养我国爱国主义青年提供良好的学习场所。因此，在快速发展的雄安新区建设过程中，找到新的陵园文化，转变陵园管理者的固有观念，完善陵园建设服务设施，并在保护与传承中与时俱进不断探索新的发展模式，强调社会文化价值，这已成为我国文化遗产保护的新趋势。

（一）米家务烈士陵园的基本概述

河北省百个红色旅游基地、保定市爱国主义教育基地、雄县青少年法制教育基地——米家务烈士陵园位于保定市雄县米家务镇政府南 100 米路东，该陵园设有烈士事迹展厅、接待室、办公室及工作人员宿舍共计 21 间，建造烈士名录墙一座，门厅牌坊一处，硬化地面 1280 平方米，绿化 1324 平方米，陵园共计占地 5.9 亩。

1. 历史背景

米家务烈士陵园始建于 1985 年（抗日战争胜利 40 周年之际）。在抗日战争时期，米家务镇作为平、津、保抗日根据地三角中心地区，是传统的革命老区，同时也是原晋察冀边区冀中十分区司令部、十地委、十专署所在地。原十分区司令刘秉彦将军（曾任河北省委书记、省长、省人大主任）、政委旷伏兆将军（曾任中央八机部部长、铁道部第一政委等职）曾带领和指挥全分区人民同日本帝国主义展开了不屈不挠的生死搏斗。为纪念在抗日战争及解放战争中冀中一代所有牺牲的革命先辈，1984 年兴建米家务烈士陵园，刘秉彦、旷伏兆两位将军遗骨均埋葬于此。

2. 发展历程

1984 年 4 月，根据共青团中央"寻史迹、建丰碑、学传统"的指示精神，团县委向全县广大青年、干部、群众发出"捐款建碑"的倡议，全县各级团组织积极响应，广大团员青年踊跃捐款，经过一年零三个月的筹建施工，米家务烈士陵园初步建成，碑文由时任本省代省长刘秉彦亲自撰写。

1985 年 9 月 3 日，刘秉彦、旷伏兆及保定地区行署、县党政机关领导和各界代表近千人在米家务烈士陵园举行了揭碑典礼。著名作家秦兆阳当场作画《傲雪梅花图》以示纪念。

米家务烈士陵园被列为"县级文物保护单位"，2005 年被命名为"保定市爱国主义教育基地"，2010 年成为河北省首批"省级少先队实践教育基地"。

3. 发展现状

保护好战区烈士纪念设施是弘扬爱国主义、加强理想信念教育的重要举措。烈士纪念设施是展示和纪念烈士事迹的重要纪念地和标志物，也是传承革命精神和理想信念的重要载体。

目前，烈士陵园为镇民政办代管，拥有一定的社会效应。米家务镇政府每年都开展祭扫活动，组织专人力量进行修缮和维护。特别是 2012 年，在原保定市长马哲峰的大力支持下，市政府出资 100 余万元，由中共雄县县委、县政府组织专门力量对陵园的展室、纪念碑进行了修缮升级，并特别表达了对刘秉彦、旷伏兆将军的崇敬，新建了两位将军的雕像，让后人世代铭记八路军冀中十分区党政军民在抗击日本侵略者战争中的丰功伟绩。

尽管对陵园修缮工作、参观活动从未停止，但仍存在诸多问题。长期以来，由于受地方经济发展条件的限制。米家务烈士陵园服务设施始终处于停滞不前的状态，无论是在园区整体环境、设施设备建设，还是在专业人才引进的方面都不到位，致使米家务烈士陵园只能作为烈士后人、政府领导、单位团体、中小学生的学习参观点，而不能真正走入市场，实现社会效益与经济效益的双重发展。

4. 陵园情怀

"同学们要弘扬咱们米家务的革命传统，牢记革命烈士，将这种红色文化发扬光大，"守园人杨大哥数次强调他对雄安新区未来发展的期待。杨大哥作为当地的文化名人，全程为我们讲解了米家务烈士陵园的历史背景、发展沿革以及他的革命情怀。也正是因为秉承着对革命烈士的崇敬之心以及对家乡文化的深厚情谊，杨大哥寸步不离守护米家务烈士陵园近 30 年，对陵园的感情早已融入生命，并随着岁月变迁愈加深厚。

5. 陵园建筑

烈士纪念碑：长 12 米，高 3 米，宽 0.6 米，由雄县籍著名书法家田伯平先生撰文记碑，以此讴歌冀中十分区革命先辈战争岁月中的丰功伟绩。

纪念雕像：纪念碑南北两侧分别是旷扶兆、刘秉彦将军的雕像。雕像均为优质大理石材质雕刻而成。两位将军的雕像神情坚毅，端庄肃穆，他们当年英勇顽强、坚韧不屈的革命气概淋漓尽致流露出来。

活动展室：第一展室（八路军冀中十分区带领雄县群众对敌作战的史实）

第二展室（旷伏兆和刘秉彦将军伟绩）

第三展室（书画展厅）每逢清明或"烈士纪念日"，县委县政府会组织广大群众以笔会、书画等形式开展纪念活动。

影碑：该影碑正前方镌刻着千余字的碑文，记录年代伟绩，传承着后辈的敬仰之情。

6. 社会影响

参观接待：2015 年、2016 年共接待 4200 人次，高峰日观众流量 700 人次。按参观方式分类，单位团体 3500 人次、旅游团队 200 人次、其他 500 人次。按行业分类，机关事业单位 800 人次、大学生 120 人次、中小学生 3100 人次、农村人员 180人次。

相关活动：2015 年 7 月 9 日战友摄制剧组来我镇烈士陵园看外景；2015 年 8 月15 日新华社副社长到烈士陵园参观；2015 年 9 月 3 日举办庆祝抗日战争胜利 70 周年书法展；2015 年 9 月举办纪念抗日战争胜利 70 周年文艺巡演；2016 年 4 月 1 日

吕正操将军后人、刘秉彦将军后人、旷伏兆将军后人、霸州石油小学、华北石油霸东管理处团委、北沙中学、昝岗中学、双堂中学来米家务烈士陵园扫墓；2016 年 6 月 27 日米家务镇机关支部与张岗乡直支部共同在烈士陵园举行重温入党誓词宣誓活动。

（二）米家务烈士陵园的社会责任

1. 缅怀革命烈士，铭记昨日历史

烈士陵园为后人缅怀先烈和传承革命精神及伟大情操提供了场所，也是近代关于革命战争记忆的公共空间。通过树立纪念碑、陈列历史资料，使世人铭记烈士英名和历史史实。我国自古就有"树碑立传"的形式，将具有卓越功勋的人或事予以固化并加以彰显。

做好烈士陵园设施建设工作，既是国防和军队建设的重要保障，更是社会发展的重要内容，属于和谐社会建设的范畴。特别是在当前全社会集中力量发展社会主义市场经济的过程中，做好优抚安置工作，保护好革命烈士纪念设施，对提高革命军人的地位，鼓舞部队士气，抚慰军人家属都具有积极的现实意义。在更大范围内也有利于发挥先烈和榜样的力量，有效激励今天广大党员、群众积极参与经济社会建设、自觉弘扬革命精神、增强社会的凝聚力和向心力，更大程度地起到缅怀先烈、激励后人的极大作用。

2. 教育爱国青年，传承民族精神

米家务烈士陵园承担着对社会各界特别是青少年进行革命传统教育、爱国主义教育的任务。陵园每年都多次接待曾任中央、省、市领导以及老同志和来自全县各中、小学及华北油田、霸州等周边地区的青少年和驻地附近党员、干部到陵园接受爱国主义教育。为扩大米家务镇的对外知名度与社会发展起到了极大的推动作用。现今，烈士陵园内多建有展览馆、资料陈列室，使参观者能够在历史资料中真切的感悟历史，体会文化发展。

3. 承接参观游览，建设红色文化新地标

当然，烈士陵园不仅是怀缅烈士、进行教育的场所，更应当是公共参观游览的地标式建筑。米家务烈士陵园位于镇政府南 100 米路东，处于村落聚集区，能够成为乡镇标志性建筑。对烈士陵园进行升级，打造为景区以供更多游客参观在我国已有较多成功案例，以广州黄花岗烈士陵园为例，作为国务院第一批公布的

全国重点文物保护单位，2016 年 12 月，黄花岗七十二烈士墓园入选《全国红色旅游景点景区名录》，成为广州市新地标及游览观光必去之地。烈士陵园新定位不仅能够吸引大量资金流入，完善设备设施，更能够带动整个区域的旅游经济发展新指向。

（三）米家务烈士陵园的发展对策

1. 以文化为支撑，引领陵园发展新出路

陵园存在的意义在于传承革命精神、弘扬红色文化。无论是国家的发展还是社会的进步都需要道德精神准绳教育大众。红色文化在不同的历史时期会呈现出不同的教育意义，处于动态发展的过程当中。为陵园赋予文化的意味，以红色文化为主线打造陵园新故事，以此吸引更多文化爱好者。米家务烈士陵园应当以抗战文化为主线，以两位将军的故事为重心，打造属于自身的文化特色。

2. 更新管理观念，维护陵园设施

随着管理体制的更新换代，陵园也应当不断改进自身体制机制。首先，完善之前存在的管理漏洞，引进更为先进的管理理念，从本质上改变过去"靠山吃山"的被动性，建立主动管理、主动建设的新模式。其次，维护领域设备设施，无论是建筑、雕像、历史遗迹，还是照片影响等均设立专人管理，定期清洁，保证设备设施的完整性。米家务烈士陵园的史料丰富，应当予以重视和保护。

3. 创新发展模式，搭建陵园虚拟化平台

如今互联网的涉猎范围十分广泛，各类信息通过网络呈现爆炸化的趋势，随之发展而出现的网上集体悼念活动也屡见不鲜。各地烈士陵园也纷纷建立起网站对陵园进行全面地介绍与展示。在这样的大趋势的影响下，陵园的发展必然会经历网络化的趋向，网络也会成为一个很好的革命文化宣传与传承的平台。同时，对于不便于直接呈现的历史遗迹、资料等均可以用虚拟现实技术实现，为参观者全方位展现过往的历史岁月。

4. 陵园园林化，打造可持续生态陵园

陵园的园林化是现代陵园的生命。陵园既是缅怀先人的地方，同时应该具有公园的功能。通过对陵园的绿化，为其带来生机和活力。一座现代化的陵园，要充分利用有限的土地资源，加大绿化覆盖面积，在自然的环境中融入文化艺术并成为一处人文景观，营造公园式的陵园。对于米家务烈士陵园而言，其绿化建设可直接影响区域景观的设计性，提高生态环境水平。陵园的生态化是一种根据科学发展观要求和生态学原理建立起来的发展先进模式。

米家务烈士陵园对于雄县和整个雄安新区来说都是珍贵的历史文化资源，尽管当下停滞不前，存在诸多问题，但经过有机的修缮和开发，在未来可以成为具有区域代表性的文化遗址。充分发挥物种多样化配置的优势和资源潜力，打造具有良好的自然生态条件、优美的自然景观和人文景观以及优质的服务设施和管理水平的陵园景区，能够吸引更多人走进雄县、走进雄安。

二、河北雄县陈子正故居

（一）陈子正故居情况概述

1. 故居概况

陈子正故居始建于 1905 年，至今已有 103 年的历史。位于雄县昝岗镇李林庄村正中，为一典型的北方民居院落，现存一四合院，外跨西北两院，占地 860 余平方米。陈子正在此居住了 35 年（1878—1910 年住在故居，1910—1930 年在外地任教，1930 年回到故居至 1933 年病故）。房屋共计 11 间：正房 3 间，东配房 3 间，西配房 3 间，北院东西耳房各一间；外跨西、北两院（如表 6-1 所示）。经陈子正的后人们多次修缮，房屋保存完整，每日拜访习武之人络绎不绝。近年来，海外武术团体多次来访、寻根、拜谒，故是一处传承中国功夫的历史纪念地和名人故居。

2. 详细状况

陈子正故居平面图如表图 6-4 所示，一进大门是正房的北跨院，跨院内有东西配房，二进门是南北方向，有一 40 平方米的天井，东西墙上悬挂着陈氏家谱，迎门的地方有陈生前种植的一颗枸杞树，至今也有百余年，夏秋之季，枝叶繁茂，果实累累，煞是美观。走进正院，北房 3 间，屋内是陈的生前卧室、客厅，屋外还摆放着陈当年用过的生活用具等，墙上挂着陈与武术界知名人士的合影及被赠与的水晶石镜、银牌、奖杯等。东西配房各 42 平方米，存放着陈当年的书、资料及来往信笺等。正中门有一小门，进入南院，存放杂物用，面积 120 平方米。从天井往西有一门进入西跨房，面积在 306 平方米左右，是陈当年教徒弟用的场地，至今他的后人一直在此教授武术。院内存放着陈当年用的碌碡、坛子、小缸、石杠铃等文物。

表 6-1　陈子正故居主要建筑一览表

序号	建筑群		建筑数量(间)	建筑面积(m²)
1	大门		1	26
2	正房		3	80
3	东配房		3	42
4	西配房		3	42
5	西北跨院			306
6	北院总面积			130
7	天井			40
8	南院			38
9	二进门			58
10	北院	东房		22
		西房		40

(来源：雄县文化旅游局上报名人故居材料)

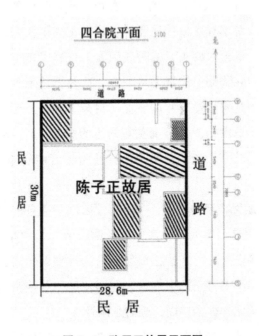

图 6-4　陈子正故居平面图

(来源：雄县文化旅游局上报名人故居材料)

（二）陈子正其人及后人简介

1. 陈子正事迹简述

陈子正（又名陈纪平，1878—1933 年）男，河北省雄县李林庄人，是世人公认的民族英雄，是我国近代著名爱国爱民的武术家、教育家、拳术技击家、鹰手拳法鹰爪翻子门创始人，是最早把武术课开展进入学校、课堂的武术教育先驱。著有《拳术要义》《拳术摘要》《鹰手拳艺书》《鹰爪连拳五十路》《行拳十路》《论拳法十篇》。

世人诵誉"鹰爪王""一代国术大师"。

1909 年下旬，西洋大力士奥皮音来上海比武，称中国人为"东亚病夫"，引起上海爱国人士的极大义愤，为血东亚病夫之耻，同盟会骨干陈其美、农劲荪、陈公哲、陈铁生等人邀请霍元甲来上海与西洋大力士奥皮音比武，之后经商议创办精武会，农劲荪任会长，霍元甲主持教习武术。1909 年以霍元甲的名义正式成立精武会，霍元甲自应邀抵上海至被日本人所害，时仅 6 个月。

民国初年，陈子正家乡常有盗贼出没，杀人强抢。陈子正经常只身一人，驱逐除恶，保护乡里。1913 年，农历八月的一个深夜，胡台豪绅郭锡九的 5 个爪牙手持撅把手枪、大刀等兵器对李林庄村抢掠骚扰。陈子正闻讯而去，怒喝杀贼，贼人怯逃。陈子正紧追不舍，追至村西头大坑时，贼人见只有子正一人，便向子正围攻猛扑。子正赤手空拳，闪展腾挪，使贼无从下手。这时子正蹿到一棵柳树前，立用胳膊夹住树干，猛一用劲竟将直径三寸的一棵柳树拔了起来。于是，他手持柳树，先将拿枪的打倒，然后反把横扫，又打倒左右两边的贼人，5 个贼人各带伤向芦苇地逃去。从此，贼人再不敢来村抢杀。至今李林庄村还流传着陈子正"倒拔垂杨柳，只身斗歹徒"的事迹。

1921 年，陈子正返回香港传艺时，一下车便听说一个自称"天下无敌"的德国大力士"艾茨坦尔"摆擂，挑战中国武术，声称中国人是"东亚病夫"，中国武术不堪一击，打伤了许多中国人。陈子正愤怒不平，带领弟子前去打擂，施展鹰爪力手法，几个回合便将德国大力士摔下擂台，七窍流血，气绝身亡。"鹰爪王"也因此而得名，陈子正也从此享誉全中国，驰名东南亚。

1922 年，陈子正应邀去新加坡精武分会传艺，到新家坡不久，就在擂台上用半个回合击败一英国拳术名家，被授予"印度尼西亚短剑"一把，剑上刻有"中国拳王"字样。

1927 年，为支持北伐革命军，陈子正将其胞侄陈国俊、弟子刘法孟等 42 人派往黄埔军校及几支军队中任教官。

1928 年，南京中央国术馆举行第一次国考。陈子正作为中央精武会领队兼教练率队赴南京。在比赛中，其弟子郭成尧、孙成之均名列前茅。擂台赛最后一日，国术馆负责人希望陈子正一显身手。陈子正推托不过，慨然应允。形意名家、朱家四杰的大哥朱国福（此次国考第一名）暗中在陈子正衣服背后用粉笔写上"河北陈子正"五个字。不意先声夺人，陈子正数次登台，所拟定的对手一见，均纷纷弃权。陈子正大名一时传遍南京。国术馆馆长张之江特赠陈子正"国术大师"称号，并赠匾额一块。张之江可称得上是中国武术的见证人。

1928 年，南京大赛后，陈返回上海，在黄维庆、李明德的帮助下编著"十路行拳"，在当时的精武刊物中登载。为颂扬他的功绩，香港大学送给他"教懦夫立"的水晶镜一面，东北爱国名士刘凤池写了"教懦夫立重振国威"的条幅相赠。李宗仁、黄兴赞扬他是"具有重大影响的武术教育家"。

2. 陈子正后人事迹简述

陈国英（1907—1990 年），据材料调查显示，其人一生勤俭，德高望众，精武功，懂医术，通周易，村人无论老少、妇幼，及本县方圆数十里无不受其恩惠，至今仍为人称道，其父亲陈子正一代国术大师在他身上寄予厚望，给取名陈国英，希望成为一国之英才。陈国英 20 岁因家庭原因留在家乡管理家务始终未跟随其父陈子正外出授拳。后在村内和外村当过教员，教文化课，日本侵华战争爆发后，辞去教员工作在村里任村委会干部。

陈立文（1932—2005 年），陈子正之孙，陈国英之子，从小跟随其父习武，武德教育非常严格，白天放学帮家里干家务，晚上就跟父亲学习拳术理论知识，苦练武功，一直坚持到 17 岁考上北京国立高中，毕业后分配至山西地质矿产部工作，担任工程师职务，后成立矿产部成立技工学校，在校任办公室主任，任职期间义务对校内学生及社会青年传授鹰手拳法。

陈德新（又名方伟），陈子正曾孙，陈立文之子，他一直从事武术事业，曾在北京市、黑龙江省、雄县、文安县及诸多乡镇教学，专授鹰手拳法，并组织武术节，在各乡镇举行义演。陈德新历经数十年研究鹰爪拳术，经多年实践，编创了实用腿法组合、散手组合以及刀、枪、棍术几十种。

2007 年组织创办了北京武术协会鹰手拳研究会，并担任北京武术协会鹰手拳研究会常务副会长，2009 年担任河北省保定市雄县武术协会副会长职务，2010 年 2 月 2 日在河南新乡鹰爪翻子拳新乡武术会馆担任名誉会长一职，现正在家乡李林庄陈子正故居传授武术，使鹰爪翻子拳得以广泛流传。

3. 鹰爪翻子拳传承情况

鹰爪拳，又名"鹰手拳"，据说是在民族英雄岳飞整理创建的"岳氏散手"基础上发展而成的。清同治、光绪年间，河北省雄县孤庄头村刘士俊从法成、道济两位高僧处习得了其中 9 个手法。而后刘士俊将之秘传给族孙刘成有，刘成有又将这一武技传给了他的外甥陈子正。

后来，陈子正成为了鹰手拳法鹰爪翻子门创始人。陈子正最早把武术课引入学校课堂，曾担任上海精武体育会副会长，并辗转海内外多地学校会馆传授武术。因而他不仅是武术家、拳术技击家，还是我国著名的武术教育先驱、武术教育家。

1915 年，时任省教育总监的刘伟百（字凤池）亲手创办的黑龙江省高等师范专科学校，是黑龙江省的最高学府，为让学生的身体能够健康发展，开设了体育运动课，刘先生特请其好友河北雄县的武术大师陈子正先生赴黑龙江教授武术拳法，其中得其武术精华者以多人，更为突出者，是孙成之、郭成尧二人。

郭成尧，字述唐（1895—1941 年）。黑龙江省拜泉人，善鹰手拳法，尤精"岳式散手"中的技击之术和剑术。郭成尧不但练就一身武功，而且在武术理论上也有所建树，和师兄弟由述孔、王斌震、曲已新、崔瑞吉等共同编写出版了《鹰手拳谱》一书。在这本书中，他提出了关于区分内家、外家功夫的个人见解。郭成尧的武技后继有人，长子郭宪亚、次子郭宪和均是"鹰爪翻子"名家，郭宪和先生还著有《鹰手拳法》一书保存在陈子正故居内，现今在北京护国寺中医医院任骨科主任医师。

1928 年，南京作为当时的首都，举行了全国的武术擂台赛，擂台设在南京的夫子庙，陈子正带领两位徒弟孙成之、郭成尧在擂台上打遍天下无敌手，被人们称为"东北虎下山，无人可敌"，徒弟如此，师父就更不用说了，无人敢于交手争锋。子正大师的威名在全国武术界大放光彩。

当时上海精武会创世人陈宫哲、会长霍元甲等力请陈子正大师出任上海精武会副会长一职，使鹰爪翻子拳拳种得以广泛流传和发展，陈子正使其称为中国武术界的一代宗师，其后孙成之进入政界，慢慢走完自己的一生。

（三）陈子正故居现状

2006 年以来，雄县为建设"中国温泉之乡"、打造"文化大县"的中心工作，加大了历史文化资源的传承、整理与保护力度，成功申报了国家级的"中国古地道文化之乡"（中国文学艺术界联合会）和鹰爪翻子拳、纸花、书画等 3 个省级"民间艺术文化之乡"（河北省文化厅），雄县政府于 2007 年 7 月将陈子正故居列为县级文物保护单位，2008 年 10 月列为第五批省级文物保护单位。

作为一座典型的北方民居院落，陈子正故居的历史、艺术、科学价值主要表现在：经历百年的风雨，见证了鹰爪翻子拳不断发展壮大的过程，对研究、发掘、整理鹰爪翻子拳具有重要的历史价值；在武术界有很大的名气，留下的很多的史书及文物也是稀有的，对于研究近代武术的发展变化有着重大的影响；建筑格调为清末民（国）初风格，较完整地反映了当时北方民居建筑的面貌，对研究当时的民居建筑有重要的实物价值。

2017 年 4 月 1 日，中共中央、国务院决定在雄安设立国家级新区。自雄安新区成立后，来自各级政府领导、国家文物管理局等对省级文物保护单位（陈子正故居）进行了多次调研与考察。

三、王派西河大鼓

（一）王派西河大鼓的历史溯源

所谓"周书李戏"，大鼓书发源于周，是一种说唱兼有的传统曲艺艺术，在三弦伴奏下，演唱者一手敲鼓、一手夹板，配合唱腔、道白，节奏和谐。大鼓书是广泛流行于我国的一种艺术形式，并根据发源、流布区域的差异而呈现出不同的艺术风格和韵味，京韵大鼓、东北大鼓、京东大鼓、西河大鼓等都是其中重要的分支。

西河大鼓原名"梅花调"，流入天津后改名为西河大鼓，它主要流传于中国北方地区，其中又以冀中地区为核心的流布区。西河大鼓的前身为清中叶流行于冀中地区的弦子书和木板大鼓，清道光咸丰年间，河北高阳县木板大鼓艺人马大河（绰号马三疯，名作马三峰）在韩云甫、韩云亭的帮助下，对这两种艺术形式进行了整合、改进与创新，经此革新后，其形式更为新颖、曲调更为动听，音乐性也大为增强，受到了大众的广泛欢迎。其时，民间盛传"南有何老凤（'山东柳'名家），北有马三峰"，马三峰也因此得以开宗立派，是为西河大鼓。西河大鼓的特点具体呈现为：演唱者右手持鼓犍子击鼓，左手持鸳鸯板，用方言演唱；曲调灵活，语言大众化且富有表现力。

马三峰是西河大鼓的开山鼻祖，其诸多弟子中又以朱化麟（大官）、王振元（毛贲）、王再堂（转眼王）声望显赫，各有千秋，群众常以"大官、毛贲、转眼王"来称三者齐名鼎立，此三人是西河大鼓红遍冀中平原的三杆大旗。关于西河大鼓发源地的问题，向来众说纷纭，但"大官、毛贲、转眼王"三位大师都生长于雄县，客观来讲，雄县是西河大鼓最重要的滥觞之地，这一点毋庸置疑。"大官、毛贲、转眼王"三位中，"毛贲"即为王振元，他的艺术风格以嗓音洪亮、气度豪迈著称，行内称为"王派"，并自此开启了雄县"王派西河大鼓"的发展历程。

王振元，雄县昝岗镇人，他身材魁梧，浓眉大眼，络腮胡须，粗音大嗓，在这些先天条件下，他充分发挥了大架式的表演动作。演唱时善于控制嗓音变化使之刚柔相济，音量可大可小。大则洪亮激越，字正腔圆，酣畅淋漓，振动人心；小则轻盈婉转，细腻动听。

王魁武，雄县昝岗镇人，"王派西河大鼓"第二代传承人，创始人王振元之子，16 岁随父弹唱，后是从田玉福学艺，长于武书《呼家将》《打黄狼》等，王魁武在从艺的同时仍心怀国家，以西河大鼓为战斗武器，积极编写抗日爱国书段《昝岗惨案》《减租减息》等，深入敌后宣传，带领村民进行斗争，1947 年被捕后大义凛然，宁死不屈，高唱一曲西河大鼓后从容就义。

李成林，王派西河大鼓第三代传承人。

赵连方，王派西河大鼓第四代传承人。

郭祥斌，王派西河大鼓第五大传承人。

王派西河大鼓扎根雄县业已百余年，其唱词通俗易懂，旋律明快活泼，唱腔和谐流畅，深受广大人民的喜爱，是劳动人民日常生活娱乐的重要形式。王派西河大鼓 2013 年报批河北省保定市市级非物质文化遗产，2017 年申报河北省省级非物质文化遗产已经获批，已派西河大鼓传承表如表 6-2 所示。

表 6-2　王派西河大鼓传承表

王派西河大鼓传承表		
第一代	王振元	绰号毛贲
第二代	王魁武	绰号小毛贲
第三代	李成林	艺名李书春
第四代	赵连方	艺名赵连仿
第五代	郭祥斌	

（二）王派西河大鼓的传承发展

赵连方先生是王派西河大鼓的第四代传承人，1947 年出生于雄县，15 岁拜西河名家李成林为师，18 岁开始带班演出，40 岁下海经商，2004 年后又开始开班教学，致力于西河大鼓的传承发展，组团建设，并广泛活跃于河北、北京、天津等地，现为中国曲艺家协会会员、河北省曲艺家协会顾问、雄县鼓书茶艺协会主席。王派西河大鼓的传承与发展也以赵连方为核心发散开来。

1. "以商养艺"式传承发展

赵连方是王派西河大鼓传承发展的核心，由于早年行商的经历，他对于西河大鼓的传承发展始终秉持着"以商养艺"的思想理念，并在这种理念的支撑下作出了诸多实际的努力。

以家为根，以商养艺。非遗传承人的生存发展状况往往在一定程度上决定着非遗项目的前途和命运，对于赵连方而言，浓厚的家庭观念、坚强的家庭后盾是他得以坚持王派西河的重要因素。早年间在抑郁症缠身的情况下，赵连方因唱西河大鼓而痊愈，自此，赵家便竭尽全力支持他发展王派西河大鼓，这种支持不仅仅体现在经济、物质方面，还涵盖着精神、意念上的支撑，更在于全家总动员式的参与。赵家祖孙三代都在以至诚之心传承发展着王派西河大鼓。

连方书社，致力传习。2012 年，在政府以及民间爱好者的支持和资助下，赵连方自费 20 万元于家中成立连方书社，作为演出、传艺、研讨的主要空间场所。

演出：连方书社的演出并不以经济收益为主要目标，而是采用"有钱的捧个钱场，没钱的捧个人场"这种相对传统的方式，在义务演出的基础上，观众自愿打赏。另外，连方书社还设立雅间，为西河爱好者相互交流提供场所。

传艺：连方书社在演出之外，还是最重要的传习场所。赵连方在此开设速成班，不分老幼，免费传艺，以半年为期，现今已经开班至第五期。速成班学员以退休后的中老年人为主，经过半年学艺后便能够熟练掌握西河大鼓中的小段演出。

研讨：连方书社现已成功举办了 2012 年全国大赛、2014 年河北省雄县首届西河大鼓座谈会暨李成林、李全林王派西河艺术传承研讨会。

线上直播，紧随潮流。虽然已过古稀之年，但赵连方的思想意识依然十分超前，在演出的同时坚持用摄像机拍摄视频，通过后期剪辑、编辑上传至优酷网、微信等众多新媒体领域中去，极大地拓宽了王派西河大鼓的受众范围和传播疆域。另外，在互联网力量兴起的浪潮下，网络直播同样也运用到了王派西河大鼓的传播之中，而难能可贵的是这些都由赵连方亲力亲为。新媒体的出现和应用在不断拓宽着王派西河的传播范围，而这种新的社会浪潮有时会成为事物生死存亡的重要转折点。

2. 团队建设，王派西河说唱团

拜师收徒、口传心授是非物质文化遗产得以传承的重要方式，赵连方目前所收徒弟有 10 余人，徒孙 20 余人，在这其中又以弟子郭祥斌为个中翘楚，是王派西河大鼓的第五代传承人。不同于连方书社的义务演出，以郭祥斌为首的西河大鼓说唱团以承接演出为主，广泛活跃于周边几十个乡镇，每年演出能够达到 200 多场。广大农村、乡镇是曲艺团发展的主要空间，丧葬嫁娶、贺寿、开业等较大的场合都会请曲艺团前去演出。目前该演出团能够上台演出的人员有 10 余人，另还有几十位学员作为后起力量。

2013 年，赵连方发起成立鼓书茶艺协会，其中不仅有王派西河大鼓的中坚力量，还包括速成班学员以及诸多西河大鼓的爱好者。

3. 雄安建设，王派西河展望

雄安新区的设立，从宏观来看是基于国家顶层设计的重要战略，是国之大计，而从微观层面上讲，它是一种变革性的力量，能够以摧枯拉朽之势迅速改变雄安地区的基本面貌、雄安人民的生活轨迹以及诸多非物质文化遗产的发展方向。而在赵连方眼中，雄安新区的建设为王派西河大鼓的传承与传播带来了难能可贵的发展机遇，他对王派西河大鼓未来的发展做出了种种畅想，也表明了自身的种种诉求。

政府力量，空间支撑。固定的传习场所是非物质文化遗产得以存活的重要阵地，是非遗得以焕发生机的重要因素和保障。连方书社现在承担着非遗传习所的职能，但是它作为个体私有的场所仍然存在着诸多的不便。其一，它处于居民区内，地理位置较为隐蔽，难以为人所知；其二，由于它由个人房屋改建，面积较为狭小；其三，其改建在房屋二楼，对于年纪稍大、腿脚不灵的观众而言，上下楼梯就成为了最大的阻碍。

在此次雄县调研中我们发现，西河大鼓并非是唯一受场地限制的非遗项目，诸如雄县古乐、鹰爪翻子拳等非遗项目同样面临着这样的困境。因此在雄安新区建设的过程中，政府部门更应注重原生文化形态的保护，竭力落实非遗传习所、文化馆、艺术馆等公共文化设施的建设，为非物质文化遗产提供一席之地，也为原著居民提供灵魂的皈依之地。

开拓渠道，广收门徒。"人"是非物质文化遗产的核心主体，对于非遗而言，生存还是毁灭，兴盛还是湮没都将取决于人。因此在不远的将来，王派西河大鼓的传承也必将走出书社，在更加广阔的空间内吸引人、感染人，从而为壮大自身队伍打下坚实的基础。

王派西河大鼓人才队伍的建设，建立在广泛的传播范围、深厚的群众基础之上，在赵连方看来，未来团队建设首先应该坚守的是广收门徒、广泛传艺，免费速成班就是有效手段之一。王派西河走进广场进行义务演出，是赵连方未来的设想之一，在公共空间内义务演出不仅是王派西河走向大众的途径，更为重要的意义在于王派西河作为一种公共文化服务渗入了大众日常生活中，满足了广大人民群众的精神文化需求。王派西河进校园是其人才队伍建设的重心所在。目前，王派西河中坚力量的年龄都集中在50岁以上，中、青年演员十分稀少，人才队伍老龄化的态势十分明显。赵连方希望在未来政府部门能够协调教育部门，能够进入学校，以兴趣班的形式开班教学，从小孩子抓起，从而抓住王派西河大鼓未来发展的新希望。

创新发展，商业运营。非物质文化遗产深植域人们的日常生活之中，随着时代的变化而变化，囿于传统，墨守成规只能是死路一条。在这一点上，赵连方有着深刻的理解，也在具体的演出中身体力行着。"老书新说"是赵连方一直提倡的创新途径。王派西河大鼓演出主要分3种形式：①长篇大书，又叫"蔓子活"，一般以通俗小说、历史演义等为主要的内容，《呼家将》《杨家将》为典型代表；

②短篇鼓词，又称小段；③即兴表演，又称现挂。"老书新说"具体体现为在传统的书目中添加更为时代新元素，鼓词灵活多变且贴近生活，通俗易懂且趣味横生，从而吸引众多听众。而"现挂"更是如此，演员结合社会实情与观众需求，当场编唱。当然，这种表演形式不仅需要丰富的舞台经验、深厚的词句积淀，还需要不断的实践。

非物质文化遗产想要在新的时代中焕发生机就离不开市场，对此，赵连方认为，进入市场售票演出的条件必然要有好的场地、好的节目、好的演员，三好合一后，还需要有好的营销与运营。在文化产业大发展大繁荣的背景下，王派西河的市场化、产业化也指日可待。

（三）王派西河大鼓之思

此次雄县调研，有幸能够接触到当地诸多文化资源，结合雄安新区建设的背景，笔者也有了着诸多的收获。

1. 以人为本，文化先行

"古往今来多少城市莫不起源于人类的社会需求"。追根溯源，"人"才是城市的核心和主体，城市应服务于人，这是人与城市之间的关系，"以人为本"也自然应该成为雄安新区建设的核心理念。雄安新区建设绝非是平地起高楼，雄安人、雄安事、雄安史共同构成了雄安新区的文化肌理，在"文化先行"的理念下，雄安新区的建设绝不是大拆大建，未来的雄安也绝不是文化贫瘠之地。

2. 王派西河，艺德匠心

赵连方先生表演的一段王派西河讲述了他的一生，少年学艺、中年经商、大病缠身、老有所为，也讲述了他对西河大鼓由衷的热爱，更讲述了他作为王派西河大鼓传承人的责任与担当。对于非物质文化遗产传承人而言，非遗项目不仅是其安身立命的手段，更是其奉献一生的事业与追求。古往今来，多少人单凭一身艺德，一颗匠心，倾毕生之力传承非遗，这不免让人感动唏嘘。在公共文化服务不断发展完善的今天，非遗业已纳入公共文化服务体系之内，政府多层次、多方位、多形式的支撑资助，不仅为非遗传承提供了坚实的保障，也为非遗的发展提供了极大的空间。因此我们有理由相信，雄安非遗在未来必将焕发出新的生机。

3. 非遗传承，曲艺中兴

曲艺，是真正扎根于民间的艺术形式，是我国土生土长的文化形态，它通俗易懂、谐趣有理、通晓人情，它深入至田间地头，风靡于街头巷尾，是劳动人民最喜闻乐见的艺术形式，是我国文化大观园中的重要组成。但在时代的洪流之下，曲艺艺术的发展空间不断受到挤压，更有甚者濒临灭绝。笔者认为，"俗"是曲艺最大的艺术特点，这种特点与生俱来，也是其广泛流传的根源所在。因此，此意义上的曲艺在人民精神文化需求不断增强的今天仍然具有巨大的发展潜力和广阔的发展空间，而如何实现曲艺的商业化、产业化运营将成为曲艺中兴之路的关键所在。

四、功夫跤

（一）雄县占山跤历史传承

中国功夫跤具有非常久远的历史，据史书记载：最早在战国时期"以为戏乐，用相夸示"秦汉称"角抵"，晋代又称相搏、手搏、相扑。三国时期魏主曹操将摔跤引入兵营，作为练兵的科目，唐代敬宗、庄宗、文宗都喜欢摔跤，致使摔跤猛发展到轻盈、敏捷相当的水平。到宋代，摔跤技艺已经升华并推向普及的阶段。南宋岳飞据守雁门关时期，全军上下都以摔跤锻炼体魄。河北是中国跤的摇篮，目前我国的功夫跤主要分为三大主流：北平跤、保定跤、天津跤。习跤之人通常将北平跤和天津跤合称为"京津跤"。

1. 中国跤分类

北平跤。即北京跤，继承清代"善扑营"的遗风形成，王者风范，技术动作大、出场架势小（跤架），形似狸猫夜巡，白猿欲窜，多用俗称"黄瓜架"，它即以力降十会，似苍鹰扑兔刚猛，又一巧破千斤，兔滚鹰翻，轻盈迅捷。19世纪30年代，北京跤全国闻名，北京天桥最著名的两个代表人物分别是沈三（沈友三）和宝三（宝善林），被誉为天桥双杰。沈三练的是民间俗称"细胳膊跤"——武术加跤，神鬼难逃，即快跤；一巧破千斤，现术语称"散手跤"。宝三玩的是"粗胳膊跤"——功力型，以功力压快，刚中强，以力降十会，即现拿着摔的揸把（手）跤。

保定跤。也称保定府快跤、散手跤。它重视快速技术，是大架势出场（跤架）。保定跤上盘手法上擅用撕、崩、捅、把位占先，下盘腿倒，上下配合，天衣无缝，打闪认针，妙计连珠，以快打快，刚中有柔，猛中含智，绵里藏针，长于以小制大，左道旁门，散揸相合，潜移默化，瞬间将对手制于末路。保定跤派摔跤高手近代有平敬一、张风岩、白俊峰、满老明、吴四等人。继后，名家大师有常东升、常东如、常东坡、常东起四兄弟和闫益善、马文奎等英雄前辈齐名。其中首推常东升，其摔技、解数浑身、动作潇洒、飘逸，获"花蝴蝶"之美称，常将对手制于无形之中败北。曾于台湾任军警界高级总教官先后在美国、法国、新加坡等国家建立"中国式摔跤馆"。

天津跤。天津跤是北平跤和保定跤中间型的跤，动作非常的粗野、刚猛、自然。将灵巧、速度、力量融为一体。近代摔跤名师有李瑞东、卜恩富、天津卫四大张：即张鸿玉、张魁元、张鹤年、张连生。

雄县功夫跤。中国功夫跤的特色最主要的体现在基本功——"定桩"的几个动作上。传统桩功基本功："怀中抱月"，讲究脚下有根，主要考验腰胯和腿的力量。"扑水"，腰胯和臀部坐力。"展翅"，腰胯和前臂的力量考验。"鹰嘴"，是中国功夫跤基本功里最难的动作，讲究全身肌肉的均衡发力。"四平"主要锻炼上肢力量和整体力量的平衡。

2. 占山跤馆长——魏占山

在保定雄县五甫村的占山跤馆，一位年逾80岁的老人穿梭在训练的年轻人中间，不时停下来纠正和指导，这位老人就是雄县家喻户晓的摔跤老人，也是占山跤馆的馆长——魏占山。魏老爷子自1954年到1958年在北京学习京津跤。1958年4月以后支援二线到达陕西，同年7月参加西安市运动会，打破了西安市摔跤项目的纪录。同年9月参加陕西省运动会，打破了举重推举单项纪录，总成绩第二名。自此，参加了陕西省省运动员队，成为了专业的运动员。在运动方面，魏老爷子可谓是全能，年轻时练过5000米及10000米的长跑，曾获得过北京市10000米长跑比赛第四名。文化大革命期间，省运动队解散，魏老回厂继续工作。文化大革命后，省运动队恢复招生，魏老由于年龄原因，成为省队教练。凭借着个人的号召力，摔跤队在很短的时间内发展成了一个有100多人的队伍。在此期间，在魏老身上还发生了一件传奇式的故事。摔跤队中，有人说一个来自山东练习功夫跤的人非常厉害，摔跤队任何人都摔不过他。魏老当时听后不是十分相信，就希望找到这个人。经过一番努力后，魏老找到一个卖茶的老头，年龄已过70岁。老人外表看来既不高也并不十分的强壮，老人在茶棚里随手拿起一根铁棍便向自己头上打去，此时再看铁棍已经弯成一个很大的弧度，而老人的头却毫发无损。不仅如此，老人又将铁棍朝自己的小腿上打去，小腿骨是非常容易断裂的，然而老人用力打下去以后同样没有伤痕。魏老当即十分佩服老人的功夫。两人交流一番以后，魏老表达了想要跟随老人学习的心愿。于是，老人带着魏老回到自己的家，魏老拜老人为师，开始学习功夫跤。1990年，魏老回到自己的家乡——保定雄县，开办了有名的占山跤馆。从一个自己盖的小茅屋开始，发展到现在弟子满堂，规模也比开始扩大了好几倍。

3. 功夫跤新一代传承人——苗成松

苗成松，魏占山老师的得意弟子，男，生于1992年，现就读于天津体育学院，是国家二级运动员，中国式摔跤三级裁判员。自幼酷爱习武，8岁就随功夫跤王魏占山老师学习功夫跤，从基本功到站桩功等功夫跤技术深得魏老师真传。加之自身习武十分刻苦，几年下来，苗成松在占山跤馆一众年轻弟子中脱颖而出。2009年，苗成松在内蒙古举办的全国青年赛中获得第四名，被评为国家二级运动员。2010年在北京燕郊举办的"2010年全国中国式摔跤冠军赛"中表现突出，2011年以优异的成绩考入天津体育学院，现在武术系、摔柔班深造。

苗成松的功夫跤技艺深厚，更是赢得澳门朋友的赏识。2013年，在"天地龙"杯中国宜兴举办的中国式摔跤国际邀请中（31个国家地区），苗成松收到澳门代表队的邀请，代表澳门队出战，与多国摔跤强手进行对决，灵活运用功夫跤中的各种技法击败对手，使得功夫跤在国际赛事中崭露头角，最后苗成松获得74公斤级男子组第三名，为澳门代表队收获一枚铜牌。之后又参加了2013年河北省（男女）中国式摔跤锦标赛，获得78公斤男子组第二名。

在校期间，苗成松潜心研究功夫跤，多次与保定、西安等地的高手学习、相互切磋交流，受到跤术专家季连成老师的真传，同时还受到了其教授孙庆国的授艺，跤术专家李保如、苏学良、京津跤传人尚金虎的指点使得自身跤术有了长足的进步。不仅如此，苗成松还学习了柔道、跆拳道、散打等课程。在假期里协助魏老师成立中国功夫跤研讨会，并出版教学光盘，收集整理即将出版的《中国式功夫跤》。他有自己的理念，就是"采百家之长为我所用，将中国功夫跤发扬光大，使之走向世界"。

（二）雄县占山跤当代生存现状

1. 占山跤馆现状

目前，雄县政府并没有对传统中国式摔跤给予一些鼓励性以及扶持性的政策条款，虽然政府方面没有明确的扶持政策，但是逢年过节也会请跤馆进行一些表演性、观赏性的演出，并给予一定的费用。然而这些费用对于一个每天都要运转的跤馆来说还是杯水车薪。魏老师的占山跤馆还是以自身以及各位拜过师的入室弟子来管理维护。比如场馆的扩建，摔跤使用的各种器械，以及维持场馆各方面的运用，雄县政府并没有下拨补助以及所需要的善款。这对于跤馆的继续发展以及传统中国式摔跤的推广与普及是非常不利的，在没有任何经营性收入的情况下，要想维持一个有 70 名学员，面积在 1000 平米的摔跤馆的正常运转是非常不容易的。在此方面，雄县政府还是应该加大扶持力度，让我国的传统武术得以传承，传统文化得以发扬推广。而不能任其在纯民间的土壤里自生自灭，也不能让一个老人成为那个孤单的守望者。

魏老师的占山跤馆自 1990 年开办那天起就从未收过学生的学费，魏老师自己说"我们在此练把式，就是为了收徒传艺，不仅不收费，练习时还提供跤衣、跤鞋给大家使用。只是为了把这快要失传的中国式摔跤发扬光大。我们每天在这摔跤，一来是自己活动活动身子骨儿，二来其实也是在吸引大家，盼着能有几个年轻人真正的喜欢上这项运动，我也好把这一身的功夫传承下去。否则，等我们这一茬儿人没了，功夫跤可就真失传了，中国的这个国粹要是断在了我们手里，我们的罪过可就太大了！"魏老师开办跤馆，只是为了一个单纯的心愿：就是中国的优秀文化不能断。不收费还送衣物，管吃住。这就是魏老对传承传统中国摔跤的信念在行为上的体现。这一坚持，就坚持了 20 年，而且还会永远的坚持下去。

目前，占山跤馆的学生共 70 人，分为两种：一种是普通学员，有时间来跤馆锻炼，学习摔跤技法；另一种是热爱摔跤，刻苦训练，希望能够将功夫跤传承下去的磕头拜师的弟子。功夫跤的新一代非遗传承人——苗成松是魏老师最得意的学生，目前就读于天津体育大学。魏老师年岁已高，也已退居二线。跤馆里的很多事情都是由苗成松及其各位师兄弟们来打理，也是各位师兄弟们自掏腰包维持跤馆的正常运转。然而，学员的精力并不能完全放在跤馆上，还有各自的工作以及学业要完成。苗成松在校期间，跤馆里的很多事情就无法参与。

2. 生存环境简述

功夫跤的传承面临的最大问题就是覆盖面窄、普及率低。其自身的一个重要原因是功夫跤更加具有实战性和对抗性，危险系数较跆拳道来讲要高得多，功夫跤在训练时受伤的概率要大得多。很多家长在面临选择的时候往往会选择让孩子学跆拳道而非功夫跤。家长让孩子学武术并非希望其有多强的实战性技能，只是希望能够强身健体，而不是利用一身武艺招惹是非，更不希望孩子面临随时受伤的危险境地。功夫跤的普及还需要在自身的形式上稍作改变。

跤馆未来的发展首先还是要普及，同时转变现有的发展模式，采取培训班形式，面向社会主动招收学生。同时加大宣传力度，当今社会已经过了"酒香不怕巷子深"的年代了，媒介推广对于扩大知名度的作用不可小觑。

（三）雄县占山跤的发展的问题与对策

1. 功夫跤发展问题

传统思想制约其发展。我国传统武学师父都有一种根深蒂固的师徒观念，并且在"文无第一，武无第二"思想的影响下，一个地区很难有多个武馆同时存在。就如一山不容二虎的道理一样。然而这种思想严重影响了中国传统武术的传播与普及。因此，要想将功夫跤更好地传承下去，这种守旧思想必须要摒弃。开放思想才能海纳百川，只有具有包容的心态，才能让功夫跤更好地发展下去。

自身体制不完善。我国传统武术最大的弊端就是没有一套完整的学习体系及等级评价标准。像跆拳道等体育项目，都有着严格的等级体制来衡量学生的能力。这对于学生来说可以非常直观的体会到自身的情况，以及接下来的目标及方向。我国武术却缺乏这种完善的等级制度，既无法详细介绍运动本身也无法评判自身能力。这也是难以推广传播的一个重要原因。

2. 功夫跤完善路径

转变思想。上文中功夫跤发展面临的问题中提到，传统思想的制约是影响其发展的重要原因。因此，转变思想是要从精神层面上认识到问题的实质，打破"武无第二"的传统观念和师徒观念。但是转变思想并非将传统全部抛弃，而是取其精华，去其糟粕。在开办跤馆的同时，开设培训班，招收学生。如果只是强身健体，便以普通学员的身份学习简单的摔跤技能。若真正热爱武学，想要传承武术精髓，便以拜师为入室弟子的身份将功夫跤发扬光大。

完善等级制度，制定合理体制。制定合理的等级评判标准是受到学生认同的关键，是学生能力的体现。在这方面，功夫跤应该学习跆拳道在我国的发展模式。但是，传统中国式摔跤毕竟是我国的传统文化，应该具有自身的特色。

五、鹰爪翻子拳

（一）鹰爪翻子拳的发源及传承历史

1. 鹰爪翻子拳的发源

陈子正的翻子拳和岳式鹰手师从其舅父刘成有，刘成有的翻子拳启蒙自杨景山、刘德全，受业于舅父董宪周；据《雄县县志》记载，董宪周武技高强，"名振河朔"。刘成有的岳式鹰手得于族祖刘士俊。岳式鹰手，又名岳式散手。刘士俊是清末在京城崛起的岳式散手传人。

秉承着两系传承，兼精翻子拳和岳式鹰手的陈子正于 1919 年受聘于上海精武会任教后，以翻子拳和岳式鹰手动作为基本素材，兼融岳式鹰手擅长"抓打擒拿"和翻子拳突出"翻崩滚砸"的技法特色，保持岳式鹰手以一个攻防组合（着势）为一个练习单元的结构特点，形成了以鹰爪功为基础、以行拳、连拳为基本拳架的鹰爪翻子拳。可以说，鹰爪翻子拳是陈子正在源远流长的武术传承中创新出的一个新的拳术流派。❶ 陈子正被称为"鹰爪王"。

2. 鹰爪翻子拳的传承历史

陈子正无子女，侄徒陈国庆自幼跟随其左右，鹰爪翻子拳的创编也是在陈国庆的协助下完成的。陈国庆长期在上海精武体育会传授鹰爪翻子拳，在"七七事变"后，陈国庆返回家乡河北雄县并在家乡授徒。

陈国庆之子陈正跃在改革开放后，于 1979 年开始外出任教，在山东、湖北、黑龙江、福建、上海、北京、广东等多处武馆任教。并从 1983 年起，先后向日本、中国香港、新加坡等武术团授拳。陈正跃于 1985 年因病返回雄县，为响应国家体委"献艺、献技、献资料"的号召，采取口述、演练的方式，由陈桂学、陈少宇执笔编著成《鹰爪拳》一书。

陈桂学为陈正跃长子，鹰爪翻子拳第四代传人，先后被选为省级、国家级非物质文化遗产项目鹰爪翻子拳代表性传承人。现担任鹰爪翻子拳研究会会长、保定精武体育会会长、河北省武术协会副会长。保定精武体育会与上海精武体育会同级，并于 2016 年加入世界精武联谊会，极大提升了鹰爪翻子拳的海外影响力。

---

❶ 陈正跃.鹰爪拳[M].北京:中国人民公安大学出版社,2009(1).

陈桂学之子陈承禹为鹰爪翻子拳第五代传人。毕业于首都体育大学民族传统体育学专业，现就职于北京市特警支队，是一名特警。

3. 鹰爪翻子拳传承脉络

鹰爪翻子拳现今已传承五代，其传承脉络如图6-5所示。

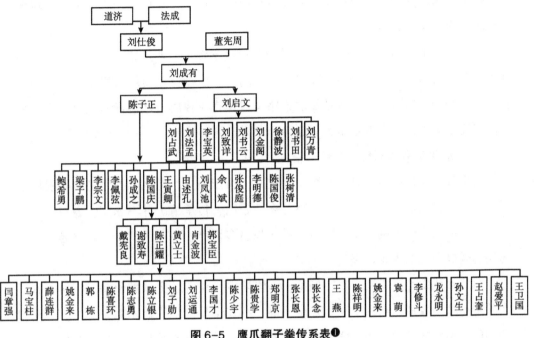

图6-5 鹰爪翻子拳传系表❶

（二）鹰爪翻子拳传承现状

1. 鹰爪翻子拳海内外传承情况

鹰爪翻子拳作为中华传统武术的瑰宝，享誉海内外，从1983年起，不断有海外的武术团体和个人前往中国求学。20世纪90年代，两名希腊学徒在雄县学习鹰爪翻子拳，现已在希腊开设拳馆教授鹰爪翻子拳。

鹰爪翻子拳于2008年入选国家非物质文化遗产，目前在雄县地区的传承主要是通过雄县鹰爪翻子拳研究会对外教授拳法。现在开展的有少儿班、青年班和成人班，学拳人数在百人左右。为了推广鹰爪翻子拳，陈桂学还在雄县南庄子小学开设了鹰爪翻子拳课，每周授课一次，教小学生练习鹰爪翻子拳。少儿班学拳的学徒年龄集

---

❶ 鹰爪翻子拳传系表。陈正耀同陈正跃；陈贵学同陈桂学。

中在9~11岁，平均学拳年龄为2年。青年班3名学徒年龄为16岁和17岁，平均学拳年龄为7年。通过和他们以及个别少儿班学徒家长的交流得出以下结论。

（1）学拳主要目的为强身健体和防身。无论是学徒还是家长，在被问及为什么学鹰爪翻子拳时，90%的答案都是强身健体和防身。由此可以看出，在学徒和学徒家长眼中，学武的主要价值在于能带来健康和防卫作用。鹰爪翻子拳作为中国传统体育的文化价值没有得到体现。

（2）学拳是作为兴趣爱好，而不是希望通过学拳走专业道路。青年班的三名学徒其中两名为高一学生，一名为高二学生。高二学生现已是省级二级运动员，因此我问他是否准备通过走专业运动员的道路考取体育院校时，他说没有这个打算。另外两名高一学生也称学拳不是为了走体育专业道路，只是作为一个兴趣培养。

2. 鹰爪翻子拳传承所面临的困难

鹰爪翻子拳现在虽然是国家级非物质文化遗产项目，但受雄县经济水平发展较低、地区人口基数小、人口素质不高等条件限制，传承情况并不乐观。通过和陈桂学交谈，他指出鹰爪翻子拳现阶段传承面临诸多困难，专业习武的人越来越少，作为兴趣爱好习武的人难以坚持。

对武术认识程度不高，存在偏见。陈桂学称，在传承鹰爪翻子拳时，所面临最大的困难就是普通人对武术认识程度不高，存在偏见，认为武术就是暴力，就是打架用的。然而陈桂学认为，学武首先要学做人，武德高于技巧。这也是为何学武本该年龄越小开始越好，但陈桂学却因为担心小孩子不明事理难以管教而不收小徒弟的原因。

择业选择变广，少有人将习武作为专业。以前经济落后，社会治安较差的时候，很多人把学武当作谋生的途径。然而当今社会经济越来越发达，社会治安良好，人们生活水平显著提高，就业选择多于从前。除此之外，在法制社会下，习武的作用变少，因此，将习武作为事业的专业习武者越来越少。

家长心疼孩子，不愿意学武吃苦。习武需要毅力和艰苦的付出，但80后、90后多为独生子女，家长对待孩子的观念与从前不同，家长舍不得孩子吃苦，担心孩子学武受伤。此外，随着孩子年龄增长，学业任务逐渐繁重，当学习与学拳冲突时，家长往往会选择放弃学拳。

宣传力度不够，普及率不高。在雄安新区设立前，雄县作为鹰爪翻子拳的发源地，地区规模小，经济发展落后，人口基数不大，在全国范围内缺乏影响力。鹰爪翻子拳虽早在 2008 年就被选入国家级非物质文化遗产名录，但宣传力度较低，曝光度不够，商业价值和文化价值都有待挖掘。

学武的特殊性要求言传身教。不同于其他技能，学武的关键在于言传身教。陈桂学称，曾经考虑过在网上上传拳法视频，提高鹰爪翻子拳的影响力和知名度。但考虑到学拳需要有师傅面对面指点，纠正错误动作，学拳不是单纯地模仿动作，而放弃了这一想法。

缺乏标准运营体系。鹰爪翻子拳有拳法但缺乏一套标准的运营体系。例如鹰爪翻子拳的定级标准、规则、程序都需要制定。现阶段鹰爪翻子拳的定级完全依靠人工决定，师傅觉得什么时候可以进阶就什么时候进阶，缺乏规范性，也阻碍鹰爪翻子拳市场化发展。

（三）雄安新区设立后鹰爪翻子拳传承发展对策探讨

1. 整合现有资源，打造鹰爪翻子拳基地

雄县地区为鹰爪翻子拳发源地，但在传承鹰爪翻子拳上，资源并未得到有效整合。鹰爪翻子拳研究会以传授拳法为主，陈子正故居以鹰爪拳起源为主。一方面为非物质文化遗产传承，另一方面为物质遗产保护。将两方面整合，打造鹰爪翻子拳传承保护基地，将更有助于提升鹰爪翻子拳的知名度和影响力。通过打造基地，还能让鹰爪翻子拳在打响了名声之后有迹可寻，集中想要学拳的人。

打造鹰爪翻子拳基地还有助于形成品牌，并通过这个品牌改变人们对武术的偏见，正确认识中国武术。中国武术是一种文化，是一种武德。正如上海精武体育会的宗旨"爱国 修身 正义 做人"一样，这是正确的理念，而拳脚功夫是理念的载体。

2. 借雄安新区成立之际，加大对鹰爪翻子拳的宣传

雄安新区成立对于整个雄县地区的文化遗产宣传工作而言都是一个大好机遇。无论是高校还是媒体，都会深入挖掘雄县地区的文化遗产渊源和内涵。鹰爪翻子拳可以借势雄安新区的发展，将其打造为雄安的名片。

同时，雄安新区的发展规划重视文化发展。因此，在政策上一定会给予文化遗产项目更多便利。作为国家级非物质文化遗产项目，鹰爪翻子拳应当把握机遇。

3. 加强与高校的合作，挖掘鹰爪翻子拳文化价值

陈桂学师傅的儿子陈承禹毕业于首都体育大学民族传统体育专业。陈国庆先生

曾在首都体育大学指导过鹰爪翻子拳，渊源颇深。首都体育大学的师生也曾实地调研过鹰爪翻子拳。如果鹰爪翻子拳研究会能加强与学校合作，例如同高校合作规范鹰爪翻子拳的动作、编著教材、拍摄教学录像、制定评级体系；与中小学合作，在体育课上教授鹰爪翻子拳或是将课间操改为演练鹰爪翻子拳，都将有助于提升鹰爪翻子拳的普及率，传承中国传统武术文化，也有利于学生强身健体。

与高校合作的另一大优势在于有知识有文化的传承者，能有助于将鹰爪翻子拳由实践上升到理论，不断归纳总结，生产出更多可供参考的资料留给后人。

4. 挖掘商业价值，走商业化推广道路

鹰爪翻子拳同样具有商业价值，其商业价值的源头在于其强身健体的功能。将鹰爪翻子拳动作进行简化和创造性处理后，可以在健身房和广场上推广，将鹰爪翻子拳打造成为全民参与的体育活动。

鹰爪翻子拳同样可以作为表演项目，由专业学习鹰爪翻子拳、通过评级的学徒组成表演团队，进行表演展示。

总而言之，虽然鹰爪翻子拳的传承现状并不尽人意，但可以预见的是，雄安新区的设立一定会为鹰爪翻子拳的传承提供极大的机遇。

六、雄县古乐亚古城音乐圣会

文化是一个民族的精神和灵魂，是国家发展和民族振兴的强大力量。文化是一个民族的根，是最强大的凝聚力。在对雄县的调研活动中，调研组力求能够深挖雄县文化、寻找具有价值的优秀文化基因，让其得以保护和传承。中国古乐，源远流长。从《吕氏春秋·古乐》记载"昔葛天氏之乐，三人操牛尾，投足以歌八阕"之史实，和考古工作者发现的大约 7000 年以前先民们用陶土做的吹奏乐器"埙"就可以证明，很早以前，我们的祖先就创造了音乐。

通过 5 月 25 日文化遗产小组的实地调研我们认识到，保护传统文化不是一句空话，更需要一份执着和坚守。对非物质文化遗产的有效传承要求我们必须将非物质文化放到整个文化环境中去考量，并力求在不伤及艺术精髓的基础上，融合现代审美观、唤起文化认同感，并使之成为经济发展的推动力量。下面对我重点调研、访谈并亲身体验观赏的雄县亚古城音乐圣会情况作出梳理，并尝试提出当前发展的困境与解决方法。

（一）亚古城音乐圣会传承历史

1. 地理位置及历史溯源

通过 5 月 24 日下午的座谈会，我们对雄县的文化遗产情况有了大致了解，每一位非遗文化遗产传承人都对传承的项目作出了具体介绍，并提出了对未来的畅想。亚古城地处京、津、保三角腹地，隶属河北雄县。紧靠大清河、白洋淀。亚古城音乐圣会成立于明朝永乐年间，是为纪念药王孙思邈而创建，当时由一位云游道士传给当地人马庆后一直传承至今。该会曾受清代乾隆御封，赐会旗两面、宫灯四盏。每次出会时排百会之首，沿途文官下轿、武官下马。相邻"天下第一庙"——鄚州，每年庙期首选该会。且据庙史记载，专赐该会土地六亩、水井一眼。

1958 年，亚古城音乐圣会曾应中央人民广播电台邀请在高碑店演奏，其录音存于中央电视台。2013 年在保定市博物馆举办了雄县古乐展览展示活动，2015 年 9 月 11 日至 20 日参加了"中国（成都）第五届国际非物质文化遗产节"并获得表演活动"太阳神鸟"金奖。至今该会仍保存着木斗笙四架，并存放于雄县档案馆。目前该会经常演奏的曲目不下 80 余首，如大型套曲《骂玉郎》《孔子叹颜回》开堂曲《翠竹帘》及反调《小花园》以及好佛曲等，现在还保留着手抄公尺曲谱两册。

2. 亚古城音乐圣会传承人情况

在调研过程中，雄县亚古城音乐会的传承人史军平给我留下了深刻的印象。史军平是目前的音乐会会长、河北省级非遗传承人。他热爱音乐并且开朗、乐观，具有极强的非遗传承的责任感。

史军平会长向我们介绍，他于 1984 年参加音乐会，师从王志信（亚古城音乐圣会上一代传承人），期间学习了工尺谱的韵谱和管子的演奏，兼学其他乐器。2004 年担任亚古城音乐圣会会长，2010 年担任保定市音乐家协会会员，2014 年任雄县音乐家协会副主席兼秘书长，2017 年任雄县政协委员。史会长一直致力于召集老艺人挖掘古谱、充实古乐的内容。并以口传心教、集体演练的方式培养了唐艳民、王根华、史小乐、王国英、陈双杰等 10 余名新人，每天都认真教习演练。史会长还整理编辑出版了《雄县古乐古谱存鉴》《穿越——国家级非物质文化遗产雄县古乐》两本书，研究创作出了武场河西钹一套，在保持原有特色的基础上，丰富了表演形式，提高了演艺效果，增强了观赏性，得到了专家学者和观众的一致好评。

（二）亚古城音乐圣会发展及生存现状

调研当天气温非常高，但我们来到调研地点宋辽古战道时，还是远远就看到亚古城音乐圣会的叔叔阿姨、爷爷奶奶们已经搭建起了演奏的帐篷，每个人都拿好了乐器，期待着为我们演奏。演出乐器种类繁多，民族特色显著。文场有小管、笙、笛、云锣等，正义威严、庄严肃穆；武场有大镲、铙、钹、鼓为主，气势雄伟，振奋人心。大家以坐蓬和走街两种形式为我们展现了雄县古乐的风貌，曲目包括《翠竹帘》《祭刀》《刹落》《八板》等，激昂的曲调、热情的演奏都给我们留下了深刻的印象。许多演奏者年龄很大，但依然阻挡不住他们的热情，充分表现了大家对雄县古乐的热爱和传承非遗项目的责任心。

1. 音乐演奏形式

史会长向我们介绍，音乐会的演奏形式分为坐蓬、走街两种，文场在前，武场在后。文场乐曲曲调高雅，音乐优美，或奔放如江河倾泻，或轻柔如细雨轻吟，或清脆如鸟唱蝉鸣；有的曲调正反调结合，令人耳目一新。尤其是武场的打击乐方面更具特色，一曲九节，反转轮回，三盘九转，奔放豪迈，花样纷繁，气势磅礴，高亢激昂，别具一格，得到了专家和同行的高度评价。现在该会主要演奏者有 30 多人，有男有女，以中年人为主，大家每天都能练习 3~4 个小时，为更好地传承雄县古乐作出了应有的贡献。

2. 传承人史军平相关工作及活动

1984 年参加音乐会，2004 年担任亚古城音乐会会长至今。

2007 年 5 月，接受中央音乐学院专家观摩指导。

2008 年，史军平受邀参加迎奥运祥云火炬巡游活动、河北省端午节纪念活动，并被授予省级非物质文化遗产传承人称号。

2012 年 9 月，接受河北省音乐协会主席白朝晖来访并演出。

2013 年 1 月，于保定博物馆参加雄县古乐展览演出。

2014 年 4 月，参加霸州市冀中笙管乐展演交流活动，并受到彭卫国、项阳等专家的高度评价。

2015 年 5 月，参加雄县古乐保护工程录制工作。

2016 年 7 月，与中国艺术研究院张振涛、台南大学教授施德华进行交流。

3. 雄县古乐近年发展情况

2004 年，曲谱编入《河北民间音乐工尺谱集成》，正式出版。

2005 年，从团体会员身份加入县音乐协会。

2006 年，被批准列入河北省非物质文化遗产名录，演出图片编入《河北省非物质文化遗产》。

2006 年 12 月，参加"山花工程"文艺演出，获一等奖。

2008 年 1 月，演出图片被编入雄县宣传画册《雄州》，4 月 28 日在北京人民会堂召开的"中国温泉之乡——雄县"新闻发布会上向国内外推介。

2008 年 6 月，被公布为国家级非物质文化遗产保护单位。

2009 年，参加正定"千年古韵"历史文化节全程活动。

2013 年 1 月，在保定市博物馆举办雄县古乐展示活动。

2014 年 5 月，出版雄县古乐《穿越》画册一部。

2015 年 9 月，参加第五届中国成都国际非物质文化遗产节展演，获表演活动"太阳神鸟"金奖。

2016 年 10 月，参加"燕赵情怀"全国中西部 14 省"一省一校"艺术学科建设峰会文艺晚会。

（三）项目特点、保护价值及传承发展建议

1. 项目保护价值

亚古城音乐圣会为道传北乐支系，较完整的保留了古典民族音乐的原有风貌，和宗教信仰有着密切联系，是古燕赵文化的重要组成部分，是研究宗教信仰和民俗的重要佐证，是研究民族古典音乐的宝贵资源。对于繁荣发展民间音乐，坚持促进先进文化的发展方向和国家民族文化的传承，具有无可替代的作用。

2. 项目特点

演奏曲目为工尺谱记谱，均为世代传承的古曲。

演奏形式分为坐蓬演奏和走街演奏两种形式。

曲调高雅，音乐优美，内涵丰富，回味悠长，是历史留下的艺术瑰宝。

3. 当前传承困境

通过史会长的介绍和我们 25 日当天的现场感受，我感受到目前亚古城音乐会的传承困境有如下所述。

由于年代久远，且曲谱和演奏技巧为口传心授，一些曲谱已经失传。

随着老艺人年龄的增长和身体健康状况限制，致使队伍减员。

受西方音乐文化和新的文艺形式的冲击，不被大多数年轻人所接受，新人不足，极大地影响了传承。

场地是最大的问题，多年来一直没有活动场所。

政府扶持力度不够，组织困难，经费缺乏。希望当地政府及有关部门加强对非遗工作的重视，加大宣传力度，提供更多的支持和帮助，保证非遗保护工作的顺利进行。

（四）分析与对策

应当继续加大保护力度；加强研究和开发，整理出更加规范的演奏技艺；以古乐魅力滋养群众文艺的热情。

1. 培养和细化专业人才团队

目前亚古城音乐会存在专业演奏人才和宣传人才等方面的缺失。专业人才应该由专业学者、专业艺术创作者、传承人组成，成为非物质文化遗产保护的主导者。专业学科的建立，专业人才的培养会对非物质文化遗产体系架构的细化，区域文化课题的周密分工，文化遗产的调查、认定和抢救，国际平台的平等交流等方面起到重要作用。大部分传承人已经意识到非物质文化遗产的传承必须与时俱进、有所变革。然而由于缺乏必要的专业素养，他们的努力往往无法获得理想效果。因此，在高校艺术教育中设立民俗艺术学研究专业，对于传统文化传承和高校专业改革都有重要的意义。

2. 完善保护规制

政策法规的制定是非物质文化遗产有效传承的保障。2011 年 6 月 1 日，我国正式施行《中华人民共和国非物质文化遗产法》，随后各省市也出台了相关条例。但是保护条例仍比较笼统，缺乏对具体门类翔实的保护措施和实施办法。近年来，我国对非物质文化的宣传力度有所增加，不少传承人甚至一年都有半年的时间外出表演、宣传。但更长远、实质性的扶持却微乎其微。非物质文化遗产保护相关法规的制定是一个持续、系统的过程，需要相关政府部门在实践运行的基础上不断完善、调整。相关部门应针对非物质文化遗产的不同类型、不同地域习俗、不同历史文化背景等特征，制定更为细致可行的地方政策，将保护落到实处。

3. 搞好区域文化建设

雄县古乐独具魅力，可从区域特色发展角度加以传承和推广。区域文化建设不是狭隘的维护或者保持乡土文化的原样，而是要发掘那些被遮蔽的乡土文化生存智慧，以构建体现"天人和谐，文明共生"的生态文明。我们应该借助人类学等学科的方法，将我国独特的非物质文化遗产放到国内和国际环境中进行纵向和横向比较，从细微之处挖掘民间乡土文化中蕴含的现代价值。

4. 完善生态博物馆、民俗资料馆、民俗文化生态区等设施

可将雄县古乐收藏近博物馆等，使更多人接触它、了解它、愿意为传承它付出努力。生态博物馆是各国文化遗产研究、人类学研究学者不断探索总结出的一个有效、合理的文化传承的办法，这种方式也逐渐被各国接受和推广。生态博物馆有传统博物馆所不具备的传播优势，对于传播生动的、变化的、多层次的非物质文化而言有着非常重要的作用。自 20 世纪 90 年代以来，我国已经陆续在贵州省、广西省、云南省、内蒙古自治区等地建立了 16 个民族生态博物馆，各级政府和相关部门应加大舆论支持和政策倾斜，同时，联合国内外专家学者，经过严谨的组织、考察、策划，推动建成有地域特色的生态博物馆、民俗文化生态区等设施、场所，拓宽非物质文化遗产的传播空间。

5. 建立或者鼓励发展专业的决策咨询机构

可设立专业化的机构指定雄县古乐的传承方案。非物质文化遗产的保护与开发是一项专业性很强的工作，在保护与开发的过程中，任何违背非物质文化遗产传承规律的操作都将带来严重的损害。建立专业咨询机制，减少政府干预，避免对非物质文化遗产的限制性、破坏性的保护。

七、宋辽古战道田野调查笔记

(一) 回溯历史：宋辽争霸的战略要地

1. "三关"之上起争端

雄县历史悠久，先秦时代为燕南赵北之地，雄县古称雄州，秦汉时期便设置了郡县，隋代设瓦桥关，瓦桥关位于河北平原中部，因地属古瓦桥，以地为名。约唐末置关以防契丹。其时在这关的东北面又连置益津关和淤口关，合称"三关"。瓦桥关故址位于今雄县城西南，地处"华北明珠"白洋淀之北，拒马河之南，据古代九河下游，河湖相连，水路交通便利。五代十国后周世宗柴荣亲征伐辽，收复瓦桥关置雄州。北宋时期为边关要塞，是兵家必争之地。

由于"三关"一带地势低洼，到处是河湖盐碱地面，居民稀少，易为敌人所乘，在此设险，利于防守。唐代末年，东北部的契丹已日渐强大起来。契丹屡屡南犯，所以"三关"一带时有战争。到了五代，契丹激烈向外扩张，三关更是战火不断。后唐同光二年，契丹悍然南侵，犯瓦桥关，竟屯兵不归。后来，石敬瑭乞兵于契丹，灭了后唐，建立后晋，把燕云十六州割让给契丹，瓦桥等三关便为契丹所有。

2. "水上长城"筑边防

后周世宗英武，有平一天下之志，对契丹用兵。显德六年（959年），世宗亲自率军伐辽，收复了燕云十六州中的瀛、莫二州和"三关"，于是"三关"以南始为国境。直到北宋建立，国力不强，未在这一带国境线上前进一步，仅采取守势，瓦桥等三关成为北宋的北方边防要地。北宋初年，集结重兵驻扎"三关"，以防契丹辽军南侵。可是"三关"四周尽属平原，无大山大河可作为据守的凭借。为了增强边防的御敌能力，宋真宗时驻防瓦桥关的六宅使何承矩，"因陂泽之地，潴水为塞"，壅塞九河中徐、鲍、沙、唐等河流，形成众多水泊，河泊相连，赫然构成一条南北防线。以后水域逐渐增广，终于成为一道沿流曲折800里，宽处达60里的水上长城。这道水上长城为瓦桥关等三关助威不少，对阻遏辽的南侵起到了重要作用。

3. "地下长城"御劲敌

宋辽边关古战道是宋辽争霸历史的最好见证，它始于雄县县城的铃铛阁八角琉璃井，向东北经大台、祁岗延伸至霸州、文安、永清，东西长65公里，南北宽25公里，总面积达1600平方公里，分布广、规模大、延伸长，类型多、结构复杂，战争功能齐全（"引马洞""藏兵洞""议事厅""料敌洞""迷魂洞"等一应俱全）。经我国一些著名的文物考古、宋辽金史、古战争史、旅游地学等专家学者多次考察鉴定后一致认为：一是根据出土的文物和历史地理环境，地下古地道为宋辽时期所建；二是根据地下古地道所用的建筑材料，用规格与质量基本统一的青砖砌铸，应为经过精心规划设计，统一组织领导下建造的大型持久防御性地下军事工程，与地面长城的战争功能相同；三是这样巨大的地下防御性军事工程的发现，填补了史书记载的空白，为我国军事史上的重大发现，这在我国乃至全世界都十分罕见，具有重要的历史、文化、军事价值，可堪称中国宋辽史上的"地下长城"。

4. "六郎守关"待商榷

关于杨延昭（杨六郎）是否在雄州三关"守关"十六载史学界一直存在争议。

一方面，根据《宋史·真宗》《宋史·杨业传》《宋史精华·杨延昭传》《中国通史（第七卷）》《资治通鉴》等史料记载，杨延昭20多年的戍边生涯都是在沧州（包括今山东西北部的无棣）北部的"三关"前线度过的，这是真实的历史，而不是戏剧的艺术演义。从史料上来看，杨家将抗击辽敌主要活动于山西和河北中西部地区，往北最远到过易水河一带，也就是现在的河北省易县、涞源、涿州、霸州和雄州（今河北雄县）一些地区，而杨六郎镇守的"三关"指的就是雄州曾有过的一个关口——瓦桥关。从周世宗北伐以后，直到北宋末年，辽朝灭亡，周、宋都在霸州到雄州一线与辽对峙。

另一派学者则认为，与契丹分界的三关指淤口关（今河北霸县东）、益津关（今霸县）、瓦桥关（今雄县），一说无淤口关，为草桥关（今高阳东）。史料记载，宋朝名将杨业曾任中正军雄州节度使，其子杨六郎把守瓦桥关16年。作为历史地名，"三关"乃指瓦桥关、益津关、淤口关。当杨延昭守边时，已无该三关之建置。所谓镇守"三关"之"三关"，实指北方边防前线。"杨家将"故事所称瓦桥关，乃沿旧名以指雄州。实则杨延昭在北边20余年，并未镇守过雄州。雄州固曾是高阳关都部署之辖区，但并非副都部署杨延昭所直辖。谓杨延昭镇守瓦桥关，亦属艺术家之想象，于史并无实据。

除此之外，在京郊有很多与杨家将有关的地名，挂甲塔、刀劈崖、东北旺、西北旺、亮甲店、六郎庄、点将台、七郎坟等，多集中在海淀、昌平和密云等区县。此外在延庆、平谷、大兴、门头沟、房山等区县也有一些与杨家将有关的传说和地名，都带有传奇色彩。可以确定的是，杨延昭确实到过河北中西部一代，并挂帅任职十余载，雄县（古雄州）也确是宋辽战争时期的边关要塞，但是否真如杨家将故事所言，杨六郎驻守瓦桥关、益津关等"三关"16载，则还需更多的史料进行确证。

5. "澶渊之盟"初订立

澶渊之盟是北宋与辽经过多次战争后所缔结的一次盟约，签约地正是雄县（古雄州）。1004年，辽萧太后与辽圣宗亲率大军南下，深入宋境。宋真宗想迁都南逃，因宰相寇准的劝阻才勉强至澶州督战。宋军坚守辽军背后的城镇，又在澶州城下射杀辽将萧挞览。辽害怕腹背受敌，提出和议。宋真宗畏敌，历来主张议和，先通过降辽旧将王继忠与对方暗通关节，后派曹利用前往辽营谈判，于十二月间（1005年

1月）与辽订立和约，规定宋每年送给辽岁币银10万两、绢20万匹。因澶州在宋朝亦称澶渊郡，故史称"澶渊之盟"。此后宋、辽之间百余年间不再有大规模的战事，礼尚往来，通使殷勤，双方互使共达380次之多，辽朝边地发生饥荒，宋朝也会派人在边境赈济，宋真宗崩逝消息传来，辽圣宗"集蕃汉大臣举哀，后妃以下皆为沾涕"。

6. "经济特区"始形成

澶渊之盟以后，北宋在边境上的雄州（今河北雄县）、霸州（今河北霸州）等地设置榷场，开放交易。北宋的制瓷和印刷技术传往辽。北宋政府用香料、犀角、象牙、茶叶、瓷器、漆器、稻米和丝织品等，交换辽的羊、马、骆驼等牲畜。民间的交易也很发达。考古工作者在今内蒙古和东北辽代古城和墓葬中，发现了宋朝制造的瓷器、漆器、铜钱等文物，这些都是通过贸易流入辽境的。辽宋贸易促进了契丹族与汉族的经济文化交流和发展，增进了两族人民的友谊。澶渊之盟后，宋、辽在好几十年里没发生过战争。其间只发生了两次重要交涉。一次是宋仁宗庆历二年（1042年），辽乘北宋同西夏交战的机会，向北宋勒索土地。北宋增给辽岁币银10万两，绢10万匹。另一次是宋神宗熙宁七年（1074年），辽借口北宋在山西边境增修堡垒破坏边界，要求划界。第二年，宋政府允许以分水岭为界，又放弃一些土地。如今，雄县境内的马务头、米家务、道务等村名或也与这种边境贸易活动有关。❶

（二）厘清现实：宋辽古战道是古雄州战争文化、边关文化的杰出代表

1. 宋辽古战道已经申报成为国家级重点文保单位

1982年挖掘了祁岗段，并复原了30余米，邢村大台段距雄县县城较近，参观方便，为方便游客参观，1993年6月修复了大台段近200米，供游人参观，地道内设有翻板、掩体、放灯处、藏兵洞、迷魂洞、翻眼、瞭敌洞、休息厅、议事厅，顶部有透气孔等，地道顶部距地面4米，整个用30厘米×15厘米×7厘米的青砖砌成，内部高低不一，最高300厘米。地下古地道有高有矮（70~190厘米），有宽有窄（42~215厘米），曲折延伸，多为直角转向，个别为弧形，洞顶为拱形。

战道在形态上既有洞体简单、较为宽大的藏兵洞，又有窄小曲折多变的"迷魂洞"，还有翻眼、掩体、闸门等军事专用设施。洞体埋藏深度上呈立体式分布，同

---

❶ 部分资料出处：雄县档案局。

一地道群内页分深、中、浅三层，最浅离地面1米左右，深则达4~5米。洞的出口有的与水井相通，有的与古庙、神龛、石塔相通，还有的与村内民房相通等。从发掘的地层剖面来看，修建方式为先挖明沟青砖砌卷，然后用土封埋。洞顶上部多为扰动土及文化层。从功能来看，有以交通为目的的"引马洞"，以长期隐蔽为目的的"藏兵洞"，有较宽敞高大的"议事厅"，有深入敌阵前沿的"料敌洞"，还有防止进入的"迷魂洞"。

经专家考证，此地道有3个功能：一是藏兵运兵；二是能迅速传递书信而不被辽军发现；三是有效地利用声学原理监测敌情。在祁岗地道发现了一口缸，根据中国声学协会的专家论证，其有两个作用，一是靠它可以监测敌情，敌人来了，它发出嗡嗡的声音；二是它可以藏水。

2003年开始对地道的周边环境进行了建设，盖文物展室7间，并布置了两个展室，分别为"宋辽烽火"和"人文雄州"，在地上修建出入口。绿化等一些工程于2009年5月1日竣工，2007年5月被中国文联命名为"中国古地道文化之乡""中国古地道文化研究中心"，2009年5月1日正式对外开放，2009年申报为国家级文物保护单位。2013年确定为第七批国家级重点文物保护单位。❶

2. 当地政府积极进行古战道的保护与旅游开发

沉睡地下千年，偶现其形貌；几经挖掘修缮，宋辽古战道终于对外开放。雄县县委、县政府高度重视宋辽边关古地道的科学规划与开发，雄县旅游文物局大力完善地道公园建设，并将地道公园建设成为2A级旅游景区，与白沟、白洋淀资源整合，针对京津构成"两白一雄"的精品旅游路线，成为雄县文化旅游产业中一个潜力无限的旅游品牌。宋辽边关古地道正在成为雄县新的文化名片、河北省环京津休闲旅游产业带中的一颗新星。

3. 古战道之上，今日"三关"早已不复存在

据史料记载，北宋时期，雄县处于益津关—瓦桥关—岐沟（今河北霸州、雄县、涿州西南）的"三关"中心，为重要的边关要塞之一，不仅是宋抗击辽军的指挥中枢、主要军事基地和大本营，而且是宋军首领排兵布阵以及储备、运输战略物资的指挥部。时至今日，沧海桑田，瓦桥关等关早已不存；雄州古城原有四大古建筑，即圆通阁、瓦桥关、慧光阁及雄文阁均于民国三十五年（1946年）拆毁，今夕

---

❶ 翟继祥.宋辽古战道[J].档案天地,2017(4):62、46.

无存；"水上长城"大部分也都已填成平陆，垦为农田，只有西部的白洋淀尚保留下来。现在的白洋淀是冀中平原上最大的湖泊，水面广阔，自然风光优美，湖产丰富，有"华北明珠"之称，是著名的旅游胜地。

4. 宋辽古战道承载的城市和边关、战争记忆越来越模糊

宋辽古战道不仅仅是作为古代战争的防御工事，还承载着极具代表性的宋辽时代的边关和战争记忆，这些都如同烙印般镌刻在城市发展的历史中，是城市性格的一部分。随着历史一点一点地离我们远去，这些记忆也随之距离我们越来越远。通过对当地文化名人的采访，不难发现，每个人的话语里都有对新区建设与文化遗产保护可能发生的矛盾的担忧。在对雄县县志主编、小说《瓦桥关》作者周振川先生的采访中，老先生言语间都充满了对加快进行雄县文化遗产保护的渴望和诉求。

宋辽古战道游客寥寥，古战道公园内一进门右手边摆放着一组（三座）炮台，没有说明文字，如果没有解说，恐怕难以将它们与宋辽战争联系在一起；古战道贴在入口的文字导引牌，并没有涉及对宋辽边境贸易和澶渊之盟的些许介绍，仿佛对边关文化的诉说也不是那么突出；公园内的两座展览室除了墙上的图文介绍板，就是房屋正中央的一座"六郎"雕像，空空如也，没有关于战争和边关文化的装饰和渲染；当地古文化遗址在地图上均没有标注。瓦桥关没有了，修建成了铁路和公路；慧光阁没有了，建起了工商银行；瓦桥关、慧光阁原本可以连成一带，这一带的古建筑群都荡然无存……据了解，古战道每人次的入园门票为人民币20元，一方面是如今古战道无法做到更加吸引游客，依靠当地政府和各级文保部门的补贴才勉强得以生存，作为文化遗址其本应发挥的城市历史和文化宣教作用难以得到充分的彰显。另一方面，随着新区建设的持续推进，未来的新建筑必定将会越来越多，侵占原本属于古文化遗址的地理面积将会越来越大，当目之所及的建筑物不复存在，由其承载的历史文化记忆又能够沉淀多久？

文化遗产是一座城市的记忆，文物、历史对于一座城市来说太重要了。老先生还说，现在的年轻人大多数都不知道古战道背后有着怎样的故事，也不愿意去了解雄县有怎样的历史，相比之下，这里的年轻人更关心的是雄安新区未来建设能够给自己带来多大的影响。还有的人，在产业的转型中原来的工作不能做了，满心想着离开。他的《瓦桥关》销量也不佳，出版社也不再积极地联系他进行出版。老先生无比希望的是这些历史文化遗址能够恢复起来，能够唤起年轻人包括后来到雄县的人们对雄县历史文化的关注。除了国家级新区，除了非首都功能承载地，除了作为雄安新区的雄县，作为雄安三县中历史文化资源最丰富的地域，应当有责任将在这片土地上曾经发生过的点点滴滴传授给这片土地的继任者，战争和边关记忆就是它最具代表性的一张名片。

5. 雄县政府及文化界已经开始重视对以古战道为代表的古文化遗址的修复和保护

《雄县志》已经在雄县当地政府的发起下恢复了1992—2012年的编纂，并很快将召开会议对内容进行审议。地方志有着历史之延续性，内容广博性和材料真实性，是对某一地方历史文脉最直观的记录。对方志编纂工作的重新启动，体现了当地政府对文化遗产保护与文化传承的极大重视。

与之相应的是，雄安当地的一些文化名人们也纷纷表达了对文化遗产保护与文化传承的渴望与诉求，并通过著述立说、参与访谈等各种方式予以表达。文化遗产保护在当地已经成为了政府及文化界的共同愿望。

（三）分析与讨论：城市文化遗址保护与开发的新思路

面对雄安新区建设这样一个不可逃避的事实，一味地强调保留文化遗址显然是与新城建设存在冲突的。城市空间有限，可开掘的空间就更有限，面对着即将涌入的大量外来人口、即将疏解到此的种种"非首都功能"，高校、外企总部、金融机构等，任何一个单位的到来都会伴随着办公楼、公寓住宅、商场、公园等居民活动场域的入驻。尽管现在的"炒房"已经叫停，但房地产业在雄安的迅速膨胀在未来仍旧是一个必然。面对此种情况，对于城市文化遗址就要转变思路进行保护和开发。

第一，城市遗址保护，战略规划先行。一个城市的发展，战略规划必须走在前面。所谓"思想走在行动前，意识走在实践前"，这也是雄县当地文化界专家们的一致想法。近年来，随着《国家文物事业发展"十三五"规划》《国家"十三五"文化遗产保护与公共文化服务科技创新规划》的陆续出台，对文化遗产的保护已经上升到了国家战略层面。文化遗产是中华文明源远流长和生生不息的实物见证，是传承弘扬中华优秀传统文化的历史根脉。这就要求在城市遗产保护规划的制定上，要紧跟国家战略思维，根据实际经验不断优化调整。文化遗产保护是功在当代，利在千秋的大事，不能仅仅着眼于当下，更要秉承可持续的眼光放眼未来；不能仅仅拘泥于是推倒还是保留，而要思考如何将其融入未来的城市发展和建设中。文化遗产在城市文脉传承中的巨大作用，应通过及时地制定并出台相应战略规划予以体现。

第二，丰富表现形态，强化地域特色。在现代社会，科学技术飞速发展加速了全球性建筑文化的趋同现象，建筑的地域性日益消失。人们在城市建筑遗产的瓦砾中游公园、喝咖啡、逛商场，漫步于所谓的"旧建筑"遗址中，"千城一面""众遗一面"的现象屡见不鲜。芒福德在他的地域主义批判思想中谈道："不仅对冰冷的现代主义持批判态度，而且对矫情的、虚假形式的地域主义持批判态度。"❶ 如今对城市文化遗产的开发陷入了两个困境，一是为了追求历史的高度还原，将历史建筑毫无修饰地加以保留，往往与周边的街景格格不入；二是为了彰显"古建新貌"，将古建筑用于商场、餐厅及咖啡馆等现代化的用途，这在一定程度上又导致了其古典气质不足、现代风格不伦不类和建筑风格趋同等问题。芒福德在他的许多观点中都体现了文脉思想，这或许可以作为现代遗址保护的一种思路。一是拒绝绝对历史主义，因为没有实际生活支撑的形式是空洞而缺乏生命力的，应该使旧的古迹适应新的地域环境，用开放的视野去应用新的技术材料，用发展的思维去面对传统。二是积极倡导建立多元文化的地域文化，激发文化的多样性，采用丰富的文化表现形式。这个表现形式不是任意嵌套，也不是根据开发商或某个人的意见，更不是为了追赶时髦，这种表现形态一定是其历史文化的充分彰显，一定是城市文脉结出的果实。

第三，挖掘文化内涵，激励有机更新。费孝通先生认为："文化是从乡土中长出来的东西。"文化具有强烈的地域性特征，城市特色的根基就是与众不同的城市文化，影响并形成了不同特征的城市文脉形态。❷ 例如皇城根下的"京派文化"；山城的"巴蜀文化"；广东的"岭南文化"，以宋辽古战道为代表的古雄州体现了"战争文化"与"边关文化"。因此在对当地文化内涵的挖掘上，就要有侧重地对这一部分进行重点呈现，在文化遗产的保护与开发上，也要尽可能地处处体现这种独一无二的特性。保护的目的是使用，城市文化遗产还肩负着文脉传承的重要使命，在城市的发展和建设中，对其的保护和开发需要不断进行有机地更新。所谓"有机"，而不是"无机"，这种更新不是断崖式、大刀阔斧地推倒重来；而是渐进式、有目的的缓缓更迭。在这个过程中，可以有保留，也可以有放弃，城市文化遗产保护本来就是一个重新审视的过程，挖掘其中符合现代意义的、有价值的、可以利用的部

---

❶ 孙俊桥.走向新文脉主义[D].重庆:重庆大学,2010.
❷ 孙俊桥.走向新文脉主义[D].重庆:重庆大学,2010.

分，才是真正意义上的保护。

值得关注的是，雄县在宋辽时期就是边境贸易的"经济特区"，作为宋辽边关的战略要塞，此地有着百余年的"异国"通商历史，这便是雄县城市文脉的一个极具特色的组成部分。与千年前相比，今天"国家级新区"的设立，是历史的巧合，还是这片土地特殊的地理和历史意义所导致的必然？关于"经济特区""边关文化""战争文化"又能够作出哪些文章？在这片神奇的土地上又能发生怎样的故事？全国人民都在期待着！

后　记

　　习近平总书记指出，雄安新区的规划建设要弘扬中华民族传统文化，延续历史文脉。雄安新区的文化发展问题，既是新区规划建设中一项无法绕开的议题，也是新区传承历史、链接未来的精髓所在。在此背景下，中国传媒大学雄安新区发展研究院策划组织了雄安新区百人大调研活动。由中国传媒大学经管学部162名师生组成的调研组（以下简称调研组），于2017年5月24日—27日兵分四路，分赴雄县、安新县、容城县和白洋淀地区28个村落开展田野调查，围绕新区文化发展全方位、各领域的关键问题和突出现象进行系统调研，共完成200多篇调研手记和采访记录，修改成了数十篇带有雄安温度的调研报告，留存了4000多张影像资料。

　　在资料的整理和照片的收集中，调研组深刻的感受到，文化是引领雄安新区协同创新的"情感枢纽"，是链接区域地缘文缘的"联动纽带"，是推动京津冀一体化的"软性平台"。文化发展对雄安新区的建构和建设具有重要的意义。事实上，传统文化是一个国家、一个民族传承发展的根本，也是雄安新区未来发展的思想源泉。

　　《雄安新区发展研究报告（第二卷）》从顶层设计、产业与企业、人文与文化、民生与民情、生活与生产、文物与文化遗产等不同维度，对雄安新区经济、社会、民生、生态、文化等问题进行了全领域、各层面的系统调研，并中肯地提出了加强档案建设，做好顶层设计，探索产业路径，创新试验机制，加强试点扶持，发挥智库作用等建设性意见和建议，这些理性思考也为未来雄安新区的发展提供了良好的智力支持。无论如何，雄安新区未来的发展，应当立足于传统文化和历史文脉，高点定位，以重大项目为引领，以机制创新和业态创新为支撑，以智库建设为保障，为将新区建设成为创新经济的载体、先进科技文化的结晶和和谐宜居的人类家园，发挥应有的作用。

　　《雄安新区发展研究报告（第二卷）》的组稿工作，得到了雄安新区发展研究院学术委员会及中国传媒大学经管学部中青年学者和博士、硕士研究生的大力支持。本报告的收录的文章均为实地调研基础上，作者的学术思考，仅代表个人观点，不代表雄安新区发展研究院立场。现按照本书目录顺序，对文章作者简介如下。

第一章"谋定后动，创新发展"，作者范周、蔡晓璐。范周系中国传媒大学教授、博导、经管学部学部长、文化发展研究院院长、雄安新区发展研究院院长、文化部文化产业专家委员会主任。蔡晓璐系中国传媒大学经管学部讲师。

第二章第一节"直面挑战机遇，推动转型升级"，作者闫玉刚、刘静忆。闫玉刚、刘静忆系中国传媒大学经管学部副教授。

第二章第二节"传统加工制造业的谢幕与重生"，作者王栋晗、刘江红、张珊、管子慧。王栋晗系中国传媒大学经管学部副学部长、教授。刘江红系中国传媒大学经管学部副教授。张珊系中国传媒大学经管学部博士研究生。管子慧中国传媒大学经管学部硕士研究生。

第二章第三节"整合与提升：立足任务，谋求发展"，作者杨剑飞、王若晞、倪嘉玥、李渊。杨剑飞系中国传媒大学经管学部助理研究员。王若晞、倪嘉玥系均系中国传媒大学经管学部硕士研究生。李渊系中国传媒大学经管学部本科生。

第二章第四节"产业困惑与企业担当"，作者王晓艳、窦毓磊、艾新新、丁林、栾思颐、凡小梅。王晓艳系中国传媒大学经管学部副教授。窦毓磊系中国传媒大学经管学部教师。艾新新、丁林、栾思颐、凡小梅均系中国传媒大学经管学部硕士研究生。

第三章第一节"靠水吃水，渔苇传家"，作者齐骥、宋鹏、徐亚玲、高国丽。齐骥系中国传媒大学经管学部副教授。宋鹏、徐亚玲、高国丽均系中国传媒大学经管学部硕士研究生。

第三章第二节"弘扬三贤精神，传承历史文脉"，作者王文勋、孟伟、任泽阳。王文勋系中国传媒大学经管学部副教授。孟伟、任泽阳均系中国传媒大学经管学部硕士研究生。

第三章第三节"新媒体公共文化服务现状及对策——安新县新媒体公共文化服务发展调研报告"，作者高萍、张钦、李大伟、李亚茹、郭孟媛。高萍系中国传媒大学经管学部副教授。张钦、李大伟均系中国传媒大学经管学部硕士研究生。李亚茹、郭孟媛均系中国传媒大学经管学部本科生。

第三章第四节"涅槃重生"，作者魏晓阳。魏晓阳系中国传媒大学经管学部教授。

第四章第一节"欣喜、阵痛、融合与憧憬"，作者王铖铖、赵许蔓。王铖铖、赵许蔓均系中国传媒大学经管学部硕士研究生。

第四章第二节"留住乡愁，科学规划"，作者宋朝丽、王丹、徐妤涵、乔阳。宋朝丽系中国传媒大学经管学部博士研究生、副教授。王丹、徐妤涵、乔阳均系中国传媒大学经管学部硕士研究生。

第四章第三节"调整结构、改善民生、加强教育"，作者崔砚天、吴迪、周长城、黄华津。崔砚天系中国传媒大学经管学部博士研究生。吴迪、周长城、黄华津均系中国传媒大学经管学部硕士研究生。

第四章第四节"产业即民生，转型即生命"，作者王青亦、周明花、王铖铖、赵许蔓。王青亦系中国传媒大学经管学部副教授。周明花、王铖铖、赵许蔓均系中国传媒大学经管学部硕士研究生。

第五章第一节"宜居为先，宜业为魂，创新图变"，作者张红。张红系中国传媒大学经管学部教授。

第五章第二节"社会变革中婚姻家庭观念——雄安新区安新县社会生活调研报告"，作者系刘柯瑾、言唱。刘柯瑾、言唱均系中国传媒大学经管学部博士研究生。

第五章第三节"以人为本，转型谋变"，作者周明花。周明花系中国传媒大学经管学部硕士研究生。

第五章第四节"雄安需要一场'厕所革命'"，作者仇喜雪。仇喜雪系中国传媒大学经管学部副教授。

第六章第一节"让历史古迹成为雄安新区文化地标——安新县历史古迹调研报告"，作者蔡晓璐。蔡晓璐系中国传媒大学经管学部讲师。

第六章第二节"北六音乐会的变与不变"，作者冷述美、高雅、严佳音、汪妍、刘皓。冷述美系中国传媒大学经管学部副研究员。高雅、汪妍均系中国传媒大学经管学部硕士研究生。严佳音、刘皓均系中国传媒大学经管学部本科生。

第六章第三节"民俗承载文化　文脉始于记忆"，作者郑波、郭泽华、罗梦雪、赵雯平。郑波系中国传媒大学教务处教师，郭泽华、罗梦雪、赵雯平均系中国传媒大学经管学部硕士研究生。

第六章第四节"传承民间非遗，留住文化记忆"，作者周洁、李锦。周洁系中国传媒大学经管学部博士后，李锦系中国传媒大学硕士研究生。

第六章第五节"雄县遗产保护与文化传承调研报告"，作者关卓伦、穆薪宇、王雅莘、樊菁、邵晓宁、李伊茗、庄岩、刘芷邑。关卓伦、穆薪宇、王雅莘、樊菁、邵晓宁、李伊茗、庄岩、刘芷邑均系中国传媒大学经管学部硕士研究生。

中国传媒大学雄安新区发展研究院

2017 年 8 月